做个机智的幼儿教师
——巧答幼儿家长168问

莫源秋 著

中国轻工业出版社

图书在版编目（CIP）数据

做个机智的幼儿教师：巧答幼儿家长168问／莫源秋著. —北京：中国轻工业出版社，2021.2（2025.7重印）
ISBN 978-7-5184-3224-0

Ⅰ. ①做… Ⅱ. ①莫… Ⅲ. ①幼儿园－家长工作（教育）－问题解答 Ⅳ. ①G616-44

中国版本图书馆CIP数据核字（2020）第195790号

保留所有权利。非经中国轻工业出版社"万千教育"书面授权，任何人不得以任何方式（包括但不限于电子、机械、手工或其他尚未被发明或应用的技术手段）复印、拍照、扫描、录音、朗读、存储、发表本书中任何部分或本书全部内容（包括但不限于光盘、音频、视频等）。中国轻工业出版社"万千教育"未授权任何机构提供源自本书内容的电子文件阅览、收听或下载服务。如有此类非法行为，查实必究。

责任编辑：牟　聪　　　责任终审：腾炎福
策划编辑：吴　红　　　责任校对：刘志颖　　　责任监印：吴维斌

出版发行：中国轻工业出版社（北京鲁谷东街5号，邮编：100040）
印　　刷：三河市鑫金马印装有限公司
经　　销：各地新华书店
版　　次：2025年7月第1版第3次印刷
开　　本：710×1000　1/16　印张：19.25
字　　数：157千字
印　　数：7001—8500
书　　号：ISBN 978-7-5184-3224-0　　定价：58.00元

读者热线：010-65181109
发行电话：010-85119832　　010-85119912
网　　址：http://www.chlip.com.cn　　http://www.wqedu.com
电子信箱：1012305542@qq.com
版权所有　侵权必究
如发现图书残缺请拨打读者热线联系调换
251015Y1C103ZBW

前　言

《幼儿园教育指导纲要（试行）》指出："家庭是幼儿园重要的合作伙伴。应本着尊重、平等、合作的原则，争取家长的理解、支持和主动参与，并积极支持、帮助家长提高教育能力。"因此，家长工作是幼儿园工作中的一项十分重要的工作。它不仅影响幼儿的发展，还影响幼儿园的正常运行，影响幼儿教师的职业幸福感。

鉴于此，我在我的微信公众号"秋风幼教"上开通了与家长直接沟通的平台，收到了许多与幼儿教育有关的问题，我都一一地给予了回应。我还在我的10多个幼儿教育专业微信群里，时常与幼儿教师、家长、园长们探讨幼儿教育的相关问题。回头看看这些问题和回应，我感觉蛮有新意和实用性，而且具有一定的针对性。因此，我产生了一种想法，就是让更多的幼儿教育工作者和家长了解这些内容，进而使他们更加科学地理解幼儿园教育和幼儿园管理，同时，更希望能给一线幼儿教师在回应家长相关问题时提供一些思路和具体的操作方法。

回应家长所提出的与幼儿教育相关的问题，不仅是为了帮助家长解决孩子在教育和心理上的问题，更是展现幼儿园园长和教师的专业能力与专业品性的机会，是幼儿园赢得家长良好口碑的有效路径。幼儿园园长和教师必须认真地做好这件事。

本书无法穷尽家长所提出的所有问题，在此只选了其中最有代表性的168个问题，给大家介绍了回应这些问题的原则、策略和操作方法，以及具体的回应语言。真心期待本书能给大家带来新的观念与可资借鉴的方法。

本书基本按照"家长问题＋问题情境＋问题分析＋正确回应＋温馨提示"

的体例来行文。

- "家长问题"——幼儿教师经常被家长提问的问题。
- "问题情境"——详细地描述问题产生的情境。
- "问题分析"——简单地分析家长为什么会提出这样的问题。
- "正确回应"——努力提供一些拿来即用的回应方式或语言。
- "温馨提示"——告诉教师回应类似问题的基本策略和思路。

另外,有些条目没有写"问题分析""温馨提示"的原因是相关内容与本书其他条目的内容相似,而另一些条目则是真的没有什么"温馨提示"的内容可写。

本书将家长所提出的问题分为五大类,并以五章分别陈述:

- "幼儿园管理类问题"(主要是家长所提出的与幼儿园管理有关的问题);
- "幼儿生活类问题"(主要是家长所提出的与幼儿生活有关的问题,其中有幼儿园里的生活问题,也有家庭里的生活问题);
- "幼儿教育类问题"(主要是家长所提出的与幼儿园教育目标、内容、方法、手段有关的问题);
- "幼儿心理行为类问题"(主要是家长所提出的孩子心理问题和行为问题);
- "幼儿家庭教育类问题"(主要是家长所提出的家庭内部的教育问题,涉及家庭教育的原则、方法、内容、手段等问题)。

以上分类只是一种尝试,是根据问题的侧重进行归类;但是我在写作后发现无法将某些问题绝对地分成"管理类问题""生活类问题""教育类问题""心理行为类问题""家庭教育类问题"。因为许多问题都与"教育"有关,与"心理"有关,可以说,上述问题的分类并非严格学科逻辑上的分类,因此,在此敬请读者们多多包涵和体谅。

回应家长的提问要坚守的基本原则如下。

- 感恩性原则：感恩家长对我们的信任，感恩他们对我们工作的关心。
- 及时性原则：对家长提出的问题要及时回应，让家长感受到我们的负责任和对工作的热情。
- 专业性原则：对于家长提出的问题，要有专业的回应和解释，要能够专业地解决问题，从而让家长敬重和信任我们。
- 有效性原则：给家长的解释要让家长听得明白，不要用家长难以理解的专业术语与家长交流，提出的解决问题的方法要有效地帮助家长解决问题。
- 反馈性原则：每个问题都要有反馈，要对过程有反馈，也要对结果有反馈。
- 反思性原则：当家长向我们提出工作方面的问题时，我们一定要反思到底有没有这些问题——如果有，那么为什么我们自己没有发现，没有解决？如果没有，那么为什么家长认为有问题，是什么原因导致家长对我们的工作有误会，我们应该如何改进以减少类似的误会？

期待大家能有效地、积极地回应家长所提出的一切问题，力促家园关系走进良性循环，为幼儿园工作创造一个和谐的环境。

最后提醒大家：在回应家长提问时绝对不要越界。并不是家长提出的所有问题，我们都能解决——我们只能解决自己专业范围内的问题。因此，当感到家长提出的问题非自己专业能力所及时，一定不要随意地胡乱回答，因为这样的回答是对孩子不负责任，也是对自己专业的不尊重。比如孩子的"自闭症""多动症"等是很专业的问题，并不只是学前教育领域的问题，还是特殊教育领域的问题。因此，当遇到这类问题时，一定要建议家长去专业机构咨询解决，绝不能武断地给予家长非专业的指示。

由于时间仓促,加上本人水平有限,书中一定存在不足之处,敬请广大读者多多批评指正。

万分感谢大家对本书的关注!

莫源秋

2020年5月20日

目 录

第一章 回应幼儿园管理类问题的机智

一、回应幼儿园管理类问题的原则 ········ 2

二、回应幼儿园管理类问题的机智举例 ········ 7

 问题1：你们幼儿园为什么比别的幼儿园收费高？ ········ 7

 问题2：为什么孩子在幼儿园里经常被其他小朋友打？ ········ 10

 问题3：为什么孩子在幼儿园里时常被抓伤？ ········ 12

 问题4：放学时，孩子应该不会被陌生人接走吧？ ········ 19

 问题5：幼儿园里的不安全物品放好了吗？ ········ 20

 问题6：孩子在幼儿园里不会有安全问题吧？ ········ 22

 问题7：什么时候能给孩子们的卧室和教室都装上空调？ ········ 23

 问题8：我孩子的班为什么老是换老师？ ········ 24

 问题9：你们都是学前教育专业毕业的吗？ ········ 27

 问题10：新来的老师有没有工作经验？ ········ 28

 问题11：你们会不会体罚孩子呀？ ········ 30

 问题12：别的家长要打我的儿子，怎么办？ ········ 32

 问题13：孩子一进幼儿园就哭，如果转园，
     你们退保育费和伙食费吗？ ········ 34

 问题14：你们是不是打我的孩子了？ ········ 36

 问题15：你们怎么可以打孩子呢？！ ········ 39

 问题16：其他家长说我的孩子是班上最爱哭的小朋友，

　　　　怎么办？……………………………………………………………… 41

　　问题17：你们为什么不让我的孩子玩游戏？……………………… 42

　　问题18：孩子转园，家长应该注意什么？………………………… 44

　　问题19：孩子觉得老师不喜欢他，怎么办？……………………… 45

　　问题20：我想去幼儿园陪读，可以吗？…………………………… 48

　　问题21：为什么每次外出演出，我的孩子都没有参加？………… 49

　　问题22：为什么你不收我快递给你的教师节礼物？……………… 50

　　问题23：我家宝宝这一周表现得怎么样？………………………… 51

第二章　回应幼儿生活类问题的机智

　一、回应幼儿生活类问题的原则 …………………………………… 54

　二、回应幼儿生活类问题的机智举例 ……………………………… 56

　　问题24：在幼儿园里，孩子们一天吃几餐，吃什么？…………… 56

　　问题25：如果孩子在幼儿园里不吃饭，老师会帮忙喂吗？……… 57

　　问题26：孩子为什么回到家里总是找东西吃？…………………… 59

　　问题27：孩子在家里爱挑食，他在幼儿园里也挑食吗？………… 61

　　问题28：我可以在幼儿园里自己喂孩子吃早饭吗？……………… 65

　　问题29：孩子每天在入园时可以自带果汁、可乐吗？…………… 66

　　问题30：我们能否在孩子们的就餐时间给孩子送餐？…………… 68

　　问题31：孩子非要带外面卖的早餐去幼儿园，怎么办？………… 69

　　问题32：孩子还不会自己吃饭，怎么办？………………………… 71

　　问题33：孩子吃饭慢，他在幼儿园里能吃饱吗？………………… 72

　　问题34：在幼儿园里，老师能提醒我的孩子喝水吗？…………… 73

　　问题35：孩子的生活自立意识很差，怎么办？…………………… 74

　　问题36：孩子在独立生活能力上为什么会出现退化现象？……… 76

目录

问题 37：孩子安全意识差，怎么办？……………………………… 77
问题 38：孩子很好动，如何避免他出现意外？…………………… 79
问题 39：为什么孩子一去幼儿园就很容易生病呢？……………… 80
问题 40：孩子生病，家长如何向医生代述病情？………………… 82
问题 41：孩子生病了，该如何给他喂药？………………………… 84
问题 42：老师能帮我们给孩子喂药吗？…………………………… 86
问题 43：孩子在白天尿裤子、拉裤子，怎么办？………………… 87
问题 44：为什么孩子在家里会上厕所，在幼儿园里却尿裤子？…… 88
问题 45：孩子自己上厕所安全吗？………………………………… 90
问题 46：孩子大便的时候，老师能帮忙吗？……………………… 91
问题 47：在午睡的时候，老师会帮孩子盖被子吗？……………… 93
问题 48：孩子可以捏老师的耳朵睡觉吗？………………………… 94
问题 49：我想给孩子换个床位，可以吗？………………………… 95
问题 50：孩子在家里为什么都不睡午觉？………………………… 97
问题 51：孩子每天晚上都要到很晚才睡，怎么办？……………… 98
问题 52：孩子不喜欢午睡，能否让他自己在教室里玩？………… 100
问题 53：天气太冷，能不能少让孩子参加户外活动？…………… 101
问题 54：孩子上幼儿园时能不能不穿园服？……………………… 103
问题 55：孩子经常穿反鞋离园，难道老师都不教吗？…………… 104
问题 56：孩子睡木板床好，还是弹簧床好？……………………… 105

第三章　回应幼儿教育类问题的机智

一、回应幼儿教育类问题的原则 ……………………………………… 108
二、回应幼儿教育类问题的机智举例 ………………………………… 110
　　问题 57：孩子在幼儿园里都学些什么？……………………… 110

问题58：孩子怎么在幼儿园里什么都没学到？……………………115

问题59：你们为什么不教孩子写字？………………………………117

问题60：我想送孩子学拼音、写字、算术，好不好？………………119

问题61：你们为什么不给孩子留作业？……………………………120

问题62：你们为什么不提问我的孩子？……………………………122

问题63：孩子因没得到小红花而伤心，怎么办？…………………124

问题64：孩子不愿意搭理老师，怎么办？…………………………125

问题65：孩子找借口不排练舞蹈，怎么办？………………………127

问题66：我想让孩子跳级，可以吗？………………………………129

问题67：孩子6周岁，可以上小学吗？……………………………130

问题68：孩子学习总是不专心，怎么办？…………………………131

问题69：我每天没多少时间教育孩子，怎么办？…………………134

问题70：孩子认为老师讲的都是对的，家长讲的都是错的，

怎么办？………………………………………………………136

问题71：孩子问我别的小朋友怎么不理她，我该如何解释？……137

问题72：你们怎么能让我的孙子自己洗手呢？……………………138

问题73：你们是在雇用童工吗？……………………………………140

问题74：孩子喜欢自言自语，怎么办？……………………………141

问题75：孩子时常跟自己的玩具说话，怎么办？…………………143

问题76：我们该如何给孩子选择玩具？……………………………144

问题77：孩子没到写字的年龄就自己拿画板写字，怎么办？……147

第四章　回应幼儿心理行为类问题的机智

一、回应幼儿心理行为类问题的原则……………………………150

二、回应幼儿心理行为类问题的机智举例………………………151

目录

问题78：孩子刚上幼儿园时会哭多久？ …………………………… 151

问题79：孩子刚入园一周，就不想去幼儿园了，怎么办？ ………… 154

问题80：孩子入园一年半了，为什么有时还是不想去幼儿园？ …… 157

问题81：能不能让孩子一天去幼儿园，一天在家？ ………………… 159

问题82：孩子请假后不愿上幼儿园，怎么办？ ……………………… 160

问题83：孩子转园后，逐渐出现适应不良，怎么办？ ……………… 162

问题84：孩子在家里爱说话，在幼儿园里不爱说话，怎么办？ …… 163

问题85：孩子想待在家里陪奶奶玩，怎么办？ ……………………… 165

问题86：孩子一进幼儿园大门就不哭了，这是怎么回事？ ………… 166

问题87：孩子总是一个人玩，怎么办？ ……………………………… 167

问题88：孩子懦弱、被动，怎么办？ ………………………………… 169

问题89：孩子很任性，怎么办？ ……………………………………… 170

问题90：为什么孩子在幼儿园里很乖，在家里却不听话？ ………… 173

问题91：孩子遇事爱攻击人，怎么办？ ……………………………… 176

问题92：孩子叛逆、爱顶嘴，怎么办？ ……………………………… 178

问题93：孩子动不动就发脾气，怎么办？ …………………………… 181

问题94：孩子一不顺意，就爱摔东西，怎么办？ …………………… 183

问题95：孩子喜欢说脏话，怎么办？ ………………………………… 184

问题96：孩子爱玩手机，怎么办？ …………………………………… 186

问题97：不让孩子玩平板电脑，他就不吃饭，怎么办？ …………… 188

问题98：孩子在幼儿园里被欺负了，我该教他反击吗？ …………… 189

问题99：我的孩子该不该继续和霸道的孩子一起玩？ ……………… 191

问题100：孩子说自己没有朋友，怎么办？ …………………………… 192

问题101：孩子爱咬人，怎么办？ ……………………………………… 194

问题102：孩子打人后坚决不道歉，怎么办？ ………………………… 195

问题103：孩子说普通话时口吃，怎么办？……………………197
问题104：孩子爱偷别人的东西，怎么办？……………………199
问题105：孩子偷家里的钱，怎么办？…………………………200
问题106：孩子胆小、没主见，怎么办？………………………201
问题107：孩子不敢和别人打招呼，怎么办？…………………202
问题108：孩子不爱参加集体活动，怎么办？…………………204
问题109：孩子不合群，怎么办？………………………………205
问题110：孩子怕黑、怕"鬼"，怎么办？……………………207
问题111：孩子睡醒就哭，怎么办？……………………………209
问题112：孩子一遇到问题就哭，怎么办？……………………210
问题113：孩子犯错后会大哭，怎么办？………………………211
问题114：孩子得不到满足，就会哭到呕吐，怎么办？………212
问题115：孩子经常吸吮手指，怎么办？………………………213
问题116：孩子爱舔嘴唇，怎么办？……………………………218
问题117：孩子总是黏着妈妈，怎么办？………………………219
问题118：孩子玩游戏时输不起，怎么办？……………………221
问题119：孩子只想得第一，怎么办？…………………………223
问题120：孩子看到喜欢的鱼被煮后，不爱吃鱼了，怎么办？……224
问题121：我儿子的性格有点偏向女孩的性格，怎么办？……225
问题122：我的儿子有手淫现象，怎么办？……………………227
问题123：我的女儿有自慰现象，怎么办？……………………230
问题124：孩子喜欢生闷气，怎么办？…………………………233
问题125：孩子一生气就打自己，怎么办？……………………234
问题126：孩子的语言有点暴力，怎么办？……………………235
问题127：孩子喜欢摸妈妈的胸，怎么办？……………………237

问题128：孩子爱乱丢乱放东西，怎么办？ ………………………… 238

问题129：我的女儿想天天穿裙子，怎么办？ ……………………… 240

问题130：孩子怕鸡、鸡毛和其他毛制品，怎么办？ ……………… 241

问题131：孩子性格急躁，遇事不能等待，怎么办？ ……………… 243

问题132：孩子是个左撇子，怎么办？ ……………………………… 245

问题133：孩子爱说谎，怎么办？ …………………………………… 246

第五章 回应幼儿家庭教育类问题的机智

一、回应幼儿家庭教育类问题的原则 ……………………………… 252

二、回应幼儿家庭教育类问题的机智举例 ………………………… 253

问题134：婆媳教育观念不同，怎么办？ …………………………… 254

问题135：孩子一见到妈妈就闹脾气，怎么办？ …………………… 256

问题136：老大对弟弟妹妹的遭遇不仅不同情，

反而幸灾乐祸，怎么办？ ………………………………… 257

问题137：儿子觉得我偏爱妹妹，怎么办？ ………………………… 258

问题138：我的两个孩子总爱争抢玩具，怎么办？ ………………… 260

问题139：孩子只接受表扬，不接受批评，怎么办？ ……………… 262

问题140：孩子做错事，该如何批评和处罚他？ …………………… 263

问题141：该不该坚持要孩子分床睡？ ……………………………… 266

问题142：孩子不喜欢我出差，怎么办？ …………………………… 268

问题143：公公婆婆想把孩子带回老家，怎么办？ ………………… 269

问题144：再婚后，孩子不喊继父"爸爸"，怎么办？ …………… 270

问题145：我想再婚，但对方的孩子不接受我，怎么办？ ………… 272

问题146：孩子不想去外婆家，怎么办？ …………………………… 273

问题147：孩子问"为什么别的小朋友可以喝超市里的饮料？"，

我该如何回答？ ·· 274

问题148：孩子提问，父母回答不上来，怎么办？ ·························· 275

问题149：孩子喜欢和家长说反话，怎么办？ ································ 277

问题150：孩子不爱读书，怎么办？ ·· 278

问题151：如何让孩子成为有教养的人？ ······································· 279

问题152：我该如何控制孩子看电视？ ··· 281

问题153：孩子时常调皮不听话，可否打他？ ································· 283

问题154：为了教育好孩子，父母一严一慈可以吗？ ······················ 285

问题155：玩具可以代替家长的陪伴吗？ ······································· 285

问题156：我正在准备离婚，这会影响到孩子吗？ ·························· 286

问题157：用钱激励孩子做家务，妥当吗？ ··································· 286

问题158：我家老二没有老大那么聪明和灵活，怎么办？ ··············· 287

问题159：妻子经常用我来吓唬孩子，怎么办？ ···························· 287

问题160：孩子怕打雷，怎么办？ ·· 288

问题161：我想给孩子养些小动物，老师有何高见？ ····················· 288

问题162：孩子喜欢在家具、墙上乱涂乱画，怎么办？ ················· 289

问题163：孩子在小区里玩，喊他回家，他不听，怎么办？ ·········· 289

问题164：我爱老大多一些，老公爱老二多一些，可以吗？ ·········· 289

问题165：孩子有轻度的自闭症，怎么办？ ································· 290

问题166：孩子老是坐不住，他是不是有多动症？ ······················· 290

问题167：孩子不听话，怎么办？ ·· 291

问题168：孩子去幼儿园后，晚上睡觉时会惊醒，怎么办？ ·········· 291

第一章
回应幼儿园管理类问题的机智

在家长常问的问题中,有一类问题是关于幼儿园管理的问题,例如幼儿园的收费、办园质量、师资、师德、孩子在园安全、家长与家长的关系等问题。幼儿教师能否机智地回答这类问题,关系到幼儿园能否赢得家长的良好口碑,关系到幼儿教师能否赢得家长的认可和信任,关系到家园关系的和谐与否。因此,面对家长所提出的这类问题,幼儿教师必须认真研究,有效应对。

一、回应幼儿园管理类问题的原则

在回应幼儿园管理类问题时，应该注意以下六个原则。

（一）目标性原则

回应家长提出的幼儿园管理类问题的根本目的不是探讨问题的合理与不合理，而是家园达成一致，形成合力，为幼儿教师营造更加和谐的工作环境。由于角度不同，专业经验与背景不同，家长对幼儿园管理提出的一些问题和建议，可能是无理的、多余的，甚至是可笑的，但幼儿教师在回应这样的问题时，不应致力于揭穿或证明其如何"无理""可笑"，而应思考如何回应更有利于维护幼儿园和教师的形象、声誉，更有利于和谐的幼儿园工作环境的营造。

（二）针对性原则

面对家长提出的幼儿园管理类问题，一定要了解其提出问题的原因，然后有针对性地做出回应，才能有效地帮助家长消除疑惑和解决问题，进而让家长满意。

需要特别强调的是，面对家长提出的幼儿园管理类问题，我们一定要弄清楚家长的真实需要是什么，这样才能采取有针对性的回应，才能令家长满意。

案例1-1 *能给我的孩子换个位置吗？*

晓东妈妈："晓东老是坐在后面，他会不会看不见，能不能给他定期调换一下位置？"

胡老师："晓东个子高，看黑板是没问题的，再说教室也不大。"

晓东妈妈："晓东其实是喜欢被关注的，能不能给他换到第一排？边上也可以，这样方便老师多给予一点关注。"

胡老师："这样呀？！好的，我们会适当安排的。"

从上面这个案例可以看出，一开始家长委婉地向胡老师提出给孩子换座位的要求，但胡老师没有真正明白家长的用意，认为孩子个子高，即使坐在后面也能看得见，这时候家长就直接阐明了自己的真实想法和孩子的需求，胡老师也很快就接受了。[1]

（三）感恩性原则

不管家长对幼儿园管理提出什么样的问题，不管问题是否尖锐，也不管问题的有无，我们都应该对家长抱着一种感恩的心态。

从积极的角度来看，家长向幼儿教师提问，不仅是对孩子利益的关注，也是对幼儿园工作和管理的关注。在回应家长的提问时，一定要向家长说一声"谢谢您的反馈！"，并解释你为何感激家长的提问——从积极的角度向家长阐明他们提出的问题对幼儿园工作改进的意义。

针对家长提出的幼儿园管理类问题，有则改之，无则加勉，不必抱怨。

（四）及时反馈性原则

对于家长提出的任何一个幼儿园管理类问题，都要有反馈——反馈事情的进展，反馈事情处理的结果。

面对家长提出的幼儿园管理方面的问题，幼儿园应该实行首问负责制，即最先接到家长咨询、投诉、质询的部门或人员，作为首问负责的部门或人员，负责处理或了解问题处理的进展情况并及时向家长反馈。无论家长提出的咨询、

---

[1] 周红.家园沟通中幼儿教师共情研究[D].南京：南京师范大学教育科学学院，2014：28.

投诉问题是否属于本人、本班、本部门范围,首问负责部门或人员必须主动热情,不得以任何借口推诿、拒绝、搪塞家长或拖延处理时间。

若家长咨询、投诉的问题属于本人、本班、本部门职责范围,首问负责部门或人员如果能立即答复或处理,则必须当场答复家长或对问题进行处理。若家长咨询、投诉的问题不属于本人、本班、本部门职责范围,首问负责部门或人员应该当场与相关部门或人员联系解决和答复家长。对于不能立即解决或不能立即联系到相关部门或人员的问题,首问负责部门或人员应详细记录家长提出的问题并留下家长的姓名、地址和联系电话,以便进行后续的沟通和交流。这样做才能让家长感受到我们是真诚的,我们是负责任的。

首问责任制对建立幼儿园的良好口碑大有益处,幼儿园应该建立有效机制,并努力践行。

(五)同理心原则

同理心原则就是指幼儿教师在面对家长提出的幼儿园管理类问题时,能站在家长的角度和位置,客观地理解家长的内心感受、想法和愿望,并且把这种理解传达给家长。具有同理心的幼儿教师,在面对提出尖锐问题的家长时,能够设身处地地感受和体谅家长,并以此作为处理家园关系、解决沟通问题的基础;具有同理心的幼儿教师,具备较高的体察自我和家长的情绪、感受的能力,能够通过表情、语气和肢体等非言语信息准确地判断和体认家长的情绪与情感状态;具有同理心的幼儿教师,能听懂家长想表达的意思,说出家长想听的话语;具有同理心的幼儿教师,能以家长对孩子健康成长的关心为出发点和归宿,回应家长对幼儿园管理方面的诉求。在面对家长生气、愤怒地质询幼儿园管理方面的问题时,幼儿教师在专心倾听的基础上,可以用一些句式来表达同理心——"我知道你……""我能体谅你……""……,真让你……",并在此基础上提出相关问题的处理方案,这样家长就能比较容易地进入心平气和的状态。

（六）基于孩子健康成长的原则

在回应家长有关幼儿园管理的问题时，特别是在回应家长涉及幼儿方面的问题时，幼儿教师要多强调幼儿园工作及其规定对幼儿健康成长的意义，这样家长才会比较容易接受幼儿园的管理规定和做法。

案例1-2　老师为什么体罚我的孩子？

午睡起床时分，孩子们陆陆续续离开午睡室，只剩下几个动作慢的孩子和忙着整理床铺的保育老师。调皮的林林突发奇想，把小床当成蹦蹦床，从一张床跳到另一张床……保育老师很担心地提醒："林林，危险！快回到教室里！"可是，林林对保育老师的话毫不在意，依旧兴奋地在小床间蹦来跳去。保育老师生气了，走过来把林林拉下了小床，严肃地说："你先在这边站着，安静一会儿！"看见保育老师威严的样子，林林不敢动了，一直等到保育老师整理好床铺，才乖乖地跟着保育老师一起回到教室。

第二天早上，林林的妈妈、外婆陪着林林一起到了幼儿园，一见到我，外婆的情绪就激动起来："我们家林林今天不肯来幼儿园，说昨天被你们老师罚站了，你们这是体罚孩子……"而林林的妈妈则开始批评国内的教育（他们家刚从国外回来几个月）："国内和国外就是没法比，我们不要求孩子在幼儿园里学什么，只是希望孩子能够自由地发展他的个性，我们希望老师能够尊重孩子……"

我接住了林林妈妈的话："确实，孩子个性的自由发展很重要，幼儿园教育以游戏为基本形式，强调的就是幼儿的自主发展。我们幼儿园目前的课程以美国的高瞻课程理念为指导，非常关注孩子们的主动学习和发展。但是，不管是国内还是国外的教育，都将孩子的安全放在首位，幼儿园集体生活中的规则意识也很重要，因为每个人的活动自由都必须建立在一定的行为规范的基础上。

不管什么时候,我们都必须首先保障孩子的人身安全,如果孩子在幼儿园里摔倒、跌伤了,就不好了。"

"那当然,孩子的安全最重要。"林林的妈妈和外婆异口同声地表达了对我的认同,但同时又说:"林林今天怎么也不肯来幼儿园,因为他昨天被老师罚站了。孩子还小,你们怎么能用这样的体罚方式……"

我说:"我们来分析一下昨天的事情,首先我要明确地告诉你们,昨天保育老师罚林林站了几分钟,是为了制止林林在小床上不停地跳来跳去的行为,因为孩子那样做很危险。从教育的角度上讲,这是对孩子错误行为的适当惩罚,再小的孩子也必须对自己的过错承担责任,这样他才知道自己行为的问题,而不再重犯同样的错误。如果保育老师任由林林在小床上跳来跳去,摔倒了或扭伤了脚,你们怎么想?""……"林林的妈妈和外婆不说话了。

林林的妈妈有些尴尬:"你们老师要照顾这么多的孩子,不可能把班级里发生的每件事情都跟家长交代清楚,我们能理解。我们只是担心孩子在班级里受委屈,孩子还小,希望老师更多一些耐心……"

我继续说:"你们看,林林现在和小朋友在一起,情绪是不是很好?请相信孩子,也相信我们老师。如果你们对孩子回家后所讲述的幼儿园里发生的一些事情有疑虑,可以直接跟我们老师联系,了解具体的情况。我们多沟通交流,消除隔阂和误会,才能保持家园教育的一致性,才能让孩子更好地发展个性,养成良好的习惯。"

林林的妈妈和外婆:"是的,是的,林林其实很喜欢老师们,也很喜欢在幼儿园里的生活……"[1]

在上述案例中,教师既对家长"给予孩子个性的自由发挥"的教育理念表达了认同,又提出了"规则意识和行为规范"以及"安全性"对孩子健康成长的

---

[1] 沈洁.小议家园沟通中的有效回应[J].山东教育,2018(35):46-48.

意义,这让家长由质疑转变到认同教师关于"教育需要适当处罚"的主张。

二、回应幼儿园管理类问题的机智举例

下面将家长时常提到的一些比较典型的幼儿园管理类问题及其回应思路提供给大家,希望大家能够从中得到启示。

问题1:你们幼儿园为什么比别的幼儿园收费高?

【问题情境】

面对高品质、高收费的幼儿园,许多家长都会问"你们幼儿园为什么比别的幼儿园收费高?"等问题。家长们不明白其中的缘由,他们想弄明白,然后心服口服地接受幼儿园的高收费。

【问题分析】

家长提出这个问题的原因有如下三点。

1. 家长只看到幼儿园收费高的表象,而没有看到收费高低与孩子发展的关系。

2. 家长有"少花钱多办事"的思维和做事习惯——不一定是因为生活拮据。

3. 家长对幼儿园的功能认识仅仅聚焦于"带孩子",未关注到不同品质的幼儿园对促进孩子发展的不同意义。

【正确回应】

面对类似的问题，幼儿教师可以这样回应：

谢谢您对我们幼儿园的信任。

我们幼儿园重视孩子的团队精神，重视孩子的健康人格；我们不仅重视孩子的智商，还重视孩子的情商；我们重视孩子的知识学习，更重视孩子的能力、学习品质和学习态度。我们幼儿园重视孩子在……方面的发展，孩子入园后会逐渐在……方面受到训练，并慢慢地得到发展，在这一方面，我们有独特的理念和做法，许多孩子在上小学后表现……，比如……

价格不是最重要的，价值才是最重要的。比如：宝马、奔驰很贵，但开的人越来越多；某某品牌的汽车很便宜，但越来越多的人不再选择它。某某品牌的手机很实惠，华为手机比较贵，但用华为手机的人越来越多，华为成了中国手机第一品牌，某某品牌手机公司却倒闭了。这是为什么？因为人们在购买手机时，不只是看价格，更是看它的价值。

有远见的家长也应该如此，不是只看到幼儿园的入园价格，更要看到幼儿园对孩子发展的价值。我们相信，您一定是一位有远见的家长。您为孩子挑选幼儿园绝对不仅仅是看幼儿园的学费便宜不便宜，而是看幼儿园能给自己的孩子带来什么样的发展！

我们幼儿园花费20多年的时间，不断探索，努力追求，希望能让孩子享有高价值的幼儿园教育！为此，我们不断地提高办园品质——提高我园教育的性价比，进而争取越来越多家长的认可和追随，这也是我们继续研究，不断办好园所的最大动力！

为了孩子的长远发展，理性的家长应该追求高性价比的幼儿园教育，而不应该盲目追求低价的幼儿园教育。我们不能给您更低的入园价格，但我们会努力提供更高品质的幼儿园教育，为孩子们的未来发展奠定良好的基础。

第一章　回应幼儿园管理类问题的机智

【温馨提示】

当家长提出类似的问题时，我们的回应思路是：

1．确认家长提问的动机；

2．确认家长所提问题的内在逻辑；

3．有针对性地提出幼儿园的主张。

上述回应不是与家长谈论入园价格的高低问题，而是把家长的关注点由入园价格引向孩子入园后的发展，关注幼儿园的性价比。这是一种价值引领，同时这种引领建立在家长的内心关切之上——在我国，几乎所有的家长都十分重视孩子的发展。如果你捕捉到了家长的关注点，那么你的"道理"就容易引起他们的共鸣，你的主张就容易得到他们的认可。

面对类似的问题，也许有的幼儿教师会说：我们幼儿园的教室、卧室、厕所都有空调；木制地板是从非洲进口的原木地板；操场都铺上了从欧洲进口的塑胶；小朋友睡的床是泰国原装进口的；孩子卧室的空调是日本原装进口的；孩子们用的碗都是不锈钢的……

可是，你说了一大堆的话，前来咨询的家长似乎一句都没听进去！为什么呢？因为家长们不知道这些"硬件"对孩子的发展有何关键性作用。

幼儿教师要明确家长的关注点——家长把孩子送到幼儿园，他们最关心的是孩子的发展，而不是幼儿园的硬件有多么高端。因此，幼儿教师一定要从幼儿园对孩子发展的独特价值的角度来回应，如此才能得到家长的认可与接受——越是收费高的幼儿园，越要注意本园"发展价值"的挖掘、宣传和引领。

问题2：为什么孩子在幼儿园里经常被其他小朋友打？

【问题情境】

孩子在幼儿园里多次被打，家长多次向教师反映这一问题，但都没有得到有效解决。家长认为，孩子在幼儿园里被打，全部是幼儿教师的责任，是幼儿教师没有尽到职责、教育无方，或者不重视自己所提出的问题，因此家长很生气。

【问题分析】

家长提出这个问题的原因有如下三点。

1．其孩子屡次被其他小朋友打，家长认为全部的责任均在幼儿教师，是幼儿教师没有教育好打人的孩子，家长并没有认识到自己的孩子被打也有孩子自身的原因。

2．家长向幼儿教师多次反映情况，但孩子被打的问题并没有得到解决。

3．家长对幼儿教师不能有效地解决孩子的被打问题极其不满。

【正确回应】

面对家长的问题，幼儿教师可以这样回应：

谢谢您对我们的信任。

在幼儿园里，孩子被打或打其他小朋友的情况经常发生。这与幼儿的自我中心思维和孩子们没有学会与人交往的技能，特别是没有学会解决同伴冲突的技能有关。

在孩子们发生冲突后，我们会结合相应的事件对冲突双方进行科学的教育，并且让他们知道同伴之间发生冲突很正常，但要通过商量、交换、分享、适当妥协等方式解决冲突。我们认为，孩子们有冲突，应该让孩子从中获得成长，这才是最重要的。比如，让孩子从被打事件中树立自我保护意识，学会自我保护技能。我们会一起训练孩子循序渐进地表达对攻击他的小伙伴的不满情绪。

1．让孩子用不满的表情提示对方——自己不喜欢他那么对待自己。

2．让孩子用语言大声地表达对对方言行的不满，如大声地喊"你不能打我！我不喜欢你这样！""你打痛我了！我不喜欢你这样！"等。

3．让孩子学会向教师求助——"请你不要再打我，要不然，我就告诉老师。"

4．让孩子学会保护自己——用手推开对方，不让对方抓伤脸。

5．允许孩子对对方进行有效的回击。

6．让孩子在班里有几个要好的朋友，有了这些好朋友，其他孩子就不敢轻易欺负他了。

7．引导孩子与家长沟通——如果孩子经常受到攻击，自己又无法解决，可以告诉父母，让父母出面与教师或打人者的家长沟通。

8．训练孩子掌握一些自我保护的技术（如推挡术、摔跤术等）。

从明天开始，你们可以按照上述内容在家里训练孩子，我们也会在幼儿园里训练他，让我们一起重视孩子被小伙伴打的问题，提高孩子的自我保护意识和能力。我相信，两个星期后，你们家的孩子就会学会自我保护，具备自我保护的能力，被打的事情也不会再出现。

再次谢谢您！我们的工作有点不周到，请多多包涵！让我们一起来助力孩子的成长！

【温馨提示】

碰到家长提出孩子在园被打这一类问题，我们的回应思路如下。

1．向家长说明幼儿人际交往的特点。

2．强调孩子们之间发生冲突很正常，冲突是其发展的重要契机。教育者的重点不是避免孩子与同伴发生冲突，而是让孩子从中学会以非攻击的方式解决冲突，学会自我保护的技能并从中得到成长。

问题3： 为什么孩子在幼儿园里时常被抓伤？

【问题情境】

家长在接孩子时，时常发现自己的孩子有被其他孩子抓伤的现象，并且多次向幼儿教师反映该问题，但都没有得到有效解决。家长对幼儿园工作的不到位感到生气和不满，甚至想直接去教训抓伤自己孩子的幼儿。

【问题分析】

家长提出这个问题的原因有如下两点。

1. 家长对自己的孩子在幼儿园里经常被抓伤感到气愤。
2. 家长很在乎孩子在园的安全问题。家长担心被抓伤会影响孩子的容貌，甚至会影响孩子的心理健康。

【正确回应】

面对家长的问题，幼儿教师可以这样回应：

谢谢您在有教育困惑时能主动与我们交流。谢谢您对我们的信任。

对于您的孩子在幼儿园里被抓伤，我们觉得很抱歉！同时，谢谢您将孩子的受伤情况与我们沟通，此事的详细情况昨天我已经及时跟来接孩子的奶奶说明了。

孩子在幼儿园里被抓伤，您有点生气，我能理解。不过，我认为，如果您直接去教训别人家的孩子，难免有所不妥！在一般情况下，家长都不应该越过教师去教育别人家的孩子，要不然，这容易引发家长间的冲突。

关于孩子教育的事，请交由我们老师来做。昨天，我们已经教育过那个抓伤您孩子的小朋友。您家的小明，我们也安抚和教育过他了，我们希望让他学会在与同伴发生冲突时如何有效地保护自己。

在我们的教导下，这两个孩子昨天又高兴地一起做游戏了。

【温馨提示】

为了减少甚至避免家长类似的疑惑，我们可以采取以下措施。

1．孩子受伤前做好相关的工作。为了减少因孩子受伤而造成的家园冲突，幼儿教师应做好如下工作。

(1) 让家长了解孩子在幼儿园里容易受伤的原因。在孩子入园前的第一次家长会上，幼儿教师就应告诉家长，孩子在幼儿园里受伤的主要原因。

①孩子受伤主要有两个直接的原因：一是，在自由活动时，自己不小心摔伤；二是，在与同伴发生冲突时，被抓伤或打伤。

②上幼儿园前，孩子较少有机会在空旷的地方自由活动，缺乏自我保护的意识、经验和能力。

③孩子缺乏应对同伴攻击的经验和能力。因为孩子平时与同伴交往少，与有攻击性儿童交往的经验更少。

通过这些介绍，幼儿教师可以让家长对孩子的受伤有心理准备，并且对孩子进行有针对性的训练，提高孩子的心理素质，提高孩子应对同伴攻击的能力。

(2) 让家长知道孩子受伤的"好处"与保障孩子绝对安全的"坏处"。幼儿教师在孩子入园前应召开家长会，将相关内容悉数告知家长。

①孩子被打伤，说明孩子在幼儿园里已经与人交往了——从来不与小伙伴交往的孩子极少会被小伙伴打伤。

②孩子摔伤，说明孩子在幼儿园里有自由活动的机会，他们痛快地玩耍

了——整天静静地坐在小椅子上的孩子极少会受伤。受伤有利于提高孩子自我保护的意识和技能,可谓"吃一堑,长一智"——父母一定要和教师一起,让孩子从摔跤、摔伤中得到成长的经验和智慧。

③孩子受到意外伤害,父母不必过分"在意",不应过分计较。教师会给孩子多些机会去自由活动,舒展身心,并且鼓励孩子们多参加活动,这样才能更好地促进孩子们的健康成长;否则,为了孩子们的绝对安全,教师只能放弃许多有利于孩子身心健康的活动,让他们尽可能多地静静地坐在教室里。如果真的这样做,那么孩子的童年哪有幸福快乐啊!

④如果家长过分在意孩子的受伤,那么这会导致孩子很害怕受伤。为了不受伤,为了不惹父母不高兴,孩子也会自我克制,不敢再做大动作,不敢再做任何冒险的事情,不敢再痛痛快快地玩耍了。如此一来,孩子没有外伤了,但孩子的体质却在逐渐下降,好奇心也在逐渐消失。

⑤幼儿期是孩子语言发展的关键期,而孩子的语言能力是在与人交往(特别是与同伴交往)的过程中形成和提高的。小班幼儿的语言沟通能力不强,所以孩子们的友谊都是从玩耍中获得的。如果家长过分关注孩子的安全,导致孩子不敢与同伴进行游戏,那么孩子与人交往的欲望和能力就会大大地萎缩,甚至消失,严重的孩子很有可能会自闭。

⑥幼儿是活泼好动的。健康的孩子都会好动,好动在一定程度上是孩子健康成长的基础。如果父母过于在乎孩子的外伤,那么孩子将会放弃或失去活动的机会和欲望。如果孩子们活动的欲望没法得到满足,内在的躁动得不到释放,那么他们的心情会变得压抑和沮丧,他们也会越来越消沉。如果因此失去了"好动"的特性,那么孩子的童年将是不完整的。

⑦将孩子受伤的责任过分地推给教师等于告诉孩子不用对自己的行为负责任,这将不利于孩子责任感的形成。许多时候,孩子受伤的主要责任在于孩子,而不在于幼儿园,不在于教师。若家长因孩子受点小伤而过分地责备教师,那

么这将不利于孩子形成对自我负责的意识和习惯。

(3) 让家长知道孩子的成长才是最重要的。在孩子入园前，幼儿教师就应让家长知道，当孩子在幼儿园里受伤时，最重要的原则就是让孩子从受伤事件中获得成长，增强自我保护意识，提高自我保护能力——无论是自己使自己受伤，还是被同伴弄伤。

案例1-3　孩子受伤，家长竟然要感谢老师

一个孩子在幼儿园户外自由活动时，由于违规翻越器械护栏，不慎从上面摔了下来，造成膝盖破皮，并且出了不少血。

当幼儿离园时，带班的范老师及时将事故情况告诉了这个孩子的爸爸并道了歉，可是，这位家长什么也没有说，就将孩子带离幼儿园了。

有人怂恿这位爸爸找幼儿园要点伤害费，可是，他却说："我们家长带一个孩子也难保他没有磕伤、碰伤，幼儿园老师要照看几十个孩子，又没有三头六臂，难免兼顾不到。更何况是孩子自己顽皮，这怎能怪幼儿园老师呢？"

晚上，园长和范老师前去看望孩子，忍不住又开始道歉。可是，这位爸爸却说："这次受伤对孩子来说是一次深刻的教育，能让他逐渐树立自我保护意识和提高自我保护能力。感谢范老师在孩子受伤后及时处理伤口，我们家孩子给幼儿园添麻烦了！"

听到此话，带班的范老师当场感动得热泪盈眶，不知如何是好！

我们为这位具有极高教育专业素养的爸爸点赞！

如果每位家长都有这样的教育意识和教育专业素养，相信幼儿教师的专业幸福感将会倍增！再苦再累，幼儿教师也会毫无怨言地、心甘情愿地为孩子们奉献出自己所能付出的一切！

真诚地希望多些这样有涵养、有教育意识和教育专业素养的家长！

幼儿教师作为幼儿教育专业工作者，应该努力做好事前和事后的工作，用自己的专业精神和专业理念引领家长，让家长对孩子的受伤事件多些宽容和包容，为幼儿教师创造一个和谐的工作环境，为幼儿创造一个有利的成长环境。

(4) 让家长了解同伴冲突是孩子成长的资源。幼儿教师应该在孩子入园前的第一次家长会就告诉家长：当孩子与同伴发生冲突时，不管孩子是否受伤，成人最应该做的事情不是评估谁对谁错，而是让孩子从冲突中得到成长。

①摔伤：让孩子从摔伤事件中，树立自我保护意识，学会自我保护技能，进而减少摔跤，减少摔跤给身体带来的伤害。如，在快要摔倒的一刹那，迅速做出手掌撑地和保护头部的动作。

②使用某种工具受伤：要让孩子有安全意识，并学会安全使用各种工具的技能。

③如果孩子经常受到同伴的欺负，那么说明孩子在性格方面需要强化训练，应该让他们变得勇敢和坚强，并且有意识地让孩子在班级里培育"好朋友圈"，锻炼孩子的交往能力，提高孩子处理同伴冲突的能力。

以上这些内容，能够让家长在处理孩子的同伴冲突以及受伤事件方面做好策略上的准备。

(5) 让家长了解孩子间发生冲突的原因。幼儿教师应让家长了解孩子与同伴发生冲突是很正常的，因为幼儿期孩子的思维处于自我中心阶段，他们不太善于从别人的角度来思考问题。再者由于现在的孩子多为独生子女，缺少年纪相仿的玩伴，所以他们在进入幼儿园前普遍缺乏单独与人交往的经验和技能。冲突是幼儿成长过程中的一种正常表现，是孩子与同伴交往的一种方式，也是他们宝贵的成长经验，我们要做的不是避免同伴冲突的发生，而是让孩子从中得到成长。在一定程度上，同伴冲突可以促进幼儿的社会性发展。

(6) 让家长了解幼儿与同伴冲突的正确处理程序。幼儿教师应特别提醒家长，即使自己的孩子在同伴冲突中受伤了、被欺负了，家长有什么意见或建议，也应该直接与教师沟通，让教师协助解决，而不要越过教师直接去教训别人家的孩子，否则，容易将问题复杂化，甚至引发家长之间的冲突。

幼儿同伴冲突的处理程序：了解发生冲突的原因，引导孩子努力采取非暴力的方式处理冲突，启示孩子思考对方的需要，鼓励孩子维护自己应有的权益，并告诉他们相应的策略，帮助他们努力在冲突中保护自己。

(7) 让家长明确如果自己的孩子弄伤其他孩子，那么家长一定要承担责任：一是，让孩子认识到错误所在；二是，让孩子学会以非暴力的手段解决冲突；三是，让孩子学会换位思考，体悟攻击给别人带来的伤痛；四是，让孩子学会利用语言交流、交换、分享、商量、讨论等方式化解矛盾。

(8) 引导家长不要因为幼儿的同伴冲突而贬低教师。随意贬低照料孩子的教师，将会让孩子从小形成藐视教师的心理倾向，这将让孩子受害终生。

(9) 引导家长不要因幼儿的同伴冲突而轻易地状告幼儿园及教师。家长更不应去幼儿园无理取闹，因为这样的行为会给孩子带来成长上的损失，这种损失将远远大于经济上的补偿。

(10) 引导家长宽容地处理冲突，并且让孩子从父母的言行中学会宽容。

(11) 让家长感受到你很爱他的孩子。幼儿教师平时可以通过各种手段，让家长感受到你很爱他的孩子。比如：每天在来园环节，拥抱孩子并和孩子一起与家长说"再见"；在离园环节，拥抱孩子，并感谢他一天给你带来的快乐，然后与孩子告别。拥抱等行为能够让家长真实地感受到你很爱他的孩子。有了这些情感基础，孩子偶尔受点小伤，家长一般也不会与教师计较。

(12) 多与家长进行沟通和交流。有了沟通和交流，才能相互了解；有了相互了解，才能产生感情。许多时候，家长因孩子的一点点伤而大闹，都是因为教师与家长是没有深度交流、相互理解、情感基础的陌生人关系。有时候孩子受伤只是家长闹事的导火索，深层的原因是家园间出现了误会和隔阂。因此，教师应多创造机会与家长沟通和交流，与其建立一种较好的工作关系和私人关系，这样许多工作中的大事便可化小，小事便可化了。

当然，家园关系处理好了，教师的职业幸福感也会增加。

2. 孩子受伤后的工作。如果孩子间发生同伴冲突并有人受伤，那么幼儿教师应采取以下策略和方法来应对，以减少甚至避免家园之间发生冲突。

（1）态度要诚恳。孩子受伤后，不论受伤的原因是什么，幼儿教师都一定要及时向家长汇报并表示歉意，绝对不可以出现刻意隐瞒的动机和行为。

（2）拿出有效的应对办法，尽量减少同类受伤事件再次发生。出现了孩子受伤的问题，幼儿教师要提出有效的解决方案，不要消极地抱怨。不过，我们只能表达尽可能地避免类似的现象再次发生，并且告知家长具体的应对措施，但绝对不能向家长许诺——今后绝对不会再发生类似的现象——因为你无法做到！这时，你只能表态："孩子受伤，我们都很难过，在此向您表示深深的歉意！我们保证，今后会更加注意安全管理，尽可能地避免发生类似的事件。当然，届时如果我们有做得不周到的地方，还请您多谅解。"

孩子受伤前，幼儿教师的措施是主动出击，是专业引领；孩子受伤后，则是被动应对，当然也有专业引领。两者对平息因孩子受伤可能带来的家园冲突都十分重要，希望幼儿教师能够认真研究，认真应对，进而有效地化解因孩子冲突或受伤造成的家园冲突。

3. 晨检工作要做细致且到位。比如，为了减少抓伤现象，每天晨检时，幼儿教师要认真检查幼儿的指甲，对过长的、锐利的指甲要剪短、磨平——这等于"废除"了幼儿抓伤同伴的"工具"，这样就可以避免发生幼儿在园被抓伤的现象。

问题4：放学时，孩子应该不会被陌生人接走吧？

【问题情境】

家长在网上看了太多的有关孩子被人贩子抢走、冒领、拐卖和伤害的新闻，时常为孩子的安全问题感到焦虑。孩子入园后，不在家长的身边，家长的这种焦虑就变得更加强烈。

【问题分析】

家长提出这个问题的原因有如下两点。

1. 家长对幼儿园的安全制度及措施不了解。
2. 家长存在孩子入园焦虑症。

【正确回应】

面对家长的问题，幼儿教师可以这样回应：

谢谢您向我们反映您的担忧。谢谢您对我们的信任。

我园有严格的接送孩子制度，家长必须履行相关手续才能将孩子接走。

1. 持有我园制作的具有防伪功能的接送卡才能将孩子接走。否则，无法将孩子接走。
2. 家长来接孩子，必须拍照签字才可将孩子接走。
3. 委托他人接送孩子有更为严密的接送制度。委托接送必须满足以下条件才能将孩子接走。

（1）委托人要与教师微信视频确认委托，并且教师需要录像存档。

（2）委托人要将受委托接孩子者的照片发给教师确认。

(3) 受委托人需有孩子的接送卡。

经过上面严密的程序,不可靠的陌生人是无法从幼儿园里将孩子接走的,这点请您放心。

谢谢您对孩子安全的关心,也谢谢您对幼儿园安全工作的关心和支持,这将激发我们进一步做好孩子的安全工作,以后请您理解并继续积极支持幼儿园的安全接送孩子制度,以保证孩子的安全。

【温馨提示】

在回应家长的问题时,幼儿教师应该注意以下几个方面的内容。

1. 了解家长疑惑的症结在哪里,然后做出有针对性的回应。

2. 通过各种方式、途径和平台(微信公众号等),向家长宣传幼儿园的相关制度,让家长更加明晰幼儿园的制度。

3. 如果家长经常对幼儿园工作有疑惑,那么幼儿教师应该反思自己向家长传递信息的方式和途径,进而提高沟通的效率。

4. 不要抱怨。对于喜欢反复询问、质问的家长,不管其有理无理,都要多些谅解,因为这可能是我们工作没有做到位造成的。

5. 保持一种感恩的心态。从另一个角度来看,家长的询问和质问表明我们的工作有待改进,要感恩这些家长,因为他们为我们改进工作提供了动力。

问题5:幼儿园里的不安全物品放好了吗?

【问题情境】

家长感觉自己的孩子比较好动,并且好奇心强,喜欢探索、尝试、摆弄新物品。孩子在家里也曾因此闯过不少祸,甚至出现过一些安全事故。因此,家长担心孩子到幼儿园后也会本性不改，继续闯祸。

【问题分析】

家长提出这个问题的原因有如下两点。

1. 家长对孩子的安全感到担忧。
2. 家长对幼儿园的安全制度和措施不了解。

【正确回应】

面对家长的问题，幼儿教师可以这样回应：

谢谢您对孩子安全和我园安全工作的关心，这对我们做好工作很重要。

保证孩子们的生命安全是幼儿园的首要任务！我园的危险物品当然放好了！

我园在孩子的安全管理上，主要有两种措施。

1. 消极安全措施。消极安全措施就是减少甚至消除材料、环境中潜在的危险。针对剪刀危险，我们采取的措施是不让孩子使用剪刀，或者为孩子提供顶端为圆形的儿童剪刀，这是我们幼儿园安全工作中的"让危险远离孩子"策略。此外，我们会将消毒液、老鼠药、洁厕液等不安全物品，放在孩子们拿不到甚至根本看不到的地方。

2. 积极安全措施。积极安全措施就是培养与提高孩子应对材料、环境中潜在危险的意识和能力，这就是我们幼儿园安全工作中的"让孩子远离危险"策略。

针对孩子的安全问题，我们以消极安全措施为根本，在做好消极安全措施的基础上强调积极安全措施，培养孩子们的自我安全意识和自我保护技能。请您放心，我们有十几年的相关工作经验，我们会努力做到让危险远离孩子们，确保孩子们的健康发展。

【温馨提示】

为了避免家长存在类似的疑惑,我们可以采取以下措施。

幼儿教师应该充分挖掘相关资源,有目的、有计划地向家长宣传幼儿园的有效做法,通过各种渠道让家长了解幼儿园工作的细则,让他们对幼儿园的工作放心,进而让幼儿园在家长群体和社区中逐渐建立起良好的口碑。

问题6:孩子在幼儿园里不会有安全问题吧?

【问题情境】

家长最近在电视里看到了很多关于幼儿园安全问题的新闻:有陌生男子闯入幼儿园并持刀行凶,导致多名幼儿和教师受伤;幼儿因幼儿园地面湿滑而摔倒;幼儿园的玩具甲醛含量过高……为此她一个晚上都没有睡好觉。

【问题分析】

家长提出这个问题的原因有如下两点。

1. 家长对幼儿园的安全制度不了解。
2. 家长对孩子的安全问题感到焦虑。

【正确回应】

面对家长的问题,幼儿教师可以这样回应:

某某家长,谢谢您能向我们表达您的担心。

我们幼儿园有门卫全天看守,未经允许,非工作人员是不可以进入的,而且在固定的时间里幼儿园的大门是紧闭的;儿童户外活动的场地要么是草地,要么是塑胶地板，室内地面铺有高品质的防滑瓷砖，并且常接触水的地方都垫有防滑垫；幼儿园的玩具也都符合国家的安全标准。因此，您不用为孩子的安全问题过多地担心。

【温馨提示】

为了减少家长对孩子安全问题的焦虑，幼儿园要通过各种渠道向家长有效地宣传幼儿园的安全管理制度，让他们了解幼儿园安全管理措施，进而对幼儿园的安全工作放心。

问题7：什么时候能给孩子们的卧室和教室都装上空调？

【问题情境】

孩子在家里已经习惯于在空调环境中生活，家长担心孩子对幼儿园的无空调环境不适应，进而影响孩子的正常生活，影响孩子的健康发展。因此，家长期待幼儿园的卧室和教室都能尽快地装上空调。

【问题分析】

家长提出这个问题的原因有如下三点。

1. 家长希望孩子的生活条件好一点。
2. 家长对幼儿园环境与孩子成长的关系认识不到位，认为有空调的环境就对孩子的成长有好处。
3. 家长担心在没有空调的环境下孩子睡眠质量不高。

【正确回应】

面对家长的问题，幼儿教师可以这样回应：

谢谢您对我园工作的关心！

关于硬件设施的问题不是我负责的，因此，我并不了解具体的工作情况。今天中午，我会将您的意见及时转达给园长。

不过，我园的教育理念强调努力提高孩子们的自然适应能力——自然调节身体功能以适应天气的冷热变化，这更加有利于孩子的健康成长。时常在空调房里生活和学习，对孩子的健康成长并不完全有利。当然，在特别闷热、特别寒冷的恶劣天气下，我们会考虑开空调，为孩子们更好的学习和睡眠营造适宜的环境。

【温馨提示】

在回应家长的问题时，幼儿教师应该注意以下几个方面。

1. 平时注意在科学育儿理念方面给家长以引导，让家长了解什么样的环境和教育对孩子的健康成长最有利，让家长认可并接受我们的教育理念。

2. 对于家长提出的问题，即使不是我们负责的，也要帮助家长了解相关的情况并及时给予反馈，让家长感觉我们是很负责任的。这有助于家长认可幼儿园的工作，同时有助于幼儿园形成良好的口碑。

问题8：我孩子的班为什么老是换老师？

【问题情境】

由于种种原因，幼儿园一再地更换孩子班里的老师，并且没有进行任何解释。同时，家长发现孩子在适应新老师的过程中出现了一些问题（如焦虑、不安、不想去幼儿园等），家长为孩子的健康成长感到担心。

【问题分析】

家长提出这个问题的原因有如下两点。

1. 家长担心频繁地换老师对孩子的发展不利。
2. 家长担心新来的老师对孩子不好。

【正确回应】

面对家长的问题，幼儿教师可以这样回应：

谢谢您对幼儿园工作的关心！

我们幼儿园换老师主要有以下五种情况。

1. 原班老师辞职了。幼儿教师这个职业流动性比较大，这是很无奈的现实状况。我们也期待我们的老师有更大的稳定性！

2. 原班老师被辞退了。原班老师可能做了某些违规的事，或者不能达到我园的工作要求，所以被辞退了。从长远来讲，辞退不称职的教师对孩子的发展更加有利。

3. 原班老师调换工作岗位了。由于工作需要，原班老师调换到了新的工作岗位。

4. 原班老师因怀孕暂时不能带班。

5. 原班老师不适合高年龄段孩子的教育工作。由于经验、能力等原因，原班老师不适合高年龄段孩子的教育工作，被调整到下一年龄班带班了。同时，我们会安排更加适合的教师来带高年龄段的孩子，以促进孩子们更好地发展。

您孩子所在的班级调整老师是由于……从您的提问中，我能够感受到您对孩子成长的关心，以及对新老师能否胜任工作的忧虑。对此，我表示理解。

不过，请您对我们班的新老师放心。我们幼儿园特别重视幼儿教师的爱心、责任心、细心和耐心，重视教师核心素质的培训和考核，以保证每位教师都能尽心尽职地做好本职工作。我们班的新老师是幼儿教育专业毕业的，有幼儿教师资格证，有……年工作经验，在……方面有特长。对于年轻教师，我们幼儿园还有"师徒结对"的帮扶方式，相信某某老师会把班里的工作做好。

对于换新老师，孩子确实需要一定的时间来适应。不过，我们幼儿园有"快速赢得孩子喜欢"的基本专业要求，比如：每天至少抱孩子两次，每天需要单独与每个孩子谈话等。相信您的孩子很快就能感受到新老师的爱，然后适应新老师的带班风格。

真的很抱歉，没想到换新老师会给您带来担忧！但请相信我们，相信我们的老师！谢谢！

【温馨提示】

为了避免家长存在类似的疑惑，我们可以采取以下措施。

1. 建立工作预告制度。对于涉及孩子的事情，要提前预告家长，并做好正确的引导工作。

2. 积极主动地宣传新任教师的专业强项，以赢得家长对新任教师的信任。

3. 新任教师要积极主动地展现自己的专业能力和专业品德，以尽快赢得家长对自己的信任。

4. 新任教师要通过多种手段不断地表现出对孩子的爱，以快速地赢得孩子及其家长对自己的信赖。

5. 新任教师应以热情、专业的态度打动家长。对家长的不信任和抱怨要有足够的心理准备，应热情地与家长打招呼，主动与其交流孩子的教育和生活。相信持续的主动热情一定能取得理想的效果。

第一章 回应幼儿园管理类问题的机智

问题9：你们都是学前教育专业毕业的吗？

【问题情境】

家长通过种种途径了解到孩子的老师是非学前教育专业的。家长认为幼儿园教育是一个专业性很强的工作，非学前教育专业的教师很难做好本项工作。因此，家长为孩子的教育遭遇感到担忧。

【问题分析】

家长提出这个问题的原因有如下两点。

1. 家长担心教师不专业，不能很好地促进孩子的发展，甚至会给孩子带来不利的影响。
2. 家长对优质的幼儿教育有所期待，因而对优质的师资有所期待。

【正确回应】

面对家长的问题，幼儿教师可以这样回应：

谢谢您对我园师资情况的关心！

我们幼儿园的绝大多数教师都是学前教育专业毕业的，少数不是学前教育专业毕业的教师在上岗前都经过专业知识和技能、师德等方面的培训。我们当中的许多人已经取得了幼儿教师资格证，还有一些人正在积极地准备参加幼儿教师资格证考试。

另外，我园教师还通过函授、自学、参加园内外的专业培训等方式获取专业知识和技能。我们已经学习过很多幼儿教育的相关知识和技能，并且具备一些特长（例如我们班的某某老师……，又如……）。另外，我们都是经过层层考

核才进入幼儿园的,都特别有爱心、责任心和童心,相信我们会给您的孩子提供很好的呵护和帮助,并给孩子带来快乐和成长。

【温馨提示】

为了减少甚至避免家长类似的疑惑,可以采取以下措施。

1. 加强教师专业素质的展示。平时通过各种渠道(微信平台、班级公众号、家长开放日、班级晚会等)展示幼儿教师的职业道德素质、专业能力、专业荣誉等,让家长感觉到教师是很专业的,这样才容易赢得家长的认可、接纳、尊重和敬佩。

2. 通过各种方式展示教师对每个孩子的爱。教师可以在家长面前对孩子表现出爱的行为、表达出爱的语言,这能够让家长感受到教师对孩子的爱。教师也可以通过微信等方式,将能够体现孩子在幼儿园里的可爱表现和进步的视频或图片发送给家长,以表示我们对孩子的关注、支持和鼓励。如果家长感受到教师很爱他的孩子,那么他就很容易在情感上接受教师,就不会对教师那么"挑剔"了,进而不会质疑教师的专业性。

获得家长的认可,是幼儿教师获得职业尊严和幸福感的重要前提,我们应该高度重视这一项工作。

问题10:新来的老师有没有工作经验?

【问题情境】

家长了解到幼儿园里的许多幼儿教师都是新来的,他们担心这些新来的幼儿教师缺乏带班经验,不会照顾孩子,不会教育孩子,进而影响孩子的正常发展。

第一章 回应幼儿园管理类问题的机智

【问题分析】

家长提出这个问题的原因有如下两点。

1. 家长期待有经验的教师带自己的孩子，以便孩子得到更好的发展。
2. 家长意识到师资与孩子发展的关系。

【正确回应】

面对家长的问题，幼儿教师可以这样回应：

某某家长，谢谢您能向我们表达您的担心。

我们幼儿园新来的教师都是经过考核择优录取的，她们都有一定的工作经验并经过较为系统的培训。即使是刚刚毕业的教师也都在幼儿园里实习超过半年，她们能胜任幼儿园的工作。我园还有"以老带新"制度，以保证新教师能够更好地适应并熟悉幼儿园的工作。

另外，我园的各项工作都有明确的操作流程和标准，经过一个星期的集中培训，新来的教师基本上都能规范地做好本职工作。

所以，请您放心地将孩子交给我们，也请您多给新教师一些信任和包容。

【温馨提示】

为了减少家长在这方面的忧虑，幼儿园应该通过各种途径向家长宣传新教师的专业风采，让家长充分了解幼儿园对幼儿教师（特别是对新教师）的各项工作要求，进而增强家长对幼儿教师的信任，使他们对我们的工作感到放心。

问题11：你们会不会体罚孩子呀？

【问题情境】

家长通过各种媒体接收到许多有关幼儿教师体罚、虐待孩子的信息，他们误认为体罚、虐待孩子是幼儿园里的一种普遍现象。因此，家长产生了打听孩子所在园所相关信息的需求，以确保孩子的安全和健康成长。

【问题分析】

家长提出这个问题的原因有如下三点。

1. 家长了解到体罚、虐待对孩子成长的伤害。
2. 家长为孩子的处境感到担忧，期待孩子有一个没有伤害的成长环境。
3. 家长对幼儿园教育存在的问题有自己的思考与认识。

【正确回应】

面对家长的问题，幼儿教师可以这样回应：

谢谢您对我园师德工作的提醒和关注！

具备良好的师德是我们幼儿园对教师的最基本要求。我园教师会参加师德方面的培训，师德培训能够让教师知道哪些事情可以做，哪些事情不可以做，哪些事情能这样做，不能那样做，从而让教师守住职业的底线，绝不能做伤害孩子的事。

在新教师上岗前，幼儿园也会对她们进行师德方面的培训，让新教师在入职前就知道，体罚孩子是犯法的，体罚孩子还有可能会坐牢——让幼儿教师虐待幼儿的典型事件（浙江温岭的颜艳红事件、红黄蓝事件、携程亲子园事件）常在教师的耳边回响，时刻提醒教师严格按照师德行为规范做好幼儿教育工作。

我们幼儿园的教师都是因为喜欢孩子，热爱幼儿园工作才坚守在教师岗位。因此，请相信我们对孩子们有爱和责任感。我园绝对不允许出现体罚孩子的现象，我们教师也不会体罚和变相体罚您的孩子。

不过，作为教育者的幼儿教师，我们有时候会根据《3—6岁儿童学习与发展指南》的教育目标要求和本班的教育常规要求，对孩子们进行行为约束。有时教师会批评幼儿，甚至会适当地处罚他们，因为正当的批评和处罚是孩子健康成长所必需的条件。如果孩子屡屡犯道德、纪律方面的错误，我们不闻不问，那才是害孩子，也是没有职业良心的表现。我们批评和处罚孩子是有严格规定的（比如，不能损害孩子的自尊心，不能伤害孩子的人格，不能体罚孩子等），在这方面也请家长多多谅解、理解和支持我们的正常教育举措。我们也希望家长对孩子不要过于放任，如果孩子屡屡犯错，希望您能和我们一起教育孩子，有时是批评孩子，有时是处罚孩子，让孩子有所敬畏，进而达到更好的教育效果。我们批评、处罚孩子不是因为他犯了错误，不是因为我们对他有偏见，而是要促进孩子们的健康成长。批评和处罚不是我们的目的，我们的目的是确保孩子们的健康成长！

比如，孩子一进入幼儿园，我们就会告诉他们：当别人跑步时，绝对不能从后面推别人。如果哪个小朋友推了别人，那么他就会被"罚站"20秒。这是我们和孩子约定好的，每个人都必须遵守，违反约定就必须受到处罚——要么自己主动静站20秒，要么在教师的提醒下接受处罚。再比如，从小班开始我们就和孩子们约定：谁用玩具打人，就会被罚停止游戏1~5分钟。该约定对孩子行为的约束力很强，能够让他学会用非暴力的方式解决游戏中的争端和冲突。

我带班十多年，教育过不少违规的孩子，这些孩子后来都发展得很好，他们的自我约束能力也得到了很好的发展。请您相信我们！根据教育需要，我们可能会适当地"处罚"孩子，但我们是为了孩子更好地发展，绝对不会伤害孩子。

【温馨提示】

为了减少甚至避免家长类似的疑惑，我们可以采取以下措施。

1. 加强师德的正面宣传。通过各种方式（如微信平台）宣扬幼儿教师对孩子的爱心、责任心、细心和耐心等，让幼儿教师的正面形象深入家长的内心。

2. 提供专业引领。通过各种媒介，让家长知道批评和处罚是正常的教育手段，也是必要的教育手段。当教师使用这一手段教育孩子时，应努力得到家长的理解和谅解，让他们知道教师处罚孩子，不是为了泄愤，不是为了报复，不是对孩子有成见，不是不爱孩子，而是为了孩子的健康成长，是对孩子负责任的体现。

3. 展现幼儿教师的专业能力。如果家长认可教师的专业能力，那么他们就容易认可教师对孩子所采用的正当的批评和处罚措施。

问题12：别的家长要打我的儿子，怎么办？

【问题情境】

"今天我的儿子在幼儿园里与其他小朋友玩耍时，不小心碰到了 A 小朋友，没想到 A 小朋友的家长在放学时凶神恶煞地要打我的儿子。许多人劝解，那个家长依然不依不饶，我的儿子被吓得躲到一个角落里一直哭。"

【问题分析】

家长提出这个问题的原因有如下三点。

1. 该家长对 A 小朋友家长的做法非常不满。

2. 该家长是有教养、比较理性的人。

3. 该家长比较关注自己孩子的健康成长。

【正确回应】

面对家长的问题,幼儿教师可以这样回应:

谢谢您有不满的情绪直接和我们诉说。谢谢您对我们的信任。

对于这件事情,我们觉得很抱歉!当时,我们没有有效地阻止该家长粗暴的非理性行为!

我们认为,孩子之间有冲突、有误会是很正常的,家长绝对不应该介入孩子之间所谓的冲突。因为家长不了解孩子之间的真实情况,自己孩子的诉说只是一面之词,并不能代表真相——从专业的角度看,许多时候孩子无法说清楚真相。

面对这类事件,我们所秉持的教育理念是让孩子们自己处理同伴间的冲突。如果自己被别人碰到了并感到有点不舒服,那么,被碰者可以告诉碰人一方自己的感受,提醒对方注意一下即可。如果对方道歉了,就一定要大方地、温和地、友好地跟对方说:"没关系,有时候我也会在无意中碰到其他小朋友。"然后,主动和对方友好地点头微笑或握手。如此一来,被碰的孩子会从中得到成长,成为一个有教养的人。

如果自己在无意中碰到别人,给别人带来了麻烦,那么一定要在第一时间向别人道歉,说声"对不起",然后,反思一下以后做事情如何尽量不碰到别人,不给别人添麻烦,这样碰人的孩子也能从无意的过错中得到成长。

您可以告诉您的孩子:"A小朋友的家长那样做,可能是因为他太爱他的孩子了,太想保护他的孩子了,所以他有点激动。不过,他知道打人是犯法的,他不会真的打人。""你是在无意中碰到A小朋友的,没关系。""有爸爸妈妈,还有老师保护你,你不用害怕……"

谢谢您,碰到孩子的教育问题能主动和我们交流,而不是盲目行动。明天我会找A小朋友的家长谈谈。

【温馨提示】

为了减少甚至避免家长类似的疑惑，我们可以采取以下措施。

1. 加强对家长的专业指导。在孩子入园前一个星期的首次家长会上，幼儿教师就应该告诉家长，如果孩子在幼儿园里与小伙伴发生冲突，那么家长和孩子应该怎样应对：孩子被打了该怎样应对，孩子打人了该怎样应对，对别人家的孩子有意见又该怎样应对等。不仅要通过语言讲授，还要通过角色扮演，让家长知道孩子发生冲突的积极意义和积极做法，其根本目的是让孩子从中获得成长，而不是报复或吓唬其他孩子。

2. 组织相关专题的研讨交流会。在孩子入园前，组织家长们研讨交流由孩子引发的家长间的种种冲突：当您的孩子被对方打伤了，该怎么办？当您的孩子被冒犯了，该怎么办？当对方家长越过教师和您，直接去教训您的孩子时，该怎么办……

3. 增进家长间的相互了解和情感。平时多开展家长交流活动，在班里建立线上线下交流系统，大家彼此了解多了，感情好了，就不至于在孩子们有冲突时为难对方的孩子和家长。

问题13：孩子一进幼儿园就哭，如果转园，你们退保育费和伙食费吗？

【问题情境】

孩子已经入园3个多星期了，但还是一进幼儿园的大门就哭，不愿意去幼儿园。家长想给孩子转园，但是后4个月的保育费和伙食费已经交了，家长希望幼儿园能退还，但又有点担心自己违约退园而幼儿园不退还保育费和伙食费。

第一章 回应幼儿园管理类问题的机智

【问题分析】

家长提出这个问题的原因有如下三点。

1. 家长认为孩子在入园时哭就是幼儿园的质量有问题。
2. 家长对孩子的入园适应困难没有正确的认识和相应的心理准备。
3. 家长期待质量更高的幼儿园教育。

【正确回应】

面对家长的问题，幼儿教师可以这样回应：

谢谢您将孩子送来我园，也谢谢您有问题主动与我们沟通。

对于孩子来园3个多星期仍不适应，您很难过、很纠结，我能理解。我的孩子刚上幼儿园时也是这样，哭了差不多一个月，但是后来他就适应了，在幼儿园里过得很开心。

一般新生入园都要3个星期左右才能适应，有些孩子则需要一个多月才能适应，这是很正常的。请您相信我们，也请您再坚持两个星期。如果届时孩子仍然一进大门就哭，一点改善的迹象都没有，那么我们会请示幼儿园领导，将本学期所收取的保育费和伙食费——连同已经过去的近一个月的费用全额退还。

不过，也请您配合一下我们的工作。

1. 若无特殊情况，坚持每天都将孩子按时送来幼儿园。
2. 送来并将孩子交给老师后和孩子说："宝宝再见，放学的时候妈妈就来接你。"说完就即刻离开。

辛苦您了！谢谢！

【温馨提示】

为了减少甚至避免家长类似的疑惑,我们可以采取以下措施。

1. 做好新生入园焦虑的化解工作。一是,化解孩子的入园焦虑;二是,化解家长对孩子入园的焦虑。在孩子入园前,幼儿教师一定要对家长进行相关的培训,让家长了解孩子入园焦虑及适应期的相关知识、应对策略和方法。

2. 在后续的日子里要多花点时间和精力,以孩子明白的方式表达你对他们的爱,让孩子们快速适应幼儿园的生活。请记住:在这个时间段,没有什么工作比让孩子们尽快适应幼儿园的生活更重要。

3. 以适应良好的孩子带动适应不良的孩子,将他们卷入丰富多彩、趣味无穷的幼儿园生活。

4. 关切家长的关切。无论是哪个时期,都要关切家长的关切,特别是在孩子初入园时,更要关切家长的关切。在孩子刚刚入园时,最困扰家长的就是孩子的适应问题,教师要拿出真诚的态度和有效的方法来解决这一问题,让孩子快速地喜欢上幼儿园——喜欢幼儿园的教师和小朋友,喜欢幼儿园的玩具,喜欢幼儿园的活动。另外,孩子喜欢来园,是幼儿园办园质量的无形宣传,也是稳定生源的根本方法。

问题14:你们是不是打我的孩子了?

【问题情境】

孩子回家后告诉家长:老师打他了,明天他不想去幼儿园了。家长平时就在电视中看到过幼儿教师殴打孩子的新闻,因此,一听到孩子这样说,家长立马就火冒三丈,随即打电话给孩子的老师,质问老师是否打了他的孩子。

第一章　回应幼儿园管理类问题的机智

【问题分析】

家长提出这个问题的原因有如下三点。

1. 家长十分相信孩子,认为孩子年纪小,不会说谎,不会骗人。

2. 社会上关于幼儿教师打孩子的负面新闻太多,这让家长十分相信教师会打孩子。

3. 家长对孩子的心理特点不是很了解。

【正确回应】

面对家长的问题,幼儿教师可以这样回应:

谢谢您能及时与我们沟通孩子的情况。谢谢您对我们的信任。

我想先给您讲几个案例。

一

要放学了,孩子们纷纷把小椅子放好,一个接一个地在教室里排好队,准备放学。小遥忽然叫起来:"卓越,你别推我!"吴老师循声望去,只见卓越急急地缩回手,眼睛飞快地看向老师,老师向她瞪了一眼,卓越噘着嘴,眼睛发红,眼泪掉下来了。放学时事情繁多,吴老师想,今天来不及了,明天早上把事情问清楚再处理吧!没想到第二天早上,吴老师还没上班就接到卓越妈妈质问的电话:"吴老师,卓越说您昨天骂她了,她不愿意上幼儿园了!"

二

记得有一次,女儿从幼儿园回来后说:"妈妈,我被老师打了。"

"老师为什么打你?"

"因为我睡午觉时和小朋友玩,被老师抽了一嘴巴。"

我当时懵了,打算向园长打电话投诉,但电话没接通。

晚上睡觉的时候,女儿用手轻轻地扫了扫我的脸颊,她说:"老师就是这样打我的。"

原来女儿说的打是这么回事啊,幸亏刚才电话没接通,要不就酿成大错了。

三

在幼儿园的开放日活动中,有一个小女孩跟她的妈妈说:"我被小朋友踢了一脚。"

她的妈妈笑了笑说:"这孩子真会告状。"

原来另一个小朋友只是把她垒的积木一脚踢掉了。

幸好她的妈妈目睹了这一切。

敬请家长别以为孩子年龄小且单纯就不会说"假话"。事实上,我们的孩子真的很单纯,但由于认知能力较低,他们容易将事实和想象混淆,因此很容易会说出与事实不相符的假话。了解了幼儿的这些特点后,当面对孩子说教师和幼儿园的"坏话"时,您就会更加理性和从容,就不会有那么多的愤怒和不满。

请理解我们的孩子,支持我们的教师吧!——为了孩子的健康成长!

【温馨提示】

为了减少甚至避免家长类似的疑惑,我们可以采取以下措施。

1. 在孩子入园前就应将孩子的心理特点告知家长,特别是要向家长说明那些容易引发家园误会的情况,要提早让家长了解相关的内容和知识。

2. 应多宣传幼儿教师的正面事迹，让家长了解到幼儿教师是多么爱他们的孩子。

问题15：你们怎么可以打孩子呢？！

【问题情境】

昨天晚上家长和孩子在网上看到了幼儿园教师打小朋友的视频。看完视频后，妈妈问孩子："宝宝，你们的老师打过你吗？"结果孩子回答说："有，邓老师昨天打了我。"家长觉得自己的孩子年纪那么小，平时又很乖，因此她相信孩子说的都是真的。

【问题分析】

家长提出这个问题的原因有如下三点。

1. 媒体对幼儿教师的负面报道太多，家长受其影响并认为教师可能是虐待孩子的"犯罪嫌疑人"。
2. 家长不了解孩子的思维容易受成人的言语、表情和动作暗示而改变的特点。
3. 幼儿教师与家长之间没有建立起稳固的信任关系。

【正确回应】

面对家长的问题，幼儿教师可以这样回应：

谢谢您能及时将您掌握的情况反映给我。真的谢谢您！

我想先给您讲两个案例。

一

幼儿园小班正在上计算课，授课内容是"手口一致地点数'2'"。

老师讲完后带小朋友们一起练习。老师问一个小朋友："数一数，你长了几只眼睛？"

有小朋友回答："长了3只。"

这位年轻的老师一时生气，就说："长了4只呢！"

那个小朋友也跟着说："长了4只呢。"

老师说："长了5只呢！"

那个小朋友又说："长了5只。"

老师气得直跺脚，大声说："长了8只呢！"

小朋友也跟着老师猛一跺脚说："长了8只。"

老师忍不住笑了起来，那个小朋友还以为自己回答对了，也咧开嘴天真地笑了。

二

邻居小勇从幼儿园回来后额头肿了个大包。妈妈问："小勇，这是怎么回事呀？"小勇说："我也不知道。"妈妈又问："你说说，是不是老师打的呀？"小勇听后点点头。妈妈又追问："是用棍子打的呢，还是抓你的头撞墙呀？"小勇回答说："是用棍子打的！我现在还有点痛！！"

这可把小勇的妈妈气坏了，茶不思饭不想地等着小勇的爸爸回家，然后一同去幼儿园找园长讨个说法。

结果，小勇的爸爸回来后说，小勇额头的肿包是早上去幼儿园经过小区的灌木丛时被蚊子叮的，不知为什么一天了也没消退。

这两个例子告诉我们：孩子的思维很容易受到成人语言的影响——成人给他的暗示会影响他的判断和语言，进而影响到其所反映问题的真实性。

现在我们一起到园长那里申请调看我们班的监控视频吧。

【温馨提示】

为了减少甚至避免家长类似的疑惑，幼儿教师应主动向家长普及那些可能引发家长误会的孩子的身心特点（比如，思维的易受暗示性，愿望、想象与现实的混淆等），让他们了解孩子的心理特点，他们就不会那么轻易地相信孩子说的都是真的了，家长对幼儿教师的误会就会减少很多。

问题16：其他家长说我的孩子是班上最爱哭的小朋友，怎么办？

【问题情境】

一个小朋友回家后一脸委屈地跟妈妈说，有一个同班小朋友的妈妈跟她讲，她是她们班上最爱哭的小朋友！妈妈听后很生气，她很不满地向孩子的老师抱怨："她怎么能跟我女儿说这样的话呢？！"

【问题分析】

家长提出这个问题的原因有如下两点。

1. 该家长认为，自己的孩子应该由自己教，不需要外人的指指点点。

2. 该家长担心其他孩子的家长如此胡乱地说可能会影响自己孩子心理的健康发展。

【正确回应】

面对家长的问题,幼儿教师可以这样回应:

谢谢您有教育问题能及时跟我们沟通。谢谢您对我们的信任。

您的担心和焦虑我能理解。不过,您可以这样和孩子说:"小时候哭一点点没关系。长大了不哭了就好。宝宝今天就没有哭!妈妈爱你!妈妈小时候也有点爱哭,但后来妈妈认识到老师很爱自己,而且我和小朋友们玩得很开心,我就不哭了。"

接受孩子的哭可以减轻孩子的心理负担,家长不要让孩子觉得在幼儿园里哭是件很丢脸的事情。相信随着时间的推移,您家孩子爱哭的现象就会慢慢地消失。另外,某某家长对您的孩子那样说是不对的。明天我会和她谈谈这个问题。

【温馨提示】

为了减少甚至避免家长类似的疑惑,在第一次召开家长会时,教师就应该跟家长说清楚,不管别的孩子如何,家长都不能越过教师,越过其家长直接去教育或评价孩子。另外,教师还应提醒各位家长,要注意自己的一言一行,因为家长不经意的言行可能会误导其他孩子的发展。如果对于其他孩子的教育有什么好的建议,可以通过教师转告,也可以直接与相关家长进行交流。

问题17:你们为什么不让我的孩子玩游戏?

【问题情境】

昨天在接孩子回家时,妈妈问孩子:"宝宝,今天玩得开不开心呀?"令她没有想到的是,孩子竟然回答说:"老师让我半天不准玩。"家长觉得游戏对孩子的身心发展很重要，所以她不明白为什么老师禁止自己的孩子玩游戏。

【问题分析】

家长提出这个问题的原因有如下三点。

1．家长认为孩子说的话都是真的，因此，她选择相信孩子。

2．家长对教师禁止其孩子玩甚是不满。

3．家长期待孩子在幼儿园里得到更多的玩耍机会，得到更多的快乐。

【正确回应】

面对家长的问题，幼儿教师可以这样回应：

谢谢您有问题能主动与我们沟通和交流。您先坐下，不用急。我先和带班老师沟通一下情况，然后再和您谈。

……

我了解到的情况是，您家胡军昨天上午淘气了，王老师就对他说："胡军，你再淘气的话，老师就让你半天不准玩！"但王老师只是让胡军安静地待了一分钟左右，并没有真正让他半天不准玩。保育员马老师也向我证实了这一点。这是因为小班孩子不能正确地理解教师的话，他们的时间概念也较差，所以在表述时容易引起家长的误会。对于这件事的真实情况，其他小朋友也可以证明。

【温馨提示】

为了减少甚至避免家长类似的误会和妥善地解决问题，我们可以采取以下措施。

1．在孩子入园前，幼儿教师就应将因孩子的心理特点引发的家园误会等相关内容向家长们普及。

2．教师应该向家长道歉，从某种程度上说，家长之所以会产生误会，是因

为教师的家长引领工作没有做到位。

问题18：孩子转园，家长应该注意什么？

【问题情境】

因工作和生活需要，家长将从一个小区搬去另一个小区居住，因此，孩子也需要从原小区的幼儿园转到当前小区的幼儿园。家长关心孩子对新园的适应问题，期待能得到相关的指导。

【问题分析】

家长提出这个问题的原因有如下两点。

1. 该家长是一位有教育意识的家长。
2. 该家长对转园对孩子的影响及应对措施并不了解。

【正确回应】

面对家长的问题，幼儿教师可以这样回应：

谢谢您在孩子转园前就与我们沟通，您是一位很关心孩子教育的好家长。谢谢您对我们的信任。

转园对父母来讲是件很容易的事情，但对孩子而言是件很不容易适应的事情：第一，孩子将失去许多原来的好朋友；第二，孩子需要重新认识并与新教师建立安全、信任和依恋关系；第三，孩子需要重新适应新伙伴；第四，孩子需要重新适应新的幼儿园班级生活……这些对幼儿期的孩子来讲真的不容易，因此，家长对此必须高度重视，有效应对，否则孩子很可能从此变得自闭，变得爱哭爱闹，缺乏安全感，终生受害！

我们给您的建议如下。

1. 有空带孩子到即将转入的幼儿园玩玩，让他熟悉一下新环境。
2. 开学前带孩子去见见老师，让孩子对新老师有个初步的认识。
3. 经常在孩子面前说说新幼儿园的"好"、老师的"好"，让孩子对新幼儿园有向往的心理。
4. 这里有一份您的孩子将转入班级的孩子名单，他们和你们住在同一个小区，有机会可以让您的孩子多与这些小朋友玩，然后让他们相互认识并成为朋友。

努力帮助孩子适应集体生活吧，相信在我们的共同努力下，您的孩子一定会很快就适应新幼儿园的生活。

【温馨提示】

转园对孩子而言真的不容易。为了让孩子能更好地适应新的学习生活，幼儿教师必须给家长提供相关的专业指导。在为家长提供指导的过程中，幼儿教师既能展示自己的专业能力，又能展示自己对孩子健康成长的高度重视，进而赢得家长的良好口碑。

问题19：孩子觉得老师不喜欢他，怎么办？

【问题情境】

孩子回家后对家长说，他们班的李老师好像不太喜欢他了。家长听后便为自己的孩子感到难过，她深知教师的爱对孩子发展的意义。但家长又不好意思直接跟李老师谈论这件事情，于是她找到了一位和自己相熟的老师，想向对方寻求建议。

【问题分析】

从家长提出的问题中,我们能够得到如下三点信息。

1. 家长被孩子反映的信息弄得焦虑不安。
2. 家长期待李老师能像从前一样爱自己的孩子。
3. 被问的老师,是家长比较信任的老师。

【正确回应】

面对家长的问题,幼儿教师可以这样回应:

谢谢您能向我反映您的困惑。谢谢您对我的信任。

我想先给您讲一个故事,当时该家长也与您有类似的疑问。

一位家长向我诉说,幼儿园的老师爱得不公平。

我没有忌讳,而反问道:"您有几个小孩?"

幼儿家长回答:"两个,女儿大,儿子小。"

我问道:"您喜欢哪一个?"

幼儿家长说:"大的那个比较听话,现在在读初中,她读书从不让我担心,她的成绩也很好。"

我说:"您是不是在说,您比较喜欢老大,因为她比较认真、懂事?"

幼儿家长说:"是的。"

我说:"其实这也不能说明您不喜欢儿子,但您对他俩的态度肯定不一样,您的儿子可能也有这样的想法,并且认为您比较喜欢他的姐姐,不太喜欢他。虽然您的内心可能更喜欢儿子,但由于姐弟俩不一样的性格和行为,您不可能表现出同样的态度,是不是这样?"

幼儿家长说:"是的。"

我说:"孩子老师的态度并不能代表他的个人喜恶,也不能代表他爱得是否公平。您的儿子已经在大班了,他已经有能力为自己的行为承担后果,老师也不会一味地迁就孩子。如果老师对行为表现不同的孩子采取同样的态度,那么就是对孩子的不负责任,这对表现良好的孩子也是不公平的。教师的态度本身就是一种教育手段,它对孩子的行为有导向作用,教师都希望每个孩子能往好的方向发展。因此,教师'不公平'地对待不同的孩子,是无可厚非的。"

幼儿家长:"哦,我明白了。谢谢老师。"

回家后,您可以问一问孩子:"为什么你认为李老师不喜欢你了?"然后,您可以告诉孩子:"李老师希望每一个孩子都有好的表现,李老师不喜欢的是你的不当行为,不是你这个人。如果你能好好表现,那么老师就会更加喜欢你。"

【温馨提示】

为了减少甚至避免家长类似的疑惑,我们可以采取以下措施。

1. 平时要通过孩子能理解的方式(语言或行为)对每个孩子表达自己的关爱。

2. 平时要通过各种方式让家长感受到我们很爱他们的孩子。比如,每天至少抱每个孩子2次(早上来园时1次,傍晚离园时1次),并且当着家长的面与孩子亲密地接触,让家长真实地感受到老师对孩子的爱。

3. 提前告知家长在面对孩子所反映的教师"问题"时,最重要的原则是做更有利于孩子成长的事情,而不是对教师进行追责。当然,如果教师违法,则另当别论。

问题20：我想去幼儿园陪读，可以吗？

【问题情境】

孩子刚刚入园不久，每天早上她都为入园的事哭得不得了。家长觉得孩子很可怜，不忍心见孩子如此煎熬，于是顿生到幼儿园陪读一个月的念头。她想等孩子适应了幼儿园的生活后，再让孩子独立去幼儿园。

【问题分析】

家长提出这个问题的原因有如下三点。

1. 孩子在初入园时很焦虑、很不适应。
2. 家长在孩子入园后也很焦虑，她为孩子的不适应而焦虑。
3. 家长认为自己陪读一个月就能帮助孩子走出入园焦虑的困境。

【正确回应】

面对家长的问题，幼儿教师可以这样回应：

谢谢您对我们的信任。

我知道您的孩子上幼儿园后，您有些焦虑——这是孩子第一次离开您，这一点我很能理解。不过，您来陪同会阻碍孩子的成长，会让孩子的适应期更长。

我们的观点是，您要学会放手，这样孩子才能更好地成长。

其实，您的孩子只是在刚刚来园时哭了一会儿，不久后他就加入了我们专门为初入园孩子设计的快乐活动。在一天中的大部分时间里，您的孩子都是很快乐的，他的睡眠状况也很正常。孩子们在初入园时都需要一段适应的时间，孩子们的哭闹都是正常的。相信您的孩子很快就能适应幼儿园的生活，并能从中获得乐趣。

另外，我现在担心的是您的不适应和焦虑。家长的焦虑会传染给孩子，让孩子的焦虑期延长。因此，我们希望您能快速地调整好心态，每天以良好的心态和积极的情绪带动孩子，帮助孩子加速地渡过入园焦虑期。

祝您早日走出孩子的入园焦虑期，也祝您的孩子快速走出入园焦虑期。

【温馨提示】

为了减少甚至避免家长类似的疑惑，教师应该在孩子入园前的一个星期对家长进行培训，让家长理解孩子的入园焦虑和家长因孩子入园而焦虑的问题，并且让他们知道孩子在初入园时会有哪些不良的表现，家长会有哪些表现，以及如何有效地应对可能发生的问题，从而做到有的放矢。

问题21：为什么每次外出演出，我的孩子都没有参加？

【问题情境】

家长觉得自己的孩子很喜欢跳舞，而且跳得很好。可是，他的孩子从未代表幼儿园到外面演出。家长对此很不解和不满，希望教师能够给出合理的解释。

【问题分析】

家长提出这个问题的原因有如下三点。

1. 家长希望孩子有在园外表演的机会。

2. 家长认为自己的孩子在舞蹈方面表现不错，而幼儿园总是不让他的孩子代表本园外出表演，这有点不公平。

3. 家长认为，外出参加表演对孩子舞蹈才能的发展，甚至对孩子的全面发

展很重要。

【正确回应】

面对家长的问题,幼儿教师可以这样回应:

某某家长,谢谢您能向我们表达您的意见。

在一般情况下,孩子们到校外表演都是参加幼儿园之间的比赛,所有的表演都代表幼儿园的水平,关乎幼儿园的荣誉,所以我们会选择最好的节目和表演能力最强的孩子参加校外演出。因为这样做能更好地为幼儿园赢得较好的社会声誉,进而打造出我们幼儿园的名气和品牌。因此,恳请家长能多多理解。

但是,我们平时会在园里、班里组织各种形式的活动,并且十分注意让每个孩子都有上台表演的机会,您的孩子也会在这个过程中得到很好的锻炼。

谢谢您对我们工作的理解和支持。

【温馨提示】

为了减少甚至避免家长类似的疑惑,幼儿教师平时要多将孩子们参加各种活动的图片和视频发给家长,让家长们知道孩子们在平时已经得到了较多的自我表现机会,这样他们也就不会对幼儿教师产生误解了。

问题22:为什么你不收我快递给你的教师节礼物?

【问题情境】

家长在教师节前给自己孩子的老师寄了一份小礼物略表心意,可是让其意想不到的是,礼物寄出没几天就被快递员送回来了。家长有点不解,也有点忧虑。

【问题分析】

家长提出这个问题的原因有如下两点。

1. 家长认为教师应该收取她的礼物。
2. 家长担心教师不收其礼物可能是对家长或孩子有看法,担心此事会给孩子带来不利影响。

【正确回应】

面对家长的问题,幼儿教师可以这样回应:

某某家长,我能理解您那么做,也请您理解我。您放心好了,您的心意我懂得。您的宝宝是个特别好的孩子,我们都非常喜欢他。谢谢您对我们工作的理解和支持!

【温馨提示】

为了减少家长给教师送礼的现象,幼儿园应该通过各种途径向家长宣传——幼儿教师不收取家长赠送的任何礼物,也不接受家长的任何宴请等相关规定。同时在日常工作中,特别是在家长接送孩子这两个环节上,多表达教师对每个孩子的爱,让家长感受到教师对每个孩子的爱,进而对教师的工作感到放心。

问题23:我家宝宝这一周表现得怎么样?

【问题情境】

孩子来园5天了,今天是周五,爸爸终于有空到幼儿园接孩子回家。他见到老师时，十分认真地向老师询问："我家宝宝这一周表现得怎么样呀？"他十分想了解孩子来园后对幼儿园生活的适应情况。

【问题分析】

家长提出这个问题的原因有如下两点。

1. 家长非常想了解孩子来园一周后的各方面情况。
2. 家长十分关心自己孩子的成长情况。

【正确回应】

面对家长的问题，幼儿教师可以这样回应：

某某家长，谢谢您对孩子成长的关心。关心孩子的成长就是对我们工作的支持。谢谢。

您家宝宝这一周表现得真的不错：吃……；喝……；如厕……；睡……；和小朋友玩……；还学会了……；情绪方面……。

您家宝宝各方面都在进步。

【温馨提示】

为了减少家长在这方面的牵挂，幼儿教师应该注意以下几点要求。

1. 主动向家长汇报其孩子的在园情况。
2. 向家长汇报其孩子情况时越具体越好。一定要通过具体表现来说明孩子的各方面情况，这样家长才能真正明白孩子的在园情况。

第二章
回应幼儿生活类问题的机智

在家长常问的问题中,有相当多的内容与孩子的在园生活有关,涉及孩子在幼儿园里的吃、喝、拉、撒、睡等问题。由于孩子的年龄小,生活自理能力弱,所以他们在这一方面表现出的问题让家长们很担忧。幼儿教师需要机智地回答这类问题,让家长对孩子的在园生活感到放心,进而认可、支持教师的工作。

一、回应幼儿生活类问题的原则

在回应家长提出的孩子生活类问题时,应该注意以下三个原则。

(一)以孩子的健康发展为本

在回应孩子生活类问题时,幼儿教师要从"这样做"更有利于孩子的健康发展的角度来说服家长,而不应用"我们老师忙不过来""幼儿园规定不许这样"等理由来说服家长。教师应该让家长体会到,我们是为他的孩子好,是为孩子的健康发展着想,这样他们在情感上就比较容易接受我们的回应和建议,我们所说的"道理"也会更容易得到他们的认可、支持。

(二)把"做法"的科学依据告诉家长

在回应孩子生活类问题时,一定要将相关规定背后的教育学、心理学、卫生学道理告诉家长,让家长理解幼儿教师这样做的原因,这样他们更能发自内心地支持教师的做法。

案例2-1 能不能让孩子在午睡时间玩玩具?

小伟在家里没有养成午睡的习惯,所以刚上幼儿园时,小伟一到午睡时间就哭闹。于是,他的家长和老师说:"我家小伟没有午睡的习惯,他不睡就算了。他不睡,就让他玩玩具好吗?"

毕老师回应道:"当然不行,如果让他玩玩具,他就更不愿睡了,其他的孩子也会受影响,时间一长,全班孩子的午睡习惯都被破坏了。"

莫老师回应道:"幼儿园之所以要安排午睡是有科学依据的。孩子需要每天保证12小时的充足睡眠,这有利于身体的健康成长。您的孩子中午在幼儿园里不肯睡觉，可能是因为他之前在家里没有养成习惯。您可以试试让他早上早点起床，或者把他在家里睡觉时用的小枕头和小被子拿来幼儿园，周末你们也可以在家里陪他一起午睡，慢慢让他养成习惯。"

上述两种不同的回答，虽然都是拒绝家长的要求，但很显然效果不同。

对于毕老师的说法，家长可能不太容易接受，反而会认为老师让他的孩子睡觉仅仅是为了方便管理。

莫老师的说法就富有情商，既能让家长认识到孩子午睡的重要性，又为家长提供了解决问题的方法。这样，家长不但乐意接受，而且会对教师心存感激，更重要的是，家长会对教师的专业能力产生认可，这将有利于教师今后工作的开展。

（三）提供有效地解决问题的办法

对于家长提出的孩子在生活方面的行为问题，幼儿教师不仅要帮助家长分析行为问题存在的原因，还要提出具体有效的解决问题的办法。这样我们才能帮助家长解决孩子的问题行为，同时获得家长对我们专业水平的认可。比如，一位家长反映他们家的孩子在吃饭时总是喜欢到处乱跑，跑半天才吃完一餐饭，喂饭的人一餐下来累坏了，不知该怎么办。一位幼儿园教师给家长的回应是：

1. 告诉孩子一餐饭的时间只有半小时，看着时钟的长针从"12"（上面）走到"6"（下面）就结束；
2. 让孩子决定吃与不吃，快吃还是慢吃，但时间到就收碗；
3. 在吃饭时间，家长也要专注地吃饭，而不要一边吃，一边玩手机或看电视；
4. 两餐之间不再有任何东西吃，如果孩子在就餐时间不好好吃饭，那么就让他挨饿；

5．家长统一态度，统一行动。

半个月过去后，孩子就改掉了在吃饭时喜欢玩耍的坏习惯。家长对这位教师十分佩服，对教师的敬意也油然而生。

二、回应幼儿生活类问题的机智举例

针对家长所提出的孩子生活类问题，下面所提供的一些案例和回应希望能为大家提供一些思路和方法。

问题24：在幼儿园里，孩子们一天吃几餐，吃什么？

【问题情境】

家长很关心、很在意孩子在幼儿园里的吃饭问题，担心孩子吃不饱，吃不好。家长想知道孩子在幼儿园里每天吃几顿，都吃些什么。

【问题分析】

家长提出这个问题的原因有如下三点。

1．家长对孩子在幼儿园期间的生活一点都不了解。

2．家长关心孩子的在园生活，担心孩子在幼儿园里吃得不好，可能挨饿。

3．家长缺乏了解幼儿园生活情况的其他渠道。

【正确回应】

面对家长的问题，幼儿教师可以这样回应：

谢谢您对我们的信任。

孩子们每天会在幼儿园里享用两餐一点，用餐时间分别为：早餐——8:00，中餐——11:20，午点——15:30。至于吃什么，请家长注意我们班的家园联系栏或本班微信公众号中的"一周食谱"。我们的食谱是根据孩子成长所需的营养素、营养量科学配制的。在这方面我们做得很专业、很科学，请家长放心。

谢谢您对我们幼儿园工作的关心。

【温馨提示】

为了减少甚至避免家长类似的疑惑，我们可以采取以下措施。

1．每周周末都将下一周的食谱及其制定依据公布在班级微信公众号或微信群上，让家长们了解孩子们的伙食情况。

2．帮助家长熟悉信息公布平台，并形成定期登录和阅读的习惯。

问题25：如果孩子在幼儿园里不吃饭，老师会帮忙喂吗？

【问题情境】

孩子在家里的吃饭习惯很不好，很少自己吃饭，吃饭时常需要家长哄和喂，家长哄得很辛苦，喂得很辛苦，而孩子却只吃一两口。孩子吃饭是一个让人头痛的问题。

【问题分析】

家长提出这个问题的原因有如下三点。

1．家长意识到孩子在吃饭方面的自理能力比较弱，吃饭的主动性不够强。

2．家长担心在幼儿园里没有人喂饭，孩子会挨饿。

3. 家长很爱、很宠孩子。

【正确回应】

面对家长的问题,幼儿教师可以这样回应:

谢谢您这么关心孩子在幼儿园里的生活。

在一般情况下幼儿教师是不喂孩子的,但在必要情况下幼儿教师也会喂孩子。

幼儿教师在以下三种情况下会喂孩子。

1. 幼儿小且刚入园,还不适应园所的生活。

2. 幼儿有病,身体不舒服。

3. 幼儿因重大变故,情绪特别不好。

在其他情况下,我们都会努力鼓励孩子自己吃饭,并且吃与不吃、吃多与吃少都由孩子决定。不管吃多与吃少,孩子都要对自己的行为负责——吃多了,肚子会撑;吃少了,在下次进食前,就会承受肚子饿的痛苦。这样做有利于孩子自主性、独立性和责任感的发展。

另外,随着年龄的增长,孩子逐渐开始具有自我意识。如果他发现别人会自己吃饭,但是他不会自己吃饭,那么,他的心里会怎么想呢?同时,其他小朋友可能也会取笑他,这样很不利于孩子心理的健康发展。因此,在绝大多数情况下,在吃饭前我们会多提醒、多鼓励孩子自己吃饭。如果最后他真的不能自己吃,那么我们也会握着他的手帮助他,这样在别的孩子眼里他还是自己吃饭,老师只是帮助他而已。

在这方面,我们特别需要家长的支持。家长不要因孩子说"妈妈,今天我在幼儿园里快饿晕了"而盲目地责怪教师,而要站在教育者的立场上支持教师的做法。当听到孩子在幼儿园里挨饿时,您应该十分认真地跟孩子说:"为了不挨饿,明天宝宝在吃饭时间就要自觉地吃得快快的,吃得饱饱的!这样你才能长得快，才能长得健康！"

家长在家里也要训练孩子独立吃饭的能力，让他养成良好的进食习惯。如果家长能全力配合，那么您的孩子将会成为一个富有自主性和责任感的孩子，这将让他受益终生。

谢谢您对我们工作的支持。

【温馨提示】

为了减少甚至避免家长类似的疑惑，我们可以采取以下措施。

1. 将幼儿园的生活管理理念传递给家长，让他们理解我们，然后支持我们的工作，进而更好地促进幼儿的发展。

2. 在孩子入园前20天就将幼儿园对孩子独立吃饭的要求告知家长，让他们进行相应的训练。

3. 利用好微信平台、QQ[1]平台，将孩子每天的吃饭情况与家长进行有效而及时的沟通。

问题26：孩子为什么回到家里总是找东西吃？

【问题情境】

虽然有的孩子会在幼儿园里吃晚餐，但是家长发现孩子回到家后经常找东西吃。据此，他初步判定孩子在幼儿园时晚餐没有吃饱，甚至连中餐也没有吃饱。因此，家长进入了忧虑状态。

---

[1] 腾讯公司开发的一款即时通信软件的简称。

【问题分析】

家长提出这个问题的原因有如下两点。

1. 家长不了解幼儿园的进餐管理情况。
2. 家长担心孩子在幼儿园里一直挨饿,进而影响孩子的健康成长。

【正确回应】

面对家长的问题,幼儿教师可以这样回应:

谢谢您向我们反映孩子的情况。谢谢您对我们的信任。在孩子们就餐时,我们总是不断地鼓励孩子们多吃一点,一定要吃饱。

但由于以下几种原因,有些孩子在幼儿园里可能真的没有吃饱。

1. 有些孩子对幼儿园的生活还不太适应,情绪不稳定,食欲不振。
2. 幼儿园吃晚餐较早,加上孩子们的活动量较大,所以有些孩子回到家里会喊肚子饿,要找东西吃。
3. 如果家里总有好吃的东西在等待他,那么孩子在幼儿园里就会留着肚子,等着回家吃好吃的。

因此,我们建议家长多鼓励孩子在幼儿园里吃饱,让其对自己的行为负责——在幼儿园里不好好吃饭,适当挨饿,第二天他就会知道在幼儿园里吃饱的重要性。在连续挨饿几次后,孩子就会知道在幼儿园里要好好吃饭,并且要吃饱,这是他的责任。

当然,我们幼儿园老师也会动员每个孩子多吃点,并且强调正常吃饭对身体健康和发展的重要性,尽可能让他们多吃一点。不过,我们绝对不会强迫孩子吃饭。

期待家长支持我们促进孩子责任感的发展。

问题27：孩子在家里爱挑食，他在幼儿园里也挑食吗？

【问题情境】

孩子在家里爱挑食，家长没有办法解决孩子的这一问题，为此很头痛。家长想了解自己的孩子在幼儿园里是否也挑食。如果孩子在幼儿园里不挑食，那么家长就想向教师们取经。

【问题分析】

家长提出这个问题的原因有如下三点。
1. 家长发现孩子爱挑食。
2. 家长对孩子爱挑食的行为很无奈。
3. 家长期待老师能帮助解决孩子爱挑食的问题。

【正确回应】

面对家长的问题，幼儿教师可以这样回应：

谢谢您对我们的信任。

孩子挑食是有条件的，孩子在家里喜欢挑食，其原因就在于可以挑选食品，不想吃这个，可以挑选另一个自己喜欢的。如此一来，孩子为什么不挑呢？孩子挑食都是家长盲目迁就所导致的。

孩子入园后，进餐时间是固定的，也没有零食了，而且有其他小朋友和老师的影响，在一般情况下孩子有什么就会吃什么，他们也就不挑食了。

另外，孩子在幼儿园里的活动量较大，如果在该吃饭时，他们因为"不合口味"就不吃，那么在下一餐之前他们是没有东西吃的，他们就会挨饿。如果有多次因挑食、不好好吃饭而挨饿的经历，那么他们在幼儿园里就会好好地吃饭。

为了矫正孩子爱挑食的毛病，家长可以采取以下策略与方法。

1. 对于孩子挑食的建议。

（1）父母不要挑食。因为研究表明，许多孩子的挑食与家长的挑食有一定的关系。一般来说，偏食的孩子在家里不喜欢吃的食物大多是他的母亲不喜欢吃的。在喂养孩子的过程中，家长总会有意无意地将自己的饮食习惯，甚至偏食习惯"传染"给孩子。如：母亲不喜欢吃牛肉，家里也就很少甚至根本不买这类食品，或者家长经常有意无意地在孩子面前表现出对该食品的厌恶情绪。久而久之，在耳濡目染的情况下，孩子也就厌恶这种食品而形成偏食。

（2）不强迫孩子吃他不喜欢吃的东西。因为强迫只能让孩子更加讨厌相关的食物，而不能提起对相关食物的兴趣。如果孩子不喜欢吃青菜，却爱吃饺子，那么家长可以将青菜做成饺子馅，这样孩子就会在不知不觉中吃下许多青菜。

（3）让自然后果教育孩子。如果孩子挑食，没有吃饱，那么在下一餐之前，不让他吃任何东西。等到他饿时再问他："为什么今天这么饿？"他可能会说："中午因为饭菜不好吃，我没吃饱。"此时再问他："明天应该怎么办才不会挨饿？"通过这次事件，家长就可以用自然后果告诉他，如果这餐不好好吃饭，那么下一餐之前可能就会饿得发慌，为了不挨饿，必须好好吃饭——不管好吃与不好吃，都要吃饱。

2. 对于孩子食欲不振的建议。

为了改善孩子的吃饭问题，我想用我的孩子的例子给您一些建议，您可以试一试。

（1）让孩子主动地吃。我的孩子3岁之前在乡下由外婆带，外婆总是担心孩子吃得少，总是想方设法地、不分时间地给孩子喂食。她的理论是，能吃一口总比一口都不吃强。有时还出现了"强灌"的现象，为此孩子只能将饭含在口里以示抗议。

孩子回到我们身边后，我们可没有外婆那么"用心"（追着喂、哄着喂、玩着喂），我们只是在孩子饿的时候，才喂她或者让她自己吃，并且在吃之前，我们总会征求她的意见——饿了没有，饿了就吃点东西——如果女儿说没饿，我们绝对不会强迫她吃。有时候，到用餐时女儿还没有饿的感觉，我们就适当地将进餐的时间往后移。慢慢地，当女儿饿的时候，她总会向我们提出吃的要求。渐渐地，女儿就由原来的"被动吃"，转变为现在的"主动吃"，胃口也比原来好多了。

另外，女儿在乡下时总是由外婆喂，而她回来后我们总会让她自己吃。因为我们觉得，对孩子来说，别人喂她吃，她可能认为是负担，在吃东西时，她总是被动的——吃快或吃慢、吃多或吃少都是由成人决定的，因此她就很被动，她的胃口就不好，而让她自己吃，吃饭的快慢和多少都由她自己决定，这样也有利于培养她进食的主动性，进而充分地享受吃饭的乐趣。

(2) 注意食物及其烹调方式的变化。由于乡下生活条件的限制，孩子吃的东西比较单调。比如：主食方面——不是米饭，就是稀饭；菜方面——不是猪肉，就是鱼（不是清蒸，就是水煮）。我们认为，这可能也是女儿胃口不好的一个重要原因。女儿回来后，她不想吃饭，我们就给她换换口味，改吃面条或饺子——多种形式的食物交替着吃。我们从来不让女儿对某种食物产生厌腻心理，有时候还索性到外面去吃，吃与"家味"不同的东西，在与家庭进餐环境截然不同的环境下进餐。这些都有利于刺激孩子的食欲。对于同一种食物，我们也会采用不同的烹调方法，使孩子胃口大开。例如，她不爱吃蛋，我们就改做蛋糕，她不爱吃青菜，我们就在春卷、饺子等食物中加入青菜，这样女儿在不知不觉中就吃进了她平时不怎么爱吃的食物。

另外，我们每次给孩子盛的饭菜都不多，因为我们知道，孩子不喜欢饭菜盛得过满，因为她怕吃不完或吃得慢而受到责备。她比较喜欢一次次地去添饭，并自豪地说："我吃了两碗！三碗！"这对提高其吃饭的成就感和提高其食欲都是有好处的。

(3) 适当增加体育运动量。活动量不够也是抑制孩子食欲的一个重要原因。孩子的外婆和外公都70多岁了，虽然他们的身体都很硬朗，但从生活方式来说，他们喜静不喜动。这刚好和这个时期的孩子的特点相反——喜动不喜静。如果孩子每天没有一定的活动量，那么他们可能会精神压抑，而且消化功能也会受到很大的影响。在乡下时，外婆往往会控制和限制孩子的活动，而孩子回来后，我们则是鼓励她多活动，并且我们会时常和她一起到户外玩，这对增强其体质、调整其胃口和心情都起到了十分积极的作用。

(4) 适当的中医调理。可带孩子去给老中医看一看，让他们给孩子调理一下脾胃，2~3个月一般都会有较好的效果。

另外，当孩子不想吃东西时，不要骂孩子，因为骂并不能解决孩子的食欲问题，相反，情绪不好会更加影响他的食欲。

期待家长与我们一起对孩子统一要求，让孩子在家里也不要挑食，进而促进孩子的健康成长。

【温馨提示】

为了减少甚至避免家长类似的疑惑，我们可以采取以下措施。

1. 向家长宣传幼儿园的进餐管理规定。

2. 时不时地将孩子快乐进餐的视频发给家长，让家长了解孩子享受吃饭的情况。

3. 向家长传授培养孩子健康进餐习惯的教育策略。

问题28：我可以在幼儿园里自己喂孩子吃早饭吗？

【问题情境】

孩子进餐情况不好，食欲不好，独立吃饭技能不好，家长很关心孩子的进餐问题，家长仍然想帮孩子解决吃饭难题。

【问题分析】

家长提出这个问题的原因有如下三点。

1. 家长在生活上很照顾孩子。
2. 孩子在家里较少自己独立吃饭，几乎每餐都需要家长喂。
3. 家长担心教师照顾不过来，孩子不怎么吃饭，影响孩子的健康与发展。

【正确回应】

面对家长的问题，幼儿教师可以这样回应：

谢谢您向我们表达您的愿望，也谢谢您对我们的信任。

从您提出这样的要求来看，您很爱自己的孩子，平时对孩子照顾得很多。不过，从我们专业的角度来看，您给孩子喂了早餐再走不妥。原因在于，等您喂了几次孩子以后，孩子会形成依赖心理。如果您不喂，他就不吃，如果您不喂就走，他就会哭闹，这明显会阻碍孩子的成长。

在孩子们刚刚入园的时候，我们老师会鼓励他们尽量自己吃。如果有的孩子适应困难，情绪不好，我们老师会视情况喂食，但这都是暂时的，我们的目标是培养孩子自己吃，自己对自己负责任！

在我们的教育下，孩子们一般一个月左右都会自己吃饭，并且吃得很好。

因此,家长无须过度担心。请相信我们老师的教育能力,相信您的孩子的成长潜力。根据我们的经验,孩子不会长期存在吃饭问题。您放心好了!

【温馨提示】

为了减少甚至避免家长类似的疑惑,我们可以采取以下措施。

1．将孩子享受吃饭的视频发给家长。

2．将教师专业地激励孩子自己吃饭的视频发给家长。

3．将教师在必要时喂孩子吃饭的视频发给家长,并向其告知你此时给孩子喂饭的理由。

问题29： 孩子每天在入园时可以自带果汁、可乐吗?

【问题情境】

孩子在家里时喜欢喝饮料,喜欢用果汁、可乐代替白开水。家长觉得这些饮料比白开水有营养,孩子又特别爱喝,而且家里的经济条件能让孩子喝得起饮料,所以家长想让孩子在幼儿园里也喝这些饮料。

【问题分析】

家长提出这个问题的原因有如下两点。

1．家长平时比较宠孩子,吃什么、喝什么都任由孩子的性子。

2．家长认为果汁比较有营养,并且孩子比较喜欢,喝果汁有利于孩子的健康发展。

第二章　回应幼儿生活类问题的机智

【正确回应】

面对家长的问题，幼儿教师可以这样回应：

谢谢您和我们谈您的想法，谢谢您对我们的信任。

某某家长，我知道您很爱孩子。或许您认为果汁比白开水的营养价值高，而且孩子喜欢，所以经常用各种新奇昂贵的甜果汁或其他饮料代替白开水给孩子解渴，然而这其实是不妥当的。首先，即使是纯天然的果汁，其中的蛋白质和脂肪也极其有限，在加工的过程中维生素也常常会遭到破坏，所以想通过喝饮料来补充营养是不大可能的；其次，饮料里大多含有香精、色素、防腐剂，长期食用这些添加剂对孩子的身体健康不利；最后，饮料里含有大量的糖分和较多的电解质，喝下后不像白开水那样很快就会离开胃部，而会较长时间地停留，对胃部产生不良刺激，影响孩子的正常活动。因此我们主张，孩子口渴了，只要给他喝些白开水就行了，禁止孩子在幼儿园里通过喝饮料来解渴。

为了孩子的健康发展，期待您能理解并支持我们幼儿园在这方面的规定，也希望您在家里多让孩子喝白开水，少喝饮料。

谢谢您！

【温馨提示】

为了减少甚至避免家长类似的疑惑，我们可以采取以下措施。

1. 积极地向家长宣传科学的幼儿营养知识，让家长知道什么食物对孩子的健康成长才是最有利的。

2. 向家长说明幼儿园的相关规定，同时让家长了解幼儿园规定背后的科学依据，这样家长才能心服口服。

问题30：我们能否在孩子们的就餐时间给孩子送餐？

【问题情境】

在家里，孩子就是喜欢吃外婆煮的饭菜，其他家人煮的饭菜都不合孩子的口味，孩子的食欲就会受到很大的影响。因此，家长确信幼儿园做不出"外婆的味道"，担心孩子的食欲会受到影响。

【问题分析】

家长提出这个问题的原因有如下三点。

1. 家长对孩子的生活非常用心。
2. 家长不了解幼儿园的相关规定及其依据。
3. 家长认为送餐只是自己家庭的事情。

【正确回应】

面对家长的问题，幼儿教师可以这样回应：

谢谢您向我们表达您的真实想法。

某某家长，我们知道您很爱孩子，可是，我们幼儿园规定不能这样做，其中的原因有以下四点。

1. 我们幼儿园的食谱都是根据孩子们健康成长所需要的营养素及营养量科学搭配而成，它能保证孩子健康成长的足够营养。

2. 家长送餐不利于孩子适应集体生活，不利于孩子今后更好地适应社会生活。我们应让孩子尽快地适应社会生活，同时让孩子学会接纳、适应社会的不同要求，而不是挑剔、回避社会环境。

3. 如果每位家长都选择送餐，那么不仅会增加家长的负担，而且容易导致孩子们在吃饭方面相互攀比，不利于孩子的健康成长。

4. 我们幼儿园注重孩子们对集体生活的参与，所以孩子们的作息、进餐时间都是统一的。我们无法保证每位家长都能按时送餐，所以这很可能会影响集体生活的顺利开展。

敬请家长支持我们的工作。

谢谢。

【温馨提示】

为了减少甚至避免家长类似的疑惑，幼儿教师应该向家长宣传幼儿园在膳食管理方面的规定及其依据，让家长们了解并接受幼儿园的相关规定。此外，幼儿教师应随时将孩子们很享受地用餐的图片、视频发给家长们，消除他们对幼儿园伙食的疑虑。

问题31：孩子非要带外面卖的早餐去幼儿园，怎么办？

【问题情境】

每天早上来园路上，孩子都要求从路边摊买早餐带去幼儿园，家长不同意，孩子就会大声哭闹，家长在万般无奈下只好依着孩子。

【问题分析】

家长提出这个问题的原因有如下四点。

1. 家长知道幼儿园不允许孩子带早餐入园。
2. 家长面对孩子的哭闹，最终只好无奈妥协。

3. 家长希望能改变现状，毕竟早餐费也已交给幼儿园了。

4. 家长担心外面的早餐不卫生，影响孩子的健康发展。

【正确回应】

面对家长的问题，幼儿教师可以这样回应：

某某家长，谢谢您碰到教育上的问题时愿意与我们沟通和交流。

幼儿园确实是禁止孩子带早餐入园。其中的原因有：

1. 幼儿园有科学配餐，可保证孩子健康成长所需要的全部营养；

2. 避免孩子们在吃饭方面相互攀比；

3. 幼儿园提供的食品比外面路边摊上的更加卫生和安全；

4. 孩子带早餐来幼儿园吃，还会增加家庭的负担。

面对孩子哭闹要早餐的方法很简单：

1. 不管孩子如何哭闹，说不可以就是不可以；

2. 孩子哭闹时，将其带离早餐摊位直奔幼儿园就好；

3. 将孩子哭闹要买早餐的情况告诉老师，由老师配合来做孩子的工作。

记住，在这个问题上，坚持就是胜利。家长连续一个星期坚决不给孩子买早餐带进幼儿园，孩子就知道哭是没有用的，以后他就不会再闹着要买早餐进幼儿园。

我们一起来教育孩子，相信孩子会好起来的。

【温馨提示】

为了避免类似的问题再次发生，幼儿教师要注意对家长进行教育原则和方法方面的培训，让家长们在教育孩子方面更加得心应手。如果对于孩子的许多问题，家长能够很好地提前解决，那么教师的工作量将会大大减少。

问题32：孩子还不会自己吃饭，怎么办？

【问题情境】

孩子还有十几天就进入幼儿园学习和生活了。在孩子入园前，家长参加了幼儿园召开的家长会，并从中得知孩子在幼儿园里需要独立吃饭。然而她的孩子还不会自己独立吃饭，家长为此很焦虑。

【问题分析】

家长提出这个问题的原因有如下两点。

1. 家长感觉很难在十多天的时间内教会自己的孩子独立吃饭。
2. 家长有点后悔当初没有用心教孩子独立吃饭，以至于现在自己有点束手无策。

【正确回应】

面对家长的问题，幼儿教师可以这样回应：

某某家长，谢谢您能将您孩子的发展情况告诉我们，您的担心和焦虑我们都能理解。

不过，您放心好了。您的孩子看见别的小朋友自己动手吃，他也会自己动手吃。如果到时他不会吃，我们再喂他；同时，我们会慢慢地教会他自己吃饭。当然，我们也希望您在家里能教孩子自己吃饭。

请相信，不到一个月的时间，经过您和我们的一起努力，您的孩子一定能学会独立吃饭。

【温馨提示】

为了避免此类尴尬，幼儿教师应该提前向新生家长宣传孩子在入园前应该做好哪些方面的准备，并为家长们提供训练方法的指导，从而帮助家长和孩子做好充分的入园准备。

问题33：孩子吃饭慢，他在幼儿园里能吃饱吗？

【问题情境】

孩子在家里吃饭吃得很慢，为此家长生气过、吼过，但都没有解决问题。家长每天因孩子的吃饭问题浪费了许多时间和精力。家长担心孩子在幼儿园里会因吃饭慢而挨饿。

【问题分析】

家长提出这个问题的原因有如下两点。

1. 家长担心孩子吃得慢，在幼儿园里因受时间限制可能吃不饱。
2. 家长想改变孩子吃饭慢的状况，但却无力解决。

【正确回应】

面对家长的问题，幼儿教师可以这样回应：

某某家长，谢谢您能将您的担心告诉我们。

您的孩子吃饭确实有点慢，不过，我们会想办法让他每餐都吃饱。孩子吃饭慢，我们在一开始会帮助他、鼓励他。不过，等他慢慢地适应了幼儿园生活后，我们就会鼓励他适当地加快吃饭速度，以适应幼儿园的集体生活。

您可以在家里买个闹钟，给孩子的每餐饭定个时间，开始时可以将孩子的吃饭时间限定为40分钟，慢慢地将其调整为35分钟，甚至是30分钟。每次达到时间要求后，您可以给予孩子适当的奖励，等孩子连续两周都能在规定的时间内吃完饭后，您再提高时间的要求。另外，为了让孩子在吃饭时专注于吃饭，希望您能关掉电视，并且将手机放在远离餐桌的位置。

让我们一起努力来帮助孩子解决吃饭慢的问题，相信3个月左右，我们一定能让孩子改变吃饭慢的问题。

【温馨提示】

为了减少家长类似的疑问，幼儿教师应该研究家长存疑的问题，将其系统化并整理出最佳答案，然后有序地通过微信公众号等平台向家长们推送相关文章，让他们更好地了解和教育孩子。

问题34：在幼儿园里，老师能提醒我的孩子喝水吗？

【问题情境】

孩子在周六时有点咳嗽，家长便带孩子到社区医院检查，检查结果显示孩子并无大碍，所以医生没有给孩子开药，只是告知家长多给孩子喝点水就可以了。周日，孩子的咳嗽有所缓解。今天是周一，家长打算正常送孩子去幼儿园，但是孩子还有一点咳嗽的迹象，仍然需要多喝水。

【问题分析】

家长提出这个问题的原因有如下三点。

1. 家长担心孩子的咳嗽状况会因为没有喝水而加重。

2. 家长不了解幼儿园的喝水管理情况。

3. 家长了解孩子在家里从来不会主动喝水，因此担心孩子在幼儿园里也不会主动喝水。

【正确回应】

面对家长的问题，幼儿教师可以这样回应：

某某家长，您放心好了！我们会提醒您的孩子多喝水。

在孩子喝水方面，我们幼儿园是有常规要求的：每隔一段时间就让小朋友们喝一次水，保证每个孩子每天摄入足量的水。鉴于您家孩子的身体有特殊状况，今天我们一定会特别关注他的喝水情况，并且通过微信适时向您汇报孩子的身体状况。

【温馨提示】

为了避免家长在这方面的疑虑，平时幼儿教师应该注意通过各种平台，多多宣传幼儿园的管理和服务，让家长们了解幼儿园周到的、专业的服务，进而对幼儿教师的工作感到放心，并由衷地敬佩和尊重幼儿教师。

问题35：孩子的生活自立意识很差，怎么办？

【问题情境】

孩子从小就自立意识很差，都是大班的孩子了，穿衣服、鞋子，洗脸、洗澡、上厕所、擦屁股等都还要大人帮忙。孩子不是不会做，而是不愿意做。

【问题分析】

家长提出这个问题的原因有如下两点。

1. 家长期待自己的孩子在生活上能主动做自己力所能及的事，不要样样事情都要大人帮。

2. 家长不明白孩子为什么不愿意自己做自己的事情。

【正确回应】

面对家长的问题，幼儿教师可以这样回应：

某某家长，谢谢您在教育上有困惑、有难题愿意与我们沟通和交流。

1.原因分析。

孩子不愿自立的原因主要有以下几点，您可以对照和反思一下。

(1) 孩子小时候表现出自立倾向和行为了，但却得不到家长的鼓励——做得不好，做得慢，则被家长嫌弃甚至批评指责，因此，慢慢地就放弃了自立的念头和行动。

(2) 孩子将"不自立"当作拉近亲子关系的一种手段。

(3) 孩子将"不自立"当作自我保护的一种手段。孩子在生活自立方面，动作有些笨拙，"不自立"最多是被家长骂他懒，而不会被家长骂他笨。在孩子的心目中，被骂"懒"会比被骂"笨"更好受一些。因为"懒"是态度问题，"笨"则是本质性问题。

2.教育建议。

针对孩子的情况，我们给您的教育建议如下。

(1) 与孩子商量，让他明确哪些事应该是他自己做的。明确责任，不再代劳。

(2) 教会孩子生活自立技能。

(3)多鼓励。孩子自立了，可以多表扬，甚至在初期可以不定期地给予其意想不到的奖励。即使孩子做得不好或者做错了，也不要批评孩子，而要让孩子知道自己错在哪里，应该怎样做。

(4)每天至少抽出半小时的时间与孩子沟通和交流，与孩子一起玩游戏。

【温馨提示】

为了减少家长在这方面的疑虑，平时要注意对家长进行科学育儿方面的培训，让家长们了解孩子并掌握相应的教育策略与方法。

问题36：孩子在独立生活能力上为什么会出现退化现象？

【问题情境】

"我们家里有两个孩子，老大已经5岁多了，现在在大班就读，老二近2岁。老大在幼儿园小班时已经学会独立吃饭、穿脱衣服和鞋子等，并且自己吃得又快又好。但是到了中、大班后，她反而逐渐变得'不会吃饭'了——吃得很慢，并且吃得到处都是。我们实在忍无可忍，只好每餐都喂她。穿脱衣服、鞋子也是如此，原来她都会自己做，可现在都不会了，都要等着大人帮忙。"

【问题分析】

家长提出这个问题的原因有如下两点。

1. 家长发现孩子在生活能力上退化了，但不知道其中的原因。
2. 家长想了解孩子在生活上退化的原因，进而更好地促进孩子向前发展。

【正确回应】

面对家长的问题，幼儿教师可以这样回应：

某某家长，谢谢您在教育孩子方面有疑问时能主动与我们沟通和交流。

心理卫生学指出，出现"退化行为"是孩子适应不良的一种表现。当孩子使用种种方法都得不到父母的关注或爱后，这种"退化行为"反而会轻而易举地使他们得到父母的关注和爱——餐餐都有父母陪她、喂她，满足了其被人关注和获得成人关爱的需要。

您家老大行为退化的根本原因在于：老二出生后，家长将过多的精力放在老二身上，而忽视老大。在老二出生前，老大独揽父母的宠爱，但是在老二出生后，家里的大人都围着老二转，甚至忙到只有在吃饭时才有片刻时间和老大在一起，这使得老大很不适应——由原来家庭中的"小太阳"，一下子变成了"被遗忘的孩子"。老大在不断地探索中发现，唯有一招——"不会吃饭"——才能赢得成人（特别是父母）对她的重新关注——"'不会吃饭'，爸爸妈妈就得餐餐长时间地陪我、喂我。"

老大在其他生活行为方面的统一退化的原因也基本在于此。

因此，我们给您的建议就是：重新关注家中的老大，让她感受到父母仍然爱着她，并且培养她一起关爱、照顾老二。如此一来，老大的心态就会变得正常，就会越来越能干，越来越像个大姐姐。

问题37：孩子安全意识差，怎么办？

【问题情境】

孩子时常会摔得身上青一块、紫一块，有时他还会自己弄伤自己，而别人家的孩子很少会出现这种情况。家长觉得这个问题有点严重。

【问题分析】

家长提出这个问题的原因有如下三点。

1. 家长为孩子的安全问题感到担忧。
2. 家长不明白孩子为何会如此缺乏安全意识和能力。
3. 家长希望能提高孩子的安全意识和能力，以减少其受伤的概率。

【正确回应】

面对家长的问题，幼儿教师可以这样回应：

某某家长，您好！谢谢您与我们沟通孩子的发展状况及教育问题。

我们愿意与您一起训练和提高孩子的安全意识和技能。比如：适当地提示孩子生活环境中的危险；训练孩子在面临危险时，如何有效地保护自己，或者将伤害降低到最小范围（如，摔跤时学会用手撑地来保护自己等）。在孩子每次受伤后，重点不是批评孩子，而是和孩子一起探讨下一次如何避免同类受伤事件的发生……

不过，让孩子因不注意安全而吃点小苦头，往往会加速其安全意识的形成。

【温馨提示】

为了减少孩子受伤情况的发生，幼儿教师应该注意对家长进行安全教育意识和技能的训练，然后和家长一起加强对孩子的相关教育，让孩子学会保护自己，进而减少受伤情况的发生。

问题38：孩子很好动，如何避免他出现意外？

【问题情境】

小强3岁多，是个精力充沛的"小探险家"。他不仅在地面活动，还会爬上桌椅、窗台等探索每个角落、每条裂缝，触摸和抓握每件够得着的物品，拆装各种玩具，有种强烈的探索世界的欲望。但是由于他经验少、能力弱，很容易发生危险。家长为此感到担心。

【问题分析】

家长提出这个问题的原因有如下三点。
1. 孩子精力旺盛，探索欲强，家长担心孩子会出现危险。
2. 孩子安全意识薄弱，自我保护意识和能力弱，家长担心孩子容易受伤。
3. 家长不知道在家里怎么做才能确保这个"多事"孩子的安全。

【正确回应】

面对家长的问题，幼儿教师可以这样回应：

某某家长，谢谢您在对孩子的成长有顾虑时愿意与我们沟通和交流。

对于您孩子的安全保护，我们提出如下建议。

对于3岁以上孩子的安全呵护，主要通过消极防护措施（即让危险远离孩子，因为孩子的安全经验、意识和能力有限，所以他们很难做到主动远离危险）进行。

1. 防药品中毒。孩子可能会因为好奇或饥饿而乱吃东西。家长若不注意，药片也可能会被孩子当成食品。因此，药品要放在孩子拿不到的地方，瓶装药品的盖子要拧紧，即使孩子拿到也打不开。

2. 防利器刺伤。为了防止孩子被利器刺伤并发生意外，父母一定要把小刀、剪刀、针等妥善保管，不要让孩子轻易拿到这些东西。同时，房间里安装挂钩的位置，一定要至少高于孩子20厘米，以免孩子在家里跑动时不慎撞伤。

3. 防触电。幼儿期的孩子喜欢乱摸乱动，而且不知道危险，为了避免孩子触电，电源插座、电源线应装在孩子不能触及的地方。

4. 防烫伤。孩子好动是好事，但是孩子如果触碰沸水、热油、烫粥就不妙了，因为那样孩子很容易惹来横祸。因此，要尽可能地让孩子远离这些高温的东西，不要让其有触碰的机会。

安全预防措施做到位了，孩子的安全问题就会减少，甚至消失。

问题39：为什么孩子一去幼儿园就很容易生病呢？

【问题情境】

三个学期结束后，家长发现孩子在家里很少生病，但是去了幼儿园后经常生病，特别是每学期刚开学的一两周，孩子更容易生病。家长隐约感觉到这是幼儿园工作不到位造成的。

【问题分析】

家长提出这个问题的原因有如下三点。
1. 家长很在意孩子的身体健康。
2. 家长对孩子入园初易生病的原因不了解。
3. 针对幼儿教师照顾孩子生活和身体方面的工作，家长有点不满。

【正确回应】

面对家长的问题，幼儿教师可以这样回应：

谢谢您在遇到孩子成长过程中的问题时能主动与我们沟通和交流。谢谢您对我们的信任。

孩子在每个学期初入园时比较容易生病，这是很正常的，这其中的主要原因如下。

1. 生病概率高。孩子年龄越小，初入园时生病的概率越高。这与幼儿年龄越小，免疫能力越弱有关。

2. 生活习惯的改变。孩子从家庭进入幼儿园后，在生活作息上有很大的改变，这会导致孩子在开学初很不适应，而生活上的不适应又会导致身体的整体免疫功能下降，进而易导致孩子在入园初生病。进入幼儿园一段时间后，幼儿会慢慢地适应幼儿园的生活，其身体状态和精神状态也会逐渐好转，免疫功能也会随之提高，生病的概率就会减少。

孩子在入园初容易生病，特别是小班孩子更容易生病，我们幼儿园会努力做好家园衔接，减少孩子们入园初生活适应的难度，进而减少他们的生病概率。当然，也希望家长能够配合我们的工作，在孩子开学前两个星期努力让家庭生活作息与幼儿园的作息安排接轨，这样也可以减少孩子入园后生病的概率。

不过，请您相信我们的孩子，随着年龄的增长，其免疫能力会逐渐增强，孩子们会逐渐变得强壮，逐渐减少生病的概率。

【温馨提示】

为了减少甚至避免家长类似的疑惑，我们可以采取以下措施。

1. 指导家长做好孩子的入园前准备工作，特别是生活作息的衔接工作。

2. 在孩子入园前的两个星期提示家长做好孩子生活上的安排，努力与幼儿园的时间安排接近。

问题40：孩子生病，家长如何向医生代述病情？

【问题情境】

当孩子生病时，由于他们年纪偏小，无法准确地表述自己的病痛，所以就需要由家长帮他们代述病情。如果家长叙述得不正确或有所偏差，极可能贻误孩子的病情，甚至给孩子留下终身遗憾。

【问题分析】

家长提出这个问题的原因有如下两点。

1. 孩子经常生病，家长不知道如何准确地代述孩子的病情，并为此苦恼。

2. 家长期待了解准确地代述孩子病情的方式，包括从哪些方面进行表述，以及如何表述。

【正确回应】

面对家长的问题，幼儿教师可以这样回应：

某某家长您好，谢谢您对我们的信任。

当您为孩子代述病情时，应以准确、具体为原则，并注意从以下几个方面叙述孩子的病情。

1. 体温。因孩子发烧而求医的情况最为多见，这也是许多儿科疾病的主要症状之一。因此，对孩子体温变化的叙述是不可缺少的。如果家长在家里已经测过孩子的体温，那么应该向医生说明——什么时候测的，测过多少次，最高时多少度；如未给孩子测过体温，那么家长可以用手感叙述孩子的额头温度，以有点发烧、烫手、滚烫等词大概地说明发热程度。家长也可以从发红、忽冷忽热、烧得通红、烧得不省人事等形态来说明孩子的状况。家长还要注意说明孩子的发热有无规律性、周期性，孩子手心、脚心、手背的温度差别，胸腹部有无灼热感，以及发烧时有无抽搐等其他伴随症状。

2. 时间。对患儿发病时间的叙述也很重要，医生据此可以了解孩子患病时间的长短和发病过程。发病时间、间隔时间、恶化时间对区别多种疾病都有实际意义。如果孩子总是午后发烧，那么家长要考虑到这种症状是结核的一个明显特征；如果孩子具有感冒症状，但长时间不愈，则要考虑其他病症。

3. 状态。孩子发病时的状态，家长也要向医生表述清楚。如孩子的四肢活动是否自如、颈项是否僵直；神态是否清楚，有无烦躁不安、哭闹、嗜睡、昏睡的现象；疼痛是否剧烈；咳嗽时是否干咳，是否有痰，有无鸡鸣样声音；呕吐是溢出性的，还是喷射状的等。这些情况的描述对医生判断病情有重要意义。

4. 饮食。许多疾病对孩子的饮食有不同程度的影响，家长平时要观察孩子饮食量的变化和偏食等情况。家长可主要向医生叙述孩子饮食的增减情况、饮食间隔次数的变化，以及孩子有无饥饿感、饱胀感、厌食、停食等现象。家长应说明孩子的饮水情况，还应说明孩子有无吃土、吃石子、吃煤渣等现象，有无吃不洁食物、喝生水、吃剩饭剩菜等情况。

5. 睡眠。孩子得了病，一般都有睡眠的变化，这也是家长比较容易观察和发现的。首先是睡眠时间，包括孩子每次睡多长时间，每天共睡多长时间。其次是睡眠状态，孩子是正常睡觉，还是昏睡、摇叫不醒，或是稍有动静则不能入睡，睡眠中有无惊叫、哭泣，是否需要母亲或其他人搂抱、抚摩才能入睡等。

6. 大小便情况。了解孩子的大小便情况也是医生诊断病情时不可缺少的信息，家长应该将孩子的大小便情况如实地告知医生，这些情况可能包括孩子大小便的颜色、次数、形状、气味，以及大小便有无脓样物或血样物，大小便时有无哭闹、出汗等。

7. 以前病史。这类信息包括孩子的先前病史，以及家族成员的病史，具体涉及孩子以前患过什么病，于何时何地患病，治疗效果如何，有无后遗症，后期吃过什么药，是否对某种药物过敏等情况。家长有时还需要向医生说明孩子出生时的情况（如出生时是否顺利、母亲妊娠是否足月、母亲妊娠时患过什么病、吃过什么药等），家庭中有无遗传病史，家庭成员有无肝炎、结核、伤寒、痢疾等传染病史。在必要时，家长还应讲清幼儿园里有无其他孩子患传染病及类似疾病。

8. 就诊前诊治情况。这类信息包括孩子来院就诊前是否去过其他医院或卫生所（室），又或者家长是否在家里自行配药治疗，孩子已服过什么药，剂量多少，有无药物过敏反应等。家长不应对医生隐瞒相关情况，而要详细地向医生讲明，以免重复检查浪费时间或短期内重复用药引起不良后果。

问题41：孩子生病了，该如何给他喂药？

【问题情境】

峰峰经常生病，如何给他喂药就成了一个难题。每次给他喂药，家长都感到十分艰难，先哄后逼，然后威胁，最后强灌。每次弄得全家人的心情都大受影响，给他喂药简直就是一场战斗。每次想到要给他喂药，家长的内心都万分紧张。

【问题分析】

家长提出这个问题的原因有如下两点。

1. 孩子生病，家长很难过，给孩子喂药也让家长很头疼。
2. 家长期待能学会一种轻松地给孩子喂药的方法，让孩子吃药不再那么艰难。

第二章　回应幼儿生活类问题的机智

【正确回应】

面对家长的问题，幼儿教师可以这样回应：

某某家长，您好！谢谢您对我们的信任。

孩子生病了，又不肯吃药，这是父母经常碰到的难题。如何正确地对待这个难题呢？

首先，了解孩子不愿吃药的原因。许多孩子不想吃药，很多时候是由于我们的架势把他们吓住了，或者是由于孩子挨强灌而有被呛过的痛苦经验。其实儿童药品一般都不会很难吃，只要我们采取适当的方法，孩子是可以好好吃药的。因此，万万不可对孩子强行灌药。

其次，父母既要有耐心，又要细心，还要按年龄阶段正确地对待孩子。3—4岁儿童已基本懂事，家长可以对其进行耐心的说服教育，讲明吃药治病的道理，不能以不吃药就打针来吓唬孩子，那样会造成恶劣的影响，更增加孩子以后吃药的困难，同时会增加孩子对打针的恐惧感。家长在给孩子喂药前，不妨准备点孩子平时爱吃的食物，孩子吃完药后就表扬、鼓励他，并马上给他好吃的（但最好不要给果汁、酸性饮料等）。这样就会打消他的恐惧心理，有利于他下次再吃药。

另外要注意： 在喂孩子吃药时，不能往药里加糖，或将药混入牛奶、果汁、粥、菜汤等，否则药会和这些食物发生化学反应，并使之失去相应的药效，甚至会产生其他有害的影响。家长也不能捏着孩子的鼻子，或在孩子睡着时喂药，否则容易使药物呛入气管，引发肺炎，甚至造成孩子窒息死亡。

我的女儿从不怕吃药，现在4岁多的她有时还会开玩笑地问："妈妈有好吃的药吃吗？"这主要是由于我们通过多种活动，让孩子觉得吃药不但不痛苦，而且有一定的乐趣。例如：每到准备吃药的时候，我们就让女儿自己取药，自己剪开包装袋，在父母的协助下稀释药，自己拿杯子喝，有时还是在"干杯"活动中吃药；有时吃药，我们会让女儿拿注射器吸满一管药，然后让她往里一推，不管药有多苦，女儿也只是皱一皱眉头，然后就没事了；在大人吃药时，我们还会有意地请女儿给我们喂药，在喂大人吃药的过程中，女儿还会像大人似的说："好好吃药，吃完药后身体就好了！"这些活动将孩子由"挨吃药"的角色转变成主动吃药的角色，并且发现吃药是一种有趣的活动，是一种游戏。

相信通过您的努力，您孩子的吃药难题会得到很好的解决。

问题42：老师能帮我们给孩子喂药吗？

【问题情境】

孩子突然生病，经医生检查后，孩子需要吃药，但是父母都需要上班，不方便请假，长辈又不在身边，家里没有人照顾孩子，家长不得不将孩子送去幼儿园。但是孩子生病又需要吃药，对此家长有很多顾虑，因此内心很纠结。

【问题分析】

家长提出这个问题的原因有如下三点。

1. 孩子生病，家长受累。
2. 家长在早餐和午餐后过来给孩子喂药，对于上班族来讲，确实有困难。
3. 家长期望幼儿教师能帮忙给孩子喂药。

【正确回应】

面对家长的问题，幼儿教师可以这样回应：

某某家长，您放心好了，我们可以帮您按时给孩子喂药，但您要办理好相关的手续。

1. 登记孩子的喂药信息：药品名、用药量、用药时间、用药方法、孩子姓名、家长联系电话。

2. 在相关信息后签名并按指纹。

我们一定会按时按量给孩子喂好药，并且及时告诉您孩子一天的身体状况，特别是服药后半小时内的状况。

谢谢您对我们工作的信任。

【温馨提示】

幼儿教师在给孩子喂药时需要特别小心，既要保护孩子的安全，也要维护自己和幼儿园的权益，必须让家长按严格的规程办理手续。

问题43：孩子在白天尿裤子、拉裤子，怎么办?

【问题情境】

萍萍5岁零4个月了，可是她还会在白天尿裤子、拉裤子。一旦玩得太高兴，她就会出现这种现象；在外面上补习班或在家里玩玩具时，她也会出现这种现象。家长不知道孩子在幼儿园里是否也发生过类似的情况，并且担心尿裤子、拉裤子会影响孩子的身心发展。

【问题分析】

家长提出这个问题的原因有如下三点。

1. 家长已经被孩子的这个问题困扰很久了。
2. 家长曾尝试解决这个问题，但没有解决。
3. 家长希望改善孩子当前的情况。

【正确回应】

面对家长的问题，幼儿教师可以这样回应：

某某家长，您好。谢谢您能与我们沟通孩子这么私密的问题。您的孩子在幼儿园里并没有发生过这种情况。

建议您在家里训练孩子每天在固定的时间排便，孩子在坚持21天后就会慢慢地形成定时排便的习惯。注意，不要因为孩子尿裤子、拉裤子而批评和惩罚孩子。因为这不是孩子的有意行为。

如果还没有解决问题，建议您带孩子去看专业的医生。

【温馨提示】

幼儿教师不是万能的，如果碰到自己专业能力无法解决的问题（无论是生理疾病，还是心理疾病），一定要建议家长及时送孩子到相关机构进行专业的诊疗。

问题44：为什么孩子在家里会上厕所，在幼儿园里却尿裤子？

【问题情境】

孩子在家里会自己上厕所，可是入园3个多月后，他在幼儿园里却变得不会上厕所了——频频出现尿裤子现象。对此，家长感到很不解。

【问题分析】

家长提出这个问题的原因有如下两点。

1. 家长为孩子的负向发展——"原来不尿裤子，到幼儿园后反而尿裤子了"——感到困惑和焦虑。

2．家长有点倾向于将孩子尿裤子归因于幼儿园的某种"错误"。

【正确回应】

面对家长的问题，幼儿教师可以这样回应：

谢谢您愿意与我们沟通孩子的问题。谢谢您对我们的信任。

孩子在家里会上厕所，在幼儿园里就尿裤子，也不告诉老师——这说明孩子还没有适应幼儿园的新环境。过一段时间，他适应后就好了。在家里时，家长要时常告诉孩子，在需要上厕所时，应大声地跟老师说："老师，我要上厕所。"同时，训练孩子上厕所的自理能力。早上送孩子去幼儿园时，也可以带孩子去他们班的厕所看看，甚至不妨让他在那里试厕一次。

我们老师在孩子初入园的前3个月会定时提醒小朋友们上厕所，也会适当地训练他们提出如厕要求和掌握如厕技能。我们会很温柔地提醒您的孩子。对于绝大多数孩子来讲，尿裤子是成长性问题。孩子在适应幼儿园的生活后或到一定的年龄后，这一问题就会自行消失。这一点请家长放心！别为此过分焦虑。

相信您的孩子一定会顺利地渡过这一关。

【温馨提示】

为了减少甚至避免家长类似的疑惑，我们可以采取以下措施。

1．当孩子独立、主动上厕所时，将相关信息及时告诉家长。

2．当着家长的面表扬孩子在上厕所方面的进步。

3．每天通过语言、行为向孩子明确地表达教师的爱。孩子感受到了教师的爱，安全感和归属感建立了，当需要解决内急的问题时，他就会主动向教师求助或自己主动解决。

4．当孩子出现尿裤子的现象时，不要批评和责备孩子，平静地带他去换洗就好。教师还可以告诉孩子："尿裤子没关系，老师小时候也尿过裤子。"这样说能够让孩子感受到尿裤子不是一件丢人的事情。如果有其他小朋友见到小伙伴尿裤子就取笑人家，教师要及时地、严肃地制止，并对其进行相应的教育。

问题45：孩子自己上厕所安全吗？

【问题情境】

孩子去幼儿园后，家长发现自己的孩子比别人家的孩子至少小一个多月。家长听说有的孩子在幼儿园里上厕所时会摔跤。而自己的孩子那么小，家长很担心他在上厕所时会不小心受伤。

【问题分析】

家长提出这个问题的原因有如下三点。

1. 家长听说过孩子在上厕所时摔跤。
2. 家长对孩子的安全问题感到焦虑。
3. 家长不了解幼儿园的安全措施，特别是对幼儿园厕所里的安全措施不了解。

【正确回应】

面对家长的问题，幼儿教师可以这样回应：

谢谢您对我们的信任。您的担心我们能理解。

孩子在幼儿园里上厕所当然很安全！我园厕所的地面铺的是高摩擦系数的地板砖，防滑功能特别好；便池也是专门为孩子们设计的，宽度比成人的小很多；厕所里还有孩子们专用的扶手；另外，孩子上过厕所后，保育员会随时对孩子们弄湿的厕所地板进行拖干处理。

在小班里，小朋友们一般都由教师组织上厕所。我们会安排两名教师，一名教师站在厕所里面，一名教师在外面，以保证每个孩子每时每刻至少在一名教师的视线范围内。当孩子们需要帮助时，我们会及时给予适当的帮助。

保证每个孩子在每项活动中的安全是我们幼儿教师的天职，请家长放心。

【温馨提示】

为了减少甚至避免家长类似的疑惑，我们可以采取以下措施。

1. 积极地向家长宣传幼儿园的各种设施，以及各项活动的安全措施，让家长对孩子来园感到放心。

2. 安全问题是家长普遍关心的问题，因此在孩子入园前，一定要做好相关的宣传工作。

3. 在孩子入园前，可带家长参观幼儿园的各种设施，并对其安全防护措施做必要的讲解。

问题46：孩子大便的时候，老师能帮忙吗？

【问题情境】

在家里时，孩子大便时都是由家长把着，因此，孩子从未自己蹲着大便过。而到幼儿园后，幼儿园教师却要求孩子们学会自己解决大便的问题。家长为此感到担忧。

【问题分析】

家长提出这个问题的原因有如下两点。

1. 家长为孩子没有学会自己独立上厕所而焦虑。
2. 家长在孩子入园前没有得到相应的指导。

【正确回应】

面对家长的问题,幼儿教师可以这样回应:

某某家长,谢谢您向我们提供您的孩子的情况。

您所求助的事情,我们一定会帮忙,您放心好了。但是我们必须在半个月左右的时间教会孩子自己解决上厕所的问题。

家长在家里要教,我们老师在幼儿园里也会教。如果您家的厕所宽度太大,不适合孩子,可以买一个坐便盆给他用。多用几次,他就会自然而然地学会自己蹲着大便了。如果孩子长时间不能学会解决自己的大便问题,那么他可能会感到自卑。因此,我们应一起努力尽早地教会孩子独立上厕所。

谢谢您对我们的信任!让我们一起努力来帮助孩子解决问题,进而让他快速地适应幼儿园的生活。

【温馨提示】

为了减少甚至避免家长类似的疑惑,我们可以采取以下措施。

1. 培训家长。在孩子入园前20天,幼儿教师应对家长展开培训,让他们知道孩子需要在生理和心理方面做好哪些准备(特别是在能力方面要做好哪些准备),要将其一项项地列给家长,让家长一项项地核对孩子的能力。对于孩子缺乏的能力,家长要有针对性地进行训练。幼儿教师不仅应给家长提供训练的内容,还应给他们提供训练的方法,让他们在20天内快速地让孩子初步具有入园的基本技能。

2. 进行家访,检查孩子的入学准备工作。幼儿教师可以在开学的前一周进行家访,以发现孩子在哪些方面没有达到入园的基本技能要求,请家长在最后一周内加强训练。当然，教师也对此做到了心中有数，以便在孩子入园后给予其有针对性的保育和教育。

问题47：在午睡的时候，老师会帮孩子盖被子吗？

【问题情境】

孩子在家里睡觉时，不管是晚上，还是中午，他老爱踢被子。家长担心孩子在幼儿园里午睡时也会踢被子，如果老师没有及时发现并帮孩子盖好被子，那么孩子很可能会着凉，甚至感冒。

【问题分析】

家长提出这个问题的原因有如下两点。

1. 家长了解自己孩子的睡觉特点，担心孩子在空调房里睡觉，没有老师及时帮忙盖被子，容易感冒。

2. 家长不了解在孩子睡觉时幼儿教师的基本工作要求。

【正确回应】

面对家长的问题，幼儿教师可以这样回应：

谢谢您将自己的担心与我们分享。谢谢您对我们的信任。在这方面，请您放心，我们会很专业地照顾孩子们。

确实，有些孩子在睡觉时会踢被子。不过，每天孩子们午睡时都有教师值班，值班教师是不能睡觉的，她们要每时每刻都让每个孩子保持在自己的视线范围内。孩子们的一举一动，教师都关注并看得清清楚楚，当孩子踢被子时，她们会及时地给予帮助。

另外，哪些孩子在盖被子时容易出汗，在一个星期左右我们也会了解得一清二楚，并且在必要时提供相应的帮助。

【温馨提示】

为了减少甚至避免家长类似的疑惑，我们可以采取以下措施。

1. 通过各种平台加大宣传力度，让家长知道教师的敬业、细心、耐心等职业品性，让他们对我们的工作感到放心，同时敬佩幼儿教师的专业素养，促进家园良性关系的建立。

2. 将新生入园后前3个月的睡觉情况及时通过微信发给家长，让他们放心，让他们感受到教师在很精细地关心孩子们的生活。

问题48：孩子可以捏老师的耳朵睡觉吗？

【问题情境】

孩子从小与妈妈睡一张床，平时对妈妈很依恋，并且形成了捏着妈妈的耳朵睡觉的习惯。妈妈偶尔不在家，孩子也要捏着一个成人的耳朵才能入睡。平时，家人感觉让孩子如此入睡，孩子会睡得快且安稳一些。

【问题分析】

家长提出这个问题的原因有如下三点。

1. 孩子从小就捏着家长的耳朵睡觉，家长并不认为这是一个问题。

2. 根据孩子的睡眠习惯，家长期待孩子在幼儿园里能捏着成人的耳朵睡觉，以满足孩子的心理和睡眠需要。

3. 家长没有意识到让孩子学会自然入睡对其今后的学习和生活的重要性。

【正确回应】

面对家长的问题,幼儿教师可以这样回应:

谢谢您能将孩子生活的细节告诉我们。

不过,捏成人的耳朵睡觉,是一个不良的、不自然的睡眠习惯。这会给孩子的生活,给成人的生活带来许多麻烦。这也不利于孩子适应集体生活,如果其他孩子知道了您的孩子的这个癖好,那么他很可能会被其他孩子取笑。

正确的做法不是让孩子捏耳朵,而是通过一些办法让孩子能够自然而然地入睡。您可以试着让他从听着故事、听着音乐入睡,慢慢地过渡到不需要任何的外在辅助就能很快地入睡。

让我们一起努力,让孩子尽快自然而然地入睡吧。

【温馨提示】

为了减少甚至避免家长类似的疑惑,我们可以采取以下措施。

1. 加强科学的幼儿教育观念的传播,让家长知道怎么做才是正确的。

2. 加强心理行为训练技术的培训,让家长知道当面对孩子的心理行为问题时,应该如何做才有效。

问题49:我想给孩子换个床位,可以吗?

【问题情境】

小敏的奶奶在为孩子选床铺时来晚了,除了一张角落里的,其他床铺都被选完了。小敏的奶奶有点郁闷,她怯怯地对老师说:"我家小敏身体比较弱,我想要靠近老师办公桌的那张床给小敏,这样她可以得到老师更好的照顾。您能帮我疏通某某家长，让他把床位换给我们家小敏吗？"

【问题分析】

家长提出这个问题的原因有如下三点。

1. 家长很了解孩子，也很关心孩子。
2. 家长期待孩子在幼儿园里得到更周到的照顾。
3. 家长对幼儿教师的基本工作要求不了解。

【正确回应】

面对家长的问题，幼儿教师可以这样回应：

某某家长，谢谢您对我们工作的关心。小敏身体弱，您想让她得到老师更多的关照，这份情感是可以被理解和接受的。如果我的孩子去幼儿园，我也希望她能够得到老师更多的照顾。

不过，您不了解我们的工作细节要求，我们老师在孩子午睡值班时，是不能坐在办公桌那里的。在孩子上床没有进入睡眠状态前，老师得来回轻轻地巡查，看看每个孩子的状况，对需要帮助的孩子及时提供帮助。在孩子们都入睡后，老师也需要站着查看孩子们的睡觉情况，我们要保证在睡眠时间内每个孩子都在值班老师的视线范围内。对于睡眠状态下的孩子，如果他们出现一些状况（如踢被子等），我们也会及时地给予帮助。

谢谢您告诉我们孩子的状况，在孩子睡觉时，我们会特别关注小敏，这点请您放心。

【温馨提示】

为了减少甚至避免家长类似的疑惑，我们可以采取以下措施。

1. 积极宣传幼儿教师的工作规范要求，让家长了解到幼儿教师的专业性、规范性，让他们对教师的工作放心。

2. 关照家长的真实需求。比如，在上述案例中，家长表面上看是想给孩子换床位，而事实上，她是想让孩子得到更加周到的照顾。因此，幼儿教师一定要针对家长的真实需要来回应，这样才能取得预期的效果。

问题50：孩子在家里为什么都不睡午觉？

【问题情境】

孩子马上就要上幼儿园了，他之前在家里从来不午睡。家长知道孩子去幼儿园后是要午睡的，所以想在家里引导他午睡，让他养成午睡的习惯，但是不管家长如何引导都不见效果。

【问题分析】

家长提出这个问题的原因有如下两点。

1. 家长期待孩子在家里午睡，以便其与幼儿园的生活接轨。
2. 家长试过不少办法，但仍然没能让孩子形成午睡的习惯。

【正确回应】

面对家长的问题，幼儿教师可以这样回应：

某某家长，谢谢您为我们提供孩子在入园前的睡眠情况。谢谢您对我们的信任。

孩子不睡午觉的原因有：

1. 孩子本来就没有午睡的习惯，而且全家人都没有午睡的习惯，这是习惯问题，不是身体问题，也不是心理问题；

2. 孩子偶尔中午不睡觉，可能是因为当天出现异常情况，比如，碰见新事物并感到兴奋，中午吃得太饱了，睡前玩得太兴奋或身体不舒服等。

我们幼儿园是要求孩子睡午觉的。因此，在孩子开学前的两个星期一定要让孩子的生活作息习惯向幼儿园的要求靠拢。

为了让孩子做好入园准备，建议家长从以下几个方面培养孩子的午睡习惯。

1．按时吃午饭。

2．午睡前不要让孩子吃得过饱。

3．午睡前30分钟，不要让孩子过于兴奋。

4．定个闹钟，午睡时间到，铃声响起，陪孩子睡觉者和孩子一起进入卧室。

5．午睡时间，保持家里环境的安静。

6．如有可能，全家人都午睡。

7．睡前可放些具有催眠作用的音乐。

8．为了保证孩子在午睡时困乏，可以早睡早起，不给孩子睡懒觉的机会。

9．在开始阶段，如果孩子不适应，不批评，不训斥，而是慢慢地引导。

坚持10天，孩子慢慢地就会形成按时午睡的习惯。

【温馨提示】

为了减少甚至避免家长类似的疑惑，幼儿教师平时应注意通过各种平台向家长们介绍有效的教育方法，使家长们在碰到教育问题时知道该怎么做。

问题51：孩子每天晚上都要到很晚才睡，怎么办？

【问题情境】

孩子每天的精力都十分旺盛，晚上要到很晚才睡觉，家长被孩子的这种生活方式折磨了许久。一方面，家长担心孩子睡觉太晚，影响其第二天的在园状态；另一方面，家长希望在孩子睡着后自己可以看看书或做其他的事情。可是，家长尝试过很多方法，孩子仍然不肯早睡。

【问题分析】

家长提出这个问题的原因有如下三点。

1. 家长期待孩子早睡早起。
2. 家长被孩子的睡觉问题困扰许久。
3. 家长采取过各种办法，但效果甚微。

【正确回应】

面对家长的问题，幼儿教师可以这样回应：

某某家长，谢谢您这么信任我们。对于孩子睡得晚的问题，我向您提供两个方案。

方案一：每天对睡眠建立一种程序仪式，促使孩子到时间就困。比如，睡觉前，在家里放些舒缓的、有催眠作用的音乐，然后全家人开始刷牙、上厕所，做好上床的准备。

方案二：全家人一起早睡早起，并坚持21天。等孩子习惯早睡后，一切都会变好。该睡觉时，人人都得睡；该起床时，个个都得起床。保持有规律的生活，孩子良好的睡眠习惯就能养成。

【温馨提示】

为了减少甚至避免家长类似的疑惑，平时幼儿教师要将幼儿教育方面的一些有效措施有目的、有计划地向家长们普及，让家长们形成自我解决孩子教育问题的能力。

问题52：孩子不喜欢午睡，能否让他自己在教室里玩？

【问题情境】

孩子已经入园一个多月了，由于她在家里没有午睡的习惯，所以一到午睡时间，她就会哭闹。了解到这一情况后，家长建议老师干脆不要为难自己的孩子，就让她一个人在教室里玩就可以了。

【问题分析】

家长提出这个问题的原因有如下两点。

1. 家长觉得孩子睡不睡午觉没关系，反正孩子以前很少睡午觉。
2. 家长认为孩子不睡午觉是件很容易处理的事，没有将此事纳入幼儿园集体生活管理的范围内进行思考。

【正确回应】

面对家长的问题，幼儿教师可以这样回应：

某某家长，您好！谢谢您为我们的幼儿教育工作提供建议。

不过，幼儿园之所以会安排午睡是有科学依据的。孩子每天要保证11~12小时的充足睡眠时间，这样有利于其身体的健康成长。另外，午睡是幼儿园的集体活动，如果单让您的孩子在教室里玩，则不利于其集体意识的形成，而且她有可能会影响其他小朋友的正常休息。

您的孩子中午在幼儿园里不肯睡觉，可能是因为原来她在家里没有养成习惯。您可以试试让她早上早点起床，并且把她在家里睡觉时用的小枕头和小被子拿来幼儿园。周末您也可以在家里陪她一起午睡，慢慢地让她养成良好的睡眠习惯。

【温馨提示】

为了减少甚至避免家长提出与幼儿园生活规定相冲突的要求，幼儿教师应该通过各种平台有效地向家长们宣传幼儿园生活的各项规定，不仅要让他们知道怎样做，还要让他们知道这些规定背后所蕴含的相关原理，这样才能让家长更好地理解并支持幼儿园的生活规定，更好地促进幼儿的健康发展。

问题53：天气太冷，能不能少让孩子参加户外活动？

【问题情境】

在冬日里，家长时常会看见孩子们在凛冽的寒风中进行户外活动。家长有点心疼自己的孩子，担心孩子受冻，受寒感冒。家长认为，幼儿园没有必要让孩子过得这么苦。

【问题分析】

家长提出这个问题的原因有如下三点。

1. 家长担心天气冷，孩子外出活动容易感冒，对身体健康不利。
2. 家长认为孩子在寒冷的户外开展活动是一种受苦。
3. 家长不知道适当的耐寒活动有利于提高孩子的身体素质。

【正确回应】

面对家长的问题，幼儿教师可以这样回应：

谢谢您对我们的信任。

我们知道您对孩子的身体健康很看重，我们也很能理解。

"天冷，不要带孩子出去活动""怕孩子因此生病"是许多幼儿家长的真实担心。但事实恰好相反，从各个方面讲，户外活动多的孩子，往往很少得病。这是因为：当接触寒冷的空气时，孩子皮肤内的毛细血管会收缩而使血液的流量减少；当接触温暖的空气时，毛细血管则会扩张而使血液的流量增多，以此调节体温。经过频繁的刺激，皮肤能自然地适应气温的变化，鼻腔黏膜及其他器官也有同样的适应和调节的过程。因此，各器官的功能会变得强壮，从而增加孩子抵抗寒冷、疾病的能力。

孩子参加户外活动，沐浴在阳光下，有利于钙的吸收、磷的吸收，能够增强机体的抗病能力。此外，阳光也能提高红细胞的含氧量和增强皮肤的调温作用，并且能增强神经系统的活动机能和幼儿的体质。另外，在寒冷中运动，有利于锻炼孩子们的意志，让他们不怕寒冷，勇敢地面对寒冷。

当然，在冬天外出运动，我们会特别注意避免孩子们着凉。比如，我们会将外出活动的时间控制在20~30分钟，不让孩子们坐凉地等。在这方面请您放心。

请您支持我园的既能锻炼孩子身体，又能锻炼孩子意志的冬日运动。

谢谢。

【温馨提示】

为了减少甚至避免家长类似的疑惑，我们可以采取以下措施。

1. 加大现代健康体育理念的宣传，让家长们理解并支持幼儿园的冬日运动。

2. 将孩子们在冬日运动中快乐游戏的视频发给家长，让他们一起分享孩子们在冬日运动中感受到的快乐。

问题54：孩子上幼儿园时能不能不穿园服？

【问题情境】

看到孩子每天都穿着与其他小朋友一样的园服，家长感到有点厌倦了，想让孩子变一变，让孩子的穿着更具个性，生活也更加丰富多彩。家长甚至认为孩子的穿着是彰显家庭经济地位、社会地位、家长个性和审美的一种途径。

【问题分析】

家长提出这个问题的原因有如下三点。

1. 家长没有认识到穿园服对孩子身心发展的好处。
2. 家长觉得穿衣服只是个人的事情。
3. 家长认为每天都穿园服有点单调。

【正确回应】

面对家长的问题，幼儿教师可以这样回应：

某某家长，谢谢您能将自己的想法与我们沟通。

我们在为孩子们选园服时，既考虑了适当的美观，又考虑了孩子们在幼儿园里的活动需要和安全需要。虽然有的孩子很喜欢穿有个性、漂亮、华丽的衣服，但是他们可能也会因为担心弄脏衣服而丧失玩耍的自由和兴致。

穿园服有利于孩子们减少攀比的心态，有利于减少其过分关注穿着打扮的倾向，同时有利于培养孩子们对幼儿园的归属感和荣誉感。

因此，我们还是希望家长支持孩子在来园时穿园服。谢谢！

【温馨提示】

为了减少或避免家长提出类似的问题，甚至质疑幼儿园的规定，幼儿教师在向家长和幼儿讲明各项管理规定时，除了提出管理要求外，还要讲清楚其中的理由，进而让他们更好地支持我们的幼儿园工作。

问题55：孩子经常穿反鞋离园，难道老师都不教吗？

【问题情境】

家长下午来接孩子时，时不时看见自己的孩子左右脚穿反了鞋子。孩子早上离家时明明穿得是对的，但是离园时鞋子就穿反了，而且教师没有发现，也没有教会孩子正确的穿鞋方式，家长的内心有点不快。

【问题分析】

家长提出这个问题的原因有如下两点。

1. 家长认为教师工作不够细心，不负责任。
2. 家长认为穿反鞋对孩子是有害的。

【正确回应】

面对家长的问题，幼儿教师可以这样回应：

某某家长，谢谢您能及时向我们反映您的想法。

孩子在离园时穿的是反鞋，可能是孩子在午睡起床后自己穿鞋时没有注意，将鞋子穿反了。而在下午活动时，我们老师也未能发现孩子的鞋子穿反了，在这方面是我们的失误，我们以后会多加注意。

对于孩子穿反鞋的问题，希望家长不要心存过多的忧虑。因为孩子通常在两三岁时能区分上下，4岁开始能区分前后，5岁开始能以自身为中心区分左右，7岁左右才能以他人为中心区分左右以及两个物体之间的左右方位。您的孩子很可能是因为年龄较小、方位知觉发展不完善而分不清鞋子的左右。"穿反鞋"是一个过程性问题，当孩子长大到一定年龄时，问题自然而然就消失了。

另外，我们应该从更积极的角度来看孩子的"穿反鞋"现象。比如，孩子将鞋子穿反了，说明今天完全是孩子自己独立穿鞋，这是孩子的一种进步，也是孩子能动性的一种表现——这是值得家长高兴的事，也是值得我们鼓励孩子的事。如果反穿鞋子，孩子并没有感到有何不适，那么我们暂时也没有必要强求孩子改正这一"问题"，因为在现阶段主动性是对孩子更加宝贵的事情。

【温馨提示】

为了避免同类误会，平时幼儿教师要多给家长普及幼儿身心发展的基本常识，让家长更多地了解这个年龄的孩子，减少家长对幼儿教师工作的误会。

问题56：孩子睡木板床好，还是弹簧床好？

【问题情境】

弹簧床比较富有弹性，睡起来比较舒服，大人、小孩都喜欢睡；木板床硬，没有弹性，睡起来没有弹簧床那么令人舒服。孩子3岁多，特别喜欢和家长一起睡大大的弹簧床。家长觉得孩子长大了，他应该独立睡一张床了。家长在犹豫到底给孩子买弹簧床，还是买木板床。

【问题分析】

家长提出这个问题的原因有如下两点。

1. 家长期待能给孩子一张令他感到舒服的床,以便孩子能顺利地过渡到独立睡一张床的状态。

2. 家长不了解什么样的床对孩子的健康成长更有利。

【正确回应】

面对家长的问题,幼儿教师可以这样回应:

某某家长,您好!谢谢您能与我们沟通孩子的生活问题。

幼儿的床采用木板床为宜。人体的脊柱有三个生理弯曲(即颈曲、胸曲和腰曲),幼儿的身体各器官在迅速地发育或成长,这些弯曲也在逐渐形成。睡木板床可使孩子的脊柱处于正常的弯曲状态,不会影响脊柱的正常发育。

现在很多家庭用弹簧床代替木板床,其实这样做对孩子不利。幼儿脊柱的骨质较软,周围的肌肉、韧带也很柔软,臀部重量较大。长时间睡软床,不管孩子是仰卧,还是侧卧,都会使脊柱出现不正常的弯曲状态。轻者使正常的生理曲线发生变化,丧失自然体型美;重者还可能形成偏肩、驼背等畸形体态,甚至影响内脏器官的发育。为了孩子的健康,不应给孩子买弹簧床,而应该买木板床。

第三章
回应幼儿教育类问题的机智

　　由于家长不是幼儿教育专业工作者,他们没有科学的幼儿教育理念和技能,所以他们对幼儿园教育存在许多困惑,他们时常会凭经验对幼儿园教育提出非专业的要求。这就要求幼儿教师根据国家的相关法规和文件以及现代幼儿教育理念对家长进行专业的引领,让家长能够正确地理解和接受科学的育儿理念和实践操作。

一、回应幼儿教育类问题的原则

在回应幼儿教育类问题时，应该注意以下五个原则。

（一）以官方文件为准绳

在回应幼儿教育类问题时，幼儿教师要以《3—6岁儿童学习与发展指南》和《幼儿园教育指导纲要（试行）》的精神和条目为依据，将国家关于幼儿园教育的精神和规定准确地传递给家长，回应的内容不能与这两个国家文件相冲突，这是幼儿教师职业道德的基本要求。因此，教师应首先自己充分理解国家相关文件的精神及内涵，否则如果幼儿教师对国家的相关文件都一知半解，那就无法将国家的有关要求和精神准确地传达给家长。

（二）主动性原则

幼儿教师要主动地向家长、社区居民宣扬正确的幼儿教育理念，以科学的幼儿教育理念引领家长，让家长们在教育理念和教育举措上与幼儿园同步，减少科学幼儿园教育的实施阻力。

大多数家长对幼儿园教育的认识是有误区的。他们认为幼儿园就是学校，就是学习知识和技能的地方，甚至认为幼儿园和小学一样，孩子来幼儿园就是上课，就是学知识，回家就得有作业，否则，幼儿园的教育就不是好的教育。如果幼儿教师不主动向家长普及科学的幼儿教育知识，那么他们内心深层的、以知识技能为导向的教育理念将会成为以游戏为基本活动的幼儿园教育的一个障碍，这些错误的教育理念也会成为幼儿园教育小学化的一个催化剂。

（三）目标引领原则

在转变家长的教育观念方面，幼儿教师要有目的、有计划、有组织、持续地开展工作。首先要明确当前幼儿家长在幼儿教育观念方面存在哪些问题，我们期待家长们树立哪些现代的幼儿教育理念。这样，我们的工作才会有针对性和方向性，效率才会更高。转变家长错误的教育观念是一个漫长的过程，幼儿教师要组织相关力量研究它的内容、形式、路径和方法，并且有目标、有计划、持之以恒地开展工作，这样才能取得预期的教育效果。

在宣传现代幼儿教育理念时，幼儿教师要走出幼儿园，走进小区，走向大社会。现代幼儿教育理念的受教育对象不仅包括在本园就学孩子的家长，也包括幼儿园所在社区内的家长。因为只有科学的幼儿教育理念得到广泛的普及，本园家长与非本园家长的错误观念才能真正地被消除，否则幼儿园的正面教育力量会被社区的负面教育力量抵消，甚至替代。

（四）专业引领原则

要想引领家长的教育观念和行为走向正确的方向，首先幼儿教师要掌握科学的幼儿教育观念和方法。为此，平时幼儿教师要极大地提高自己的幼儿教育专业水平，提高自己的专业引领能力。如果幼儿教师自身的幼儿教育观念就是错误的，那么我们只会误导家长，最终耽误幼儿的发展。我们不仅要有科学的幼儿教育知识和技能，还要有传播科学幼儿教育知识的能力，要学会利用各种媒介，特别是要学会利用网络媒介（QQ、微信、抖音、人人讲、千聊等）传播现代幼儿教育理念。

（五）活动多样化原则

为了更好地将科学的幼儿教育理念和方法传递给家长，幼儿教师要通过丰富多彩的活动和形式来进行相关的宣传，以引发家长们的兴趣，适应他们不同的学习需求。如：线上教育和线下教育相结合，专家讲授与家长研讨相结合，教师主讲与家长提问相结合，视频、音频与文字交流相结合，听课与观摩相结合，班集体活动与小组活动、个别交流相结合……只要是增进家长对现代幼儿教育理念的理解的活动和形式都可以采用，避免活动内容和形式的单调，进而增强家长对相关学习的兴趣。

二、回应幼儿教育类问题的机智举例

下面将一些家长时常提到的比较典型的关于幼儿教育方面的问题及其回应思路提供给大家，希望大家能够从中得到启示。

问题57：孩子在幼儿园里都学些什么？

【问题情境】

家长不了解幼儿园教育的性质和具体任务，他们的脑子里有一个根深蒂固的观念，即幼儿园就是学校，孩子在幼儿园里的活动就是学习——学习知识，学习跳舞、唱歌、画画、写字等技能。

【问题分析】

家长提出这个问题的原因有如下三点。

1. 家长真的希望孩子在幼儿园里能学到东西，但是家长发现孩子似乎什么都没有学到。

2. 家长对幼儿园的教育不了解，有困惑。

3．家长极少得到现代教育理念方面的引领。

【正确回应】

面对家长的问题，幼儿教师可以这样回应：

谢谢您有孩子教育上的困惑能及时与我们交流。谢谢您对我们的信任。

孩子在幼儿园里主要学习如下知识、技能、态度和行为。

1．学习健康技能和知识。

（1）形成健康的学习、生活习惯，有基本的生活自理能力。

（2）学会控制自己的行为和情绪。

（3）学会适应有纪律的集体生活。

（4）学习保护自己的知识与技能。

（5）学习走、跑、跳、投、爬、钻、绕等基本动作。

（6）学习如何与人相处。

（7）能进行大肌肉活动。

2．学习基本的语言知识和技能。

（1）讲话礼貌。

（2）注意倾听对方讲话。

（3）能清楚地说出自己想说的事。

（4）能听懂和会说普通话。

（5）发展语言运用的关键经验。

①与别人交流自己有意义的经验。

②描述物体、事件和事物之间的关系。

③从语言中获得乐趣：念儿歌、编故事、倾听诗歌朗诵和故事讲述。

3．学习社会性知识和技能。

（1）能主动地参与各项活动，有自信心。

(2)乐意与人交往,学习互助、合作和分享,有同情心。

(3)理解并遵守日常生活中基本的社会行为规则。

(4)能努力做好力所能及的事,不怕困难,有初步的责任感。

(5)爱父母长辈、老师和同伴。

4．学习基本的科学知识与技能。

(1)对周围的事物、现象感兴趣,有好奇心和求知欲。

(2)能运用各种感官,动手动脑,探究问题。

(3)能用适当的方式表达、交流探索的过程和结果。

(4)能从生活和游戏中感受事物的数量关系并体验到数学的重要和有趣。

(5)爱护动植物,关心周围环境。

(6)发展主动学习的关键经验。

①动用所有的感官主动地探究。

②通过直接经验发现事物之间的关系。

③操作、转换和组合多种材料。

④选择材料、活动和目的。

⑤掌握使用工具和设备的技能。

(7)发展逻辑推理的关键经验。

①分类。

★探究和描述事物的特征。

★注意并描述事物的异同,进行分类和匹配。

★用不同的方式使用和描述物体。

★描述事物所不具有的特征或不归属的类别。

★同时注意到事物的一个以上的特征(如:你能找到既是红的,又是木头做成的东西吗?)。

★区别"部分"和"整体"。

②排序。

★比较：哪一个更大（更小）、更重（更轻）、更粗糙（更平滑）、更响（更静）、更硬（更软）、更长（更短）、更高（更矮）、更宽（更窄）、更锋利（更钝）、更暗（更亮）等。

★根据某种特征来排列物体，并描述它们之间的关系（最长、最短等）。

③掌握数的概念。

★比较数和量：多/少，等量；更多/更少，数目一样多。

★用一一匹配的方式来比较两个数群的数量（饼干和小朋友的数量是否一样多？）。

★点数物体和唱数。

(8) 理解时间和空间的关键经验。

①空间关系。

★装拆物体。

★重新安排一组或一个物体在空间中的位置（折叠、弯曲、铺开、堆积、结扎），并观察由此产生的空间位置的变化。

★从不同的空间角度观察事物和场景。

★体验和描述物体的相对空间位置（如：在中间、在旁边、在上面、在……下）。

★体验和描述物体和人的运动方向（去、来、进去、出来、朝向、远离）。

★体验和描述事物之间和地点之间的相对距离（靠近、邻近、远、紧靠、相隔、在一起）。

★体验和表征自己的身体（有怎样的结构，身体各部分的功能是什么）。

★学习确定教室、幼儿园以及周围环境中物体的位置。

★理解绘画和图片中所表征的空间关系。

★识别和描述各种形状。

②时间。

★制订计划和完成计划。

★描述和表征过去的事件。

★用语言推测将要发生的事件，并为此做好适当的准备。

★按信号开始或停止一个动作。

★识别、描述和表征事件的顺序。

★体验和描述不同的运动速度。

★在讲述过去和将来的事件时学习使用惯用的时间单位（天、小时、分钟等）。

★比较时间的间隔（短、长、新、旧、年轻、年老、一会儿、长时间）。

★把钟表和日历当作时间消逝的标记。

★观察季节的变化。

5．学习基本的艺术技能与知识。

(1) 能初步感受并喜爱环境、生活和艺术中的美。

(2) 喜欢参加艺术活动，并能大胆地表现自己的情感和体验。

(3) 能用自己喜欢的方式进行艺术表现活动。

(4) 发展创造性表征的关键经验。

①用不同的笔绘画。

②模仿动作。

③把图片、照片以及模型与真实的场景和事物联系起来。

④玩角色游戏和装扮活动。

⑤用泥、积木等材料造型。

总之，孩子在幼儿园里主要是学习适应环境、独立生活、形成规律的生活作息、养成良好的学习习惯、礼貌待人、控制情绪和保护自己等。

【温馨提示】

为了减少甚至避免家长类似的疑惑,我们可以采取以下措施。

1. 建立一个班级微信群,不断地向家长们推送幼儿教育的相关信息。

2. 建立一个微信公众号,定期向家长们普及正确的幼儿教育理念和方法。幼儿教师不仅要面向园内家长,还要面向社区等更开阔的空间,传播正确的幼儿教育理念与举措。

3. 开设专题讲座。讲座的形式可以丰富多样:可以是现场讲座,也可以是网上视频讲座;可以是本园教师、园长讲,也可以请专家讲。

问题58:孩子怎么在幼儿园里什么都没学到?

【问题情境】

孩子原来在一所民办幼儿园里学习,今年春学期转入当前的一所公办幼儿园学习。孩子入园大半年了,家长感觉孩子什么都没学到,甚至连以前会背的诗歌都不会背了。家长对这所公办幼儿园有点失望。

【问题分析】

家长提出这个问题的原因有如下三点。

1. 家长期待孩子在幼儿园里能学到看得见的知识和技能。

2. 家长的教育理念与现代幼儿教育理念存在差距。

3. 家长对优质的幼儿园教育有所期待。

【正确回应】

面对家长的问题，幼儿教师可以这样回应：

谢谢您能将您的顾虑告诉我们。谢谢您对我们的信任。

孩子在幼儿园里的主要任务是游戏——与小伙伴们玩、玩幼儿园里的玩具等。

游戏是孩子学习和发展的主要方式。孩子在幼儿园里主要学习如何与同伴相处，如何适应集体生活，如何独立生活，如何专注地做事，如何形成良好的生活习惯、思维习惯、学习习惯……而学习知识（特别是学习小学的知识）并不是他们这个年龄段的孩子的任务，更不是这个年龄段的孩子的最主要任务。

孩子需要学习的东西，应着眼于孩子将来的长远发展。这些发展是慢慢发生变化的，不是一两天就能看得见效果的。提前学习小学的内容，并不能让孩子在以后的学习中占有优势。在一、二年级时孩子的成绩可能还不错，但在三年级后提前学习小学的内容给孩子带来的优势就没有了。

另外，提前学习还会让孩子在一、二年级时形成不良的学习习惯，比如，对学习不感兴趣，不重视教师上课，在课堂上经常开小差等。如果小学的学习内容超越了幼儿期孩子的学习能力，那么这种力不从心的学习将摧毁孩子们的学习自信心和学习兴趣——这对其今后的学习和发展而言是致命的内伤。

孩子以前会背诗歌，但现在不会了，这很正常。因为幼儿园并没有将诗歌背诵当作教育目标，平时没有这样的背诵活动，时间长了，孩子当然就会忘记。强烈建议家长不要过于期待我们教孩子小学的知识。我们幼儿园严格按照国家规定办学，并且按照国家规定教幼儿应该学习的所有知识和技能，培养他们良好的态度。我们不会教您的孩子小学的知识，请家长也不要教，更不要花钱请人教——因为提前让孩子学习小学的知识，从长远发展来讲毫无意义，并且是有害的！

因此，建议家长们支持我们幼儿园"以游戏为基本活动"的教育理念，让孩子们快乐地、健康地成长。

【温馨提示】

为了减少甚至避免家长类似的疑惑，我们可以采取以下措施。

1. 积极宣传科学的育儿理念。在孩子入园前就应该做好《幼儿园教育指导纲要（试行）》《3—6岁儿童学习与发展指南》的宣传工作，让家长及时了解国家的相关政策与精神，让他们的理念和做法与幼儿园的教育同步，支持幼儿园按规办园的举措。

2. 提高引领的责任意识和能力。幼儿教师有责任对家长进行科学育儿理念方面的引领，我们要在这方面花点时间和精力，努力做好本项工作，为幼儿园教育在正常轨道上运转创造良好的条件。

3. 多种途径宣传科学的幼儿教育理念。幼儿教师可以通过"家园联系栏""家园联系手册"、微信、QQ、研讨交流活动、专家讲座等平台，有目的、有计划地向家长宣传科学的幼儿教育理念，让家长了解、理解现代幼儿教育理念，让先进的教育理念深入人心。

4. 孩子的学习效果要让家长看得见。为了让家长更加认可幼儿园的教育，幼儿教师平时要有意识地将孩子在幼儿园里的进步通过视频、图片、文字和语音告知家长，让他们感受到孩子的真实进步。

问题59：你们为什么不教孩子写字？

【问题情境】

家长把孩子送到幼儿园，主要目的就是让孩子提前学习小学的写字和算术。可是孩子已经入园半年多了,家长发现孩子竟然一个字都不会写,他们对幼儿园的教育很失望。

【问题分析】

家长提出这个问题的原因有如下三点。

1. 家长认为孩子来幼儿园就是学习写字和算术等小学课程。

2. 家长误将幼儿园等同于小学,认为孩子来幼儿园就是上学,他们应该像小学生一样学习文化知识。

3. 家长受到周围违规教授小学知识的幼儿园的影响。

【正确回应】

面对家长的问题,幼儿教师可以这样回应:

谢谢您在教育孩子方面有困惑能与我们沟通和交流。谢谢您对我们的信任。

按照儿童骨骼的发育程度来说,幼儿期孩子的骨骼发育还没成熟,另外孩子手指的小肌肉力度不够,也还没有发育好,正确握笔写字对孩子而言是有相当难度的。再者,孩子的观察力还没有发展得很好,他们很难区分文字的细微差别,因此,很容易写错字。如果经常要求这个年龄的孩子写字,那么后果将十分严重:一是,手指变形;二是,孩子有挫败感;三是,孩子可能会出现厌学倾向,这将影响孩子今后的学习态度和学习倾向。

【温馨提示】

为了减少甚至避免家长类似的疑惑,我们可以采取以下措施。

1. 加大相关国家政策的宣传力度。幼儿教师可以将《教育部关于规范幼儿园保育教育工作防止和纠正"小学化"现象的通知》《3—6岁儿童学习与发展指南》等文件的电子文档下发给家长,并且邀请专家向幼儿家长解读这些文件,从而让家长们知道国家的相关规定,知道幼儿园的主要任务,知道什么样的教育对孩子才是有益的,了解"小学化"对孩子的危害。

2. 召开相关研讨交流活动。针对家长的幼儿园教育"小学化"的愿望,幼儿教师可以组织家长们对相关问题进行研讨交流。参与人员可以包括幼儿家长、小学生家长、幼儿园教师和小学教师。通过活动让家长在交流中明确幼儿园的任务,进而更加支持幼儿园的"非小学化"教育。

问题60:我想送孩子学拼音、写字、算术,好不好?

【问题情境】

家长发现许多幼儿园都提前教孩子学习小学的拼音、写字、算术,家长对自己孩子的学习感到很焦急。孩子还有3个多月就上小学了,家长不想让孩子输在起跑线上,于是萌生了将孩子送到辅导机构进行补习的想法。

【问题分析】

家长提出这个问题的原因有如下三点。
1. 家长期待孩子在知识上提前准备,以便能更好地适应小学的学习。
2. 看到别的小朋友去学新的知识了,家长在这方面的欲望更加强烈。
3. 家长认为提前学习能让孩子赢在起点上。

【正确回应】

面对家长的问题,幼儿教师可以这样回应:
谢谢您在教育孩子上有困惑能与我们沟通和交流。谢谢您对我们的信任。我能体谅您不想让孩子输在起跑线上的心情。

不过，提前教孩子小学知识并不能让孩子赢得小学、中学的学习。决定孩子在未来的学习中能否取胜的因素是孩子的专注力、思维能力、记忆力、观察力和想象力，而不在于他能否提前掌握小学的知识。

另外，孩子提前学习小学知识有许多弊端：

1. 如果辅导机构教得不规范，那么会给孩子之后的学习带来困扰；

2. 即使辅导机构教得规范，也容易导致孩子在后期学习不专心，甚至厌倦学习，因为小学一、二年级的知识他都知道了——这种不专心将会带来持续的负面影响，届时您后悔都来不及。

【温馨提示】

为了减少甚至避免家长类似的疑惑，我们可以采取以下措施。

1. 加大科学地做好幼小衔接工作的宣传力度，让家长知道如何做好幼小衔接，为孩子顺利地进入小学做准备。

2. 幼小衔接的宣传工作应该从小班就开始，让科学地做好幼小衔接的理念和做法深入家长的内心，改变他们根深蒂固的、以知识为唯一导向的教育观，改变家长"笨鸟先飞早出林"的幼小衔接观念和做法，让他们知道提前学习小学知识的害处。

问题61：你们为什么不给孩子留作业？

【问题情境】

家长觉得幼儿园应该像小学一样给孩子留家庭作业。可是，家长发现孩子上幼儿园半年了，一直都没带回来过作业任务，而其他幼儿园在孩子放学后都留有家庭作业。家长认为幼儿园不重视孩子的学习，孩子在这样的幼儿园里学不到东西，家长担心孩子上小学后比不过别人家的孩子。

【问题分析】

家长提出这个问题的原因有如下三点。

1. 家长认为幼儿园就是学校，孩子进入幼儿园就是为了学习，没有作业就等于没有学习。
2. 家长期待孩子在幼儿园里能学到知识，更具体地说是学到小学的知识。
3. 其他幼儿园的孩子学到了许多小学的知识，家长有危机感。

【正确回应】

面对家长的问题，幼儿教师可以这样回应：

谢谢您能将您在教育上的真实想法告诉我们。谢谢您对我们的信任。

相关国家文件规定：游戏是幼儿期孩子的基本活动，孩子到幼儿园的主要任务就是玩——玩玩具、与小伙伴们玩。提前让孩子学习小学的知识，没有什么好处，还有许多坏处，比如：孩子感觉有压力，对学习失去兴趣，失去信心；到小学后，孩子厌学，形成不喜欢听课的坏习惯。

此外，相关国家文件还规定：幼儿园教育不得"小学化"，小学要从零基础进行教育。哪所小学、哪所幼儿园违规，我们都可到当地的教育主管部门投诉。

请家长支持我们按国家规定办教育，反对幼儿园"小学化"教育，以免伤害孩子。

【温馨提示】

为了减少甚至避免家长类似的疑惑，幼儿园应该加大宣传力度，让家长们对幼儿园教育有正确的认识，从而减少来自家长的幼儿园教育"小学化"的压力。

问题62：你们为什么不提问我的孩子？

【问题情境】

家长参加幼儿园开放日活动，在总结交流活动时问老师："老师，您今天上了两节课，有一节课提问了5个小朋友，有一节课提问了6个小朋友，为什么不提问我的孩子？这会不会影响我家孩子的发展呀？"

【问题分析】

家长提出这个问题的原因有如下三点。

1. 家长渴望自己的孩子能得到老师的关注。
2. 家长渴望自己的孩子能得到锻炼的机会。
3. 家长关注自己孩子的发展，开始关心教师的教育行为与孩子发展的关系，并为此感到焦虑。

【正确回应】

A方案

如果这位家长的孩子比较内向，那么面对家长的这个问题，幼儿教师可以这样来回应：

谢谢您关注我们的教育活动，谢谢您对我们的教育活动关注得那么仔细。谢谢您对我们的信任。

某某家长，您应该也了解您的孩子比较内向、胆怯。如果没有准备好，没有绝对的把握，那么她就不会举手争取回答问题的机会。如果她没有举手，但是我在上课时强行提问她，那么她会更加紧张、胆怯。如果被提问而又回答不了问题，那么会打击孩子的自信心，这样不利于孩子心理的健康成长。

我们近期正在准备××主题活动，您可以在家里和孩子准备相关的知识或技能，等你们准备好了就告诉我，我一定给您的孩子提供表现的机会——即使她不举手，我也会给她展示的机会，让她尝试突破自己。如果您家没有这方面的资料，我可以借给你们。

谢谢您对孩子成长的关心。

B方案

如果这位家长的孩子比较外向，那么面对家长的这个问题，幼儿教师可以这样来回应：

谢谢您关注我们的教育活动，谢谢您对我们的教育活动关注得那么仔细。谢谢您对我们的信任。

某某家长，您应该也了解您的孩子比较聪明，比较开朗，比较外向，比较活跃，平时她已经得到了很多表现的机会，所以今天我没有给她回答问题的机会。

平等性原则是我们必须坚守的一个教育原则。给每个孩子平等的表现机会，对所有的孩子都有好处，它能让孩子们形成"人人平等"的观念。这对其他孩子有好处，对您的孩子也有好处。这能够让她学会平等地与人相处，学会尊重其他小朋友的权利，而不让她形成"我聪明，机会都应该是我的"的观念。

我们会平等地对待每一个孩子，我们也期待孩子们能形成"人人平等"的理念，我们努力给每一个孩子平等的表现自我、发展自我的机会，努力为孩子们营造一个公平的成长环境，相信家长们一定会支持我们这样做。

谢谢您对孩子成长的关心，在适当的时候，我们一定会再次给您的孩子表现的机会。

谢谢。

【温馨提示】

为了有效地回应家长类似的疑惑,我们可以采取以下措施。

1. 针对家长开放日,要做好充分的准备。家长来参加家长开放日的主要目的有两个:一是,看看孩子在幼儿园里的表现;二是,看看老师如何对待自己的孩子。在家长开放日前,幼儿教师要先在这两个方面做好充分的准备,再向家长开放,否则,家长开放日不仅不能成为宣传科学的幼儿教育理念、展示幼儿园教育理念、展示幼儿教师专业能力和专业品性的机会,反而会成为家长质疑幼儿园工作的机会。

2. 充分了解每一个孩子。这是幼儿教师回应类似问题的基础。如果不了解孩子,那么你就无法与他(她)的家长进行有效的沟通。

3. 感恩家长们对幼儿园教育的关注。

问题63:孩子因没得到小红花而伤心,怎么办?

【问题情境】

昨天家长接孩子回家,孩子在回家的路上一直哭,孩子说:"妈妈,今天我没有得到老师发的小红花,我很想要老师发的小红花。"看到孩子如此伤心,妈妈却不知道该如何安慰孩子。

【问题分析】

家长提出这个问题的原因有如下三点。

1. 家长觉得孩子哭得可怜。

2. 家长感受到孩子很在乎老师发的小红花。

3. 家长期待"小红花"能更好地促进孩子的健康发展。

【正确回应】

面对家长的问题，幼儿教师可以这样回应：

谢谢您能向我们反映孩子的心理表现。谢谢您对我们的信任。

孩子如此在乎老师发的小红花，说明孩子有上进心——针对这一点，您可以表扬孩子，鼓励孩子。您可以先以同理心对孩子得不到老师发的小红花的心情表示理解："妈妈知道你很想得到老师发的小红花。"然后问孩子："宝宝，老师说你在哪方面做得不好呀？"等孩子回答后，再鼓励孩子明天努力做得好一点，争取明天得到老师发的小红花。

这时，万万不可跟孩子说："宝贝，别那么在意老师的小红花，老师的小红花不是钱，不是好吃的东西，因此，得不到老师的小红花也没有关系。"您也不能跟孩子说："我们家的宝宝是最好的，老师不给宝宝发小红花，是老师的错。"因为如此贬低孩子的老师，容易导致孩子蔑视老师及其教育，这将会让孩子终生受害。

我们老师也会多多关注您的孩子的表现，如果发现她有表现良好的地方，我们会及时表扬她，并奖励她小红花，以弥补她之前没有得到小红花的遗憾，同时激励她表现得更好。谢谢您的交流和信任。

问题64：孩子不愿意搭理老师，怎么办？

【问题情境】

霖霖3岁多，他去幼儿园已经大半个学期了。他跟小朋友们交往得还可以，经常和小伙伴们有说有笑。可是，他就是不愿搭理老师，老师问什么他都不吭声。早上入园时他不向老师问好，离园时也不跟老师说再见，偶尔只是向老师摆摆手。

【问题分析】

家长提出这个问题的原因有如下两点。

1. 家长期望孩子能变成热情的、喜欢与人打招呼的、人见人爱的孩子。
2. 家长采取过多种教育和鼓励的方法，但效果一直不明显。

【正确回应】

面对家长的问题，幼儿教师可以这样回应：

某某妈妈，您真是个细心且用心教育的妈妈。谢谢您对我们的信任。对于您提出的问题，我们将做如下分析和建议。

1. 您的孩子比较内向，属于慢热型的孩子。内向、慢热都是正常的，不是病态。

2. 孩子对老师有陌生感——我说的是感情上的陌生感。随着时间的推移，陌生感消失了，孩子自然会与老师打招呼，甚至亲热起来。

3. 给孩子一个适应的过程。当孩子有上述表现时，请不要批评孩子，因为您越是批评他，越是强迫他，他就越不愿意与老师打招呼。在这方面，我们老师今后会先主动热情地跟孩子打招呼，以我们的热情感染孩子，是我们之前做得不够好。在这里我向您表示歉意。

4. 家长以自己的热情感染孩子。在早上送孩子来园和傍晚接孩子离园时，家长应主动与老师打招呼，热情地与老师互动，慢慢地感染孩子，相信孩子在这方面也会逐渐变好。

5. 给予孩子及时的表扬和肯定。当孩子在与人打招呼方面有好的表现时，及时给予表扬和肯定。这样孩子就会不断地得到鼓励，不断地变得喜欢与人打招呼。

【温馨提示】

为了减少甚至避免家长提出类似的问题，平时幼儿教师可多向家长普及幼儿人际交往特点和规律方面的知识，让家长对孩子的人际交往有切合实际的期待，以免给孩子造成无形的压力，使其成为孩子成长的一种障碍。

问题65：孩子找借口不排练舞蹈，怎么办？

【问题情境】

最近幼儿园在排练运动会的开幕式节目，孩子们每天都需要排练舞蹈。从上周开始，婷婷会在排练节目时说自己肚子疼或脚疼以逃避跳舞。老师以为是真的便没有阻止她，但是回家后家长在和她的谈话中发现她是故意这样做的。家长和她谈过了，告诉她要坚持练习，不能找借口。爸爸为了鼓励她坚持练习，也参加了幼儿园的开幕式节目并参与排练，可她还是找借口不排练。

【问题分析】

家长提出这个问题的原因有如下两点。
1. 家长期待孩子坚持排练，但孩子感受不到跳舞的快乐，家长很纠结。
2. 家长希望能尽快走出这种纠结的状态。

【正确回应】

面对家长的问题，幼儿教师可以这样回应：
谢谢您能将孩子细微的心理和行为表现告诉我们。谢谢您对我们的信任。

对于您提出的问题，我们做如下分析和建议。

1. 孩子的心理和行为分析。

（1）孩子的舞蹈跟不上别人，学得吃力，她就没有兴趣了，就会找原因放弃。

（2）孩子觉得这项工作辛苦、无聊，不想承受这种无趣活动的压力。

（3）在舞蹈活动中，孩子的成就需要、表现需要没有得到适当的满足。

总之，孩子没能从跳舞中得到快乐。

2. 教育建议。

（1）了解孩子在幼儿园里的活动内容，找到相应的音频和视频材料，让孩子跟着学习舞蹈，让孩子学会、学好，进而有成功感和自豪感，有学习舞蹈的内在动机。

（2）带孩子到幼儿园外的培训机构学习舞蹈，让舞蹈变成孩子的强项。

（3）孩子跳舞表现不好，甚至不想参加舞蹈活动，请不要批评，更不要惩罚孩子，而要不断地鼓励孩子。

（4）跳舞并不是人生幸福的必备素质。如果孩子不感兴趣、缺乏天赋，那么可以不学舞蹈，让孩子有个快乐、有意义的童年比在痛苦中学习舞蹈更重要。

（5）让孩子参与更有意义、更有趣的活动，孩子感到自信比掌握什么技能都重要。

总之，努力让孩子从跳舞中得到快乐，如果经过努力，孩子仍然未能从跳舞中得到快乐，那就帮助孩子从其他方面追求人生的快乐。

【温馨提示】

为了减少或避免家长提出类似的问题，幼儿教师要向家长普及现代儿童观、教育观的知识，让家长正确理解孩子的兴趣与教育的关系，进而促进孩子的健康发展。

问题66：我想让孩子跳级，可以吗？

【问题情境】

"我的孩子是1月份出生的，我担心他按照正常的节奏读完幼儿园会耽误上小学的时间，于是想让他下学期从小班跳级到中班，然后5岁半上小学。"

【问题分析】

家长提出这个问题的原因有如下三点。

1. 家长渴望自己的孩子直接上大班，读完大班就可以上小学。
2. 家长不知道孩子能否上小学跟孩子的出生年月有关，跟是否读完幼儿园大班无关。
3. 家长希望孩子能早点儿上小学。如果继续留在现在的小班，那么孩子可能要到6岁零8个月才能上小学。

【正确回应】

面对家长的问题，幼儿教师可以这样回应：

某某家长，谢谢您能将自己在孩子教育方面的困惑与我们沟通和交流。谢谢您对我们的信任。

您希望孩子能早点儿上小学的心情我们能理解。但是，国家规定孩子满6岁才能上小学。据我了解，这方面的管理很严格，就算孩子差几天不满6岁仍然不能上小学。

另外，如果孩子由小班直接跳级到中班，那么您的孩子在年龄上与中班的其他孩子至少会差半年。对于这个年龄段的孩子来说，他们各方面的发展水平会差很远。这样会给您的孩子造成很大的身心压力，甚至会摧毁孩子的自信心，这对孩子的一生来讲可能都是一个阴影，都是一种伤害。

对于一个4岁多的孩子，转班会让他失去许多以前的朋友和熟悉的老师，这是很令人痛苦的，而且让他重新适应新的老师和新的小伙伴也是一个极其痛苦而漫长的过程。因此，我们不建议您让孩子由小班直接跳级到中班学习，这是一种得不偿失的做法，也是一种后果十分严重的做法。

【温馨提示】

幼儿教师应对家长进行幼儿年龄特征和小学入学条件等知识的普及，避免家长在这些方面有不科学的想法、要求和做法。

问题67：孩子6周岁，可以上小学吗？

【问题情境】

"我的孩子在今年的8月18日刚满6周岁。身边的朋友都建议我等明年孩子满7周岁后再送她上小学一年级；但我担心女孩以后年龄太大会影响她后续的学习。因此，我的内心十分矛盾。"

【问题分析】

家长提出这个问题的原因有如下三点。

1. 家长希望自己的孩子按时上小学，并且感觉孩子比较成熟。
2. 听完朋友们的意见后，家长担心孩子年龄太小，提前上小学会影响其学习。
3. 家长关心孩子的学习与成长。

【正确回应】

面对家长的问题,幼儿教师可以这样回应:

谢谢您对我们的信任。

按照国家规定,孩子满6岁就可以上小学了。国家做出这样的规定是有科学根据的。您不用担心。如果您真的很担心,那么您可以带孩子去和小学老师交流,让小学老师根据孩子的表现给您更专业的意见。

不过,如果孩子6岁上小学显得稚嫩,那么在孩子读一、二年级时,家长一定要跟紧她的学习,不要让孩子在学习上掉队。等三年级后,一切就正常了。

祝顺利。

【温馨提示】

为了减少甚至避免家长类似的疑惑,幼儿教师应该通过有效的平台和途径将国家关于孩子入学的规定传达给家长,以减少他们的相关焦虑。

问题68:孩子学习总是不专心,怎么办?

【问题情境】

壮壮都3岁多了,每天从早到晚只知道玩,学习的时候特别容易分心。家长听说从小养成良好的习惯特别重要,因此担心孩子的不专心会影响他今后的学习和发展。

【问题分析】

家长提出这个问题的原因有如下两点。

1. 家长对孩子注意力发展的特点不了解。
2. 家长期待孩子能安静地坐下来，专心地学习知识和技能。

【正确回应】

面对家长的问题，幼儿教师可以这样回应：

某某家长，您好！谢谢您对我们的信任。

幼儿期的孩子不需要静静地坐下来学习，他们的主要任务是玩——与小伙伴玩、与玩具玩，学习不是这个年龄段孩子的主要任务。注意力不稳定是他们的典型特点，3岁孩子的专注时间只有5分钟左右，"不专注"是他们存在的一个普遍的发展性问题。随着年龄的增长，他们专注的时间会不断地增加。

如果您想让孩子的注意力得到更好的发展，那么可采取以下几种方法。

1. 让孩子学习拼图或下棋：让孩子学习拼图，并逐渐增加拼图的难度；让孩子学习简单棋类的玩法。

2. 在孩子听故事前先向他提出问题，让孩子带着问题去听，听完后回答。家长还可以要求孩子在听完故事后把故事的内容复述一遍。

3. 经常让孩子帮助家长拿各类小东西，从一件到几件不等，并且要求孩子一次完成："请你帮我拿一个苹果、一把小刀、一些纸巾和几个牙签。"家长还可以经常让孩子做传口信的人："告诉外公，今天晚上9点中央电视台有他喜欢的节目。"孩子所传达的内容一开始可以是简短的一句话，然后可以是长一些的语句。

4. 让孩子听图书的配套音频。现在很多图书都有与其内容相一致的音频材料。听音频和直接观看电视节目的不同之处在于：在看电视节目时，孩子对电视故事的理解取自画面,也就是主要通过看来理解故事,但长时间看电视对眼睛有损害;而在听视频时,孩子主要是通过听来理解故事,同时可以对照书中的图片加深理解。这种以听讲为主的学习方法,对孩子将来的学校学习有非常大的帮助。孩子在听、看的过程中不仅能够丰富知识,提高自身对事物的理解能力,还能够培养其安静、集中注意力听讲的好习惯。

5. 增加一些专门的训练。

(1) 让孩子依次找出大小不同、次序错乱的数字。

(2) 让孩子把数字按顺序连接起来,组成各种有趣味的画面。

(3) 给孩子1~2分钟的时间观察几样物品,然后撤掉其中的一个或两个,请孩子猜什么东西被撤掉了。

(4) 教孩子跟随家长说话,家长完整地说一句话后,先说前面的半句,然后让孩子说后面的半句。

(5) 把几种不同形状的东西放在孩子看不见的口袋里,让孩子闭上眼睛去摸,然后提问孩子:"有几样东西?""都是些什么?""你是怎么知道的?"

只要家长持之以恒地对孩子进行训练,相信孩子的注意力一定会得到很大的提高。

【温馨提示】

为了减少或避免家长类似的疑惑,平时幼儿教师应该利用各种平台和途径,有效地向家长传达有关幼儿发展和幼儿教育的知识,让家长对孩子及教育有更加全面和正确的认识。

问题69：我每天没多少时间教育孩子，怎么办？

【问题情境】

家长觉得挣钱很重要，事业很重要。挣钱和事业消耗了家长绝大多数的时间，他们没有时间陪伴孩子，没有时间教育孩子，内心虽然可能有点愧疚，但内心仍然把挣钱和事业排在孩子的前面。

【问题分析】

家长提出这个问题的原因有如下两点。

1. 家长隐约觉得孩子的教育也很重要。
2. 家长为了挣钱和事业，真的没有多少时间陪伴和教育孩子。

【正确回应】

面对家长的问题，幼儿教师可以这样回应：

某某家长，谢谢您能与我们沟通和交流孩子教育方面的问题。谢谢您对我们的信任。

教育是有时效性的，家长对孩子的最佳教育时间就是孩子生命的前6年。在前6年，如果家长不好好陪孩子、引导孩子，那么以后再想教育好孩子就会很难——即使您付出几倍的代价，也不一定能取得预期的教育效果。李嘉诚说过："任何事业的成功，都无法弥补孩子教育的失败。"因此，我极力建议您，不管有多忙，一定要抽出时间来陪伴孩子。孩子的健康成长需要父母高品质的陪伴。所谓高品质的陪伴，就是在陪伴孩子时，父亲或母亲全心全意地和孩子一起互动，心无旁骛，没有跑神，没有想着工作，没有想着压力（固然这些都存在，但不要把这些带到您与孩子的互动中)。

您可以通过以下几种方法来为孩子提供高品质的陪伴。

1. 和孩子一起读书,给孩子讲故事。

2. 和孩子一起游戏或打球。

3. 和孩子一起听音乐、唱歌。

4. 和孩子一起坐在沙滩上听海浪的声音,谈谈对大海的感受。

5. 和孩子一起爬山、一起坐在地上观察小动物、小花和小草。

6. 和孩子在动物园里一起看动物表演,分享其中的快乐。

7. 和孩子在动物园里一起观察动物的生活,分享其中的知识。

8. 和孩子一起欣赏动画片,并且一起享受其中的快乐。

9. 每天至少与孩子玩15分钟亲子游戏。

10. 专注地倾听孩子。在听的过程中,简单地回应"嗯""哦""哇""是""是哦""然后呢?""还有呢?""接下来呢?"等即可,让孩子觉得您在专注地听——没有评判,没有轻视,没有打断,更没有指责、质问、藐视和打击。

11. 不要在陪伴孩子时玩手机和电脑,或者看电视。

让我们一起努力来促进孩子的健康发展。

【温馨提示】

幼儿教师要发挥专业上的引领作用,让家长了解陪伴对孩子健康发展的意义,并且给予他们方法和策略上的指导,让他们的陪伴更加有利于孩子的健康发展。

问题70：孩子认为老师讲的都是对的，家长讲的都是错的，怎么办？

【问题情境】

在与家长交流时，孩子经常用"我们老师说……""我们老师就是这样说的"来为自己辩护或反驳家长的观点。孩子甚至觉得老师讲的都是对的，家长讲的都是错的，搞得家长在孩子面前一点教育力度都没有，家长为此感到很苦恼。

【问题分析】

家长提出这个问题的原因有如下两点。
1. 孩子用老师说过的话来反驳家长，家长觉得有点不可思议。
2. 家长期待自己在孩子面前有威信。

【正确回应】

面对家长的问题，幼儿教师可以这样回应：

某某家长，谢谢您与我们分享您在教育中的困惑。

孩子认为老师讲的都是对的，是由于老师在孩子的心目中树立了良好的威信，这对孩子接受老师的正面教育是有帮助的。家长不要因为孩子"偏爱老师"而吃醋，也不要因此贬低老师。如果老师真的有错误，请不要"就事论人"地贬低老师，可以就事论事。

当然，我们老师也会告诉孩子：作为成人，家长和老师一样知道很多东西，也应该向爸爸妈妈学习。相信通过我们的共同努力，您所担忧的情况会有所改善。

【温馨提示】

幼儿教师应该通过各种平台告诉家长,不管孩子说教师的"好话",还是"坏话",都要从有利于孩子发展的方向引导孩子,让孩子从正面认识教师,这将会让其终身受益。

问题71:孩子问我别的小朋友怎么不理她,我该如何解释?

【问题情境】

小霞4岁多了,特别喜欢找其他小朋友玩,但小区里有些小朋友任凭小霞怎么叫,怎么打招呼,就是不理她。小霞时常问妈妈:"××为什么不理我?"妈妈不知道该如何向她解释,也不知道该如何引导孩子才有利于其健康发展。

【问题分析】

家长提出这个问题的原因有如下三点。
1. 家长认为孩子间应该热情互动。
2. 家长认为孩子间的热情互动有利于孩子的健康发展。
3. 家长不明白其他小朋友为什么会如此冷漠。

【正确回应】

面对家长的问题,幼儿教师可以这样回应:

某某家长,谢谢您与我们分享您的孩子的遭遇。

您可以这样对孩子说:"你主动向小朋友打招呼是对的,你真是一个懂礼貌的孩子。你叫某某,她不理你,可能是因为她在专注地想问题,没有听到你的喊

话，或者她今天心情不好，又或者她有点胆怯。下次有机会，你可以拿玩具和她一起玩。相信等她与你熟络后，她就会成为你的好朋友。"

注意：不要乱说别人的坏话，以免误导孩子。

【温馨提示】

幼儿很可能会对小伙伴产生误解，家长在处理类似的问题时，应该多从如何做更有利于孩子健康发展的目的出发，引导孩子从善意的角度理解同伴，化解同伴间的隔阂或冲突，进而提高孩子与人交往的乐趣和能力。

问题72：你们怎么能让我的孙子自己洗手呢？

【问题情境】

平时在家里小勇主要由爷爷奶奶照顾，什么事情他都不用自己做，爷爷奶奶都会帮着做。有一天，小勇的奶奶到幼儿园里参加家长开放日活动，她来到班上看到小勇正在自己洗手就立刻大喊："啊，你是自己洗手呀？！"

【问题分析】

家长提出这个问题的原因有如下三点。

1．家长认为孩子还小，成人能帮孩子做的都应尽可能地帮孩子做，或协助孩子做。

2．家长有足够的时间和精力给予孩子周到的照顾。

3．家长认为周到的照顾对孩子的健康成长无碍。

【正确回应】

面对家长的问题，幼儿教师可以这样回应：

小勇奶奶，您好。看来您在家里把小勇照顾得很周到、很细致，甚至连他的小手都帮着洗了。您看，我们幼儿园里的所有小朋友都是自己洗手。您家小勇长大了，他很能干，并且能自己将手洗得很干净。不信等一下您在旁边看看他是如何洗手的。

我们幼儿园会为孩子提供适当的帮助，但是孩子能自己做的事情，我们一定会让他们自己做。如果在初期孩子不会做，那么我们会努力地教他们，然后放手让他们自己做。对于一些能力有限且需要特殊照顾的孩子，我们一定会给予适当的关照。

您在家里也可以让小勇试试自己洗手，并且让他做自己力所能及的事情，您会发现小勇越来越能干。

让我们一起来促进孩子的健康成长吧。

【温馨提示】

家长需要幼儿教师提供科学家庭教育理念的引领。当然，这方面的引领需要讲究艺术。比如，当我们的做法与家长的做法相冲突，并且遭到家长的质疑时，我们回应的程序是：先表扬家长，然后肯定孩子在我们的正确教育下的进步，最后向家长提出我们的教育要求。如此，家长才比较容易接受我们的教育建议。

如果面对家长的质疑，我们不是这样回应，而是运用正确的教育原理来证明家长的错误（甚至愚蠢），那么家长在情绪和做法上可能会出现比较强烈的逆反，家园就很难达到教育上的一致，进而不能更好地促进孩子的发展。

问题73：你们是在雇用童工吗？

【问题情境】

孩子从幼儿园回家后告诉家长，老师让他们在幼儿园里擦桌子、拖地和洗碗。家长对幼儿园的要求感到不解，第二天送孩子入园时，便找到孩子的老师，质问道："老师，你们是在雇用童工吗？"

【问题分析】

家长提出这个问题的原因有如下三点。

1. 家长认为拖地、洗碗等杂事应该是教师或保育员的工作。

2. 家长认为孩子年龄还小，幼儿教师不应该让孩子做这些事，因为孩子们不可能做得好，可能还会有一定的危险。

3. 家长没有认识到适当的劳动有利于孩子的健康发展。

【正确回应】

面对家长的问题，幼儿教师可以这样回应：

某某家长，您好！谢谢您对我园教育工作的关注！

我们让孩子们做些力所能及的事，不是因为我们老师想偷懒，而是想培养孩子们的劳动意识、责任感和生活自理能力。我们相信，孩子们的责任心和能力会在这一过程中不断地提高。

即使孩子们做得不好，我们也不会批评他们，我们会及时提供指导，让他们做得越来越好。等孩子们进步了，他们的自信心、自豪感也会有所提升，他们做事的主动性也会有所提高。在这个过程中，我们会特别注意孩子们的安全，绝对不会让孩子们从事具有危险性的工作。

建议您在家里也让孩子做些力所能及的家务，我们一起来促进孩子的健康发展。

【温馨提示】

平时，幼儿教师应该通过微信公众号等网络平台宣传幼儿园的教育方式、教育方法、教育内容及其背后的教育理念，让家长明白幼儿园的做法及其理念，进而更好地理解和支持幼儿园的工作，促进幼儿的健康发展。

问题74：孩子喜欢自言自语，怎么办？

【问题情境】

家长时常看见自己的孩子自言自语——在玩的过程中自言自语，在发呆时自言自语。家长担心孩子是否有什么问题，但又不知道从何下手。

【问题分析】

家长提出这个问题的原因有如下两点。

1. 家长时常看见孩子自言自语，不知道孩子的此种表现是否正常。
2. 家长看见孩子自言自语，不知道怎么应对才更有利于孩子的发展。

【正确回应】

面对家长的问题，幼儿教师可以这样回应：

某某家长，您好！谢谢您能将自己的教育困惑与我们沟通和交流。

孩子这些自言自语的表现都是正常的。

孩子自言自语是他在思考问题，这是思维活动的一种表现。人的言语分为内部言语（一种隐蔽发音，默默无声，比较简略、压缩，与思维紧密联系的言语）和外部言语（相当于口头言语）。

幼儿的内部言语能力没有发展完善，所以他们在思考问题时常常表现为出声的自言自语。孩子的自言自语又可以分为游戏言语和问题言语。

孩子在做游戏时，常常是一边做动作，一边说话，这种言语好像是行动的伴奏。例如，孩子在游戏中扮演角色，一边做各种动作，一边叽叽咕咕地说话；又如，孩子在绘画中常用自言自语来补充不能画出的情节。孩子年龄越小，这种游戏语言越多。

孩子在遇到困难或感到困惑、怀疑、惊奇的时候，常常会在自言自语中寻找解决的办法。例如，幼儿在下棋时，常常自言自语地说："应该这样……不对……先走那个……这就好了……"4—5岁的孩子"问题言语"最丰富；6—7岁的孩子已经能够默默地用内部言语进行思考，只有当遇到困难时，才会出现自言自语。孩子在单独活动以及与不熟悉的人在一起时，自言自语最多；和父母在一起时自言自语就比较少；和小朋友在一起时，自言自语就更少。孩子的内部言语就是这样在自言自语的基础上逐渐形成的。

面对孩子的自言自语，家长不需要紧张，也不需要回应。如果有兴趣，家长可以听听孩子到底在自言自语什么，以便随后更好地与孩子交流和沟通。

【温馨提示】

幼儿教师应该通过微信公众号等平台向家长讲授那些易让家长感到困惑的教育内容（如孩子思维发展中的"易暗示性"，孩子想象发展中的"想象与现实混淆"，孩子言语发展中的"问题言语"等），以减少家长对孩子的误解和忧虑。

问题75：孩子时常跟自己的玩具说话，怎么办？

【问题情境】

在日常生活中，家长时常发现孩子会认真地和洋娃娃、玩具熊对话，时常与枕头"谈心"。当头碰到钢琴时，孩子会说"钢琴，对不起"；当奔跑中撞翻了椅子时，孩子会内疚地说"小椅子，对不起。我撞疼你了吧？"；当吃的东西不小心掉到地上了，孩子会说"你是不是不想让我吃呀？"……

【问题分析】

家长提出这个问题的原因有如下两点。
1. 家长对孩子这样的表现感到困惑。
2. 家长想了解如何应对才有利于孩子的健康发展。

【正确回应】

面对家长的问题，幼儿教师可以这样回应：

某某家长，您好！谢谢您与我们沟通和交流孩子的教育问题。

您所提到的孩子的这种表现，在心理学上叫作"泛灵心理"。瑞士著名的心理学家皮亚杰认为，幼儿期的孩子（特别是三四岁的孩子）普遍存在一种独特的心理现象——泛灵心理——就是这个时期的孩子有把所有的事物都视为有生命和有意向的东西的一种心理倾向。这个时期的孩子倾向于把一切东西都视作有生命、有思想感情和活动能力。孩子的泛灵心理，不但不会影响孩子未来的科学思维，反而有益于其智慧与情操的发展。

家长可以利用孩子的泛灵心理对孩子进行有效的教育。比如，在教育孩子不要把小凳子弄坏时，家长可以说："小凳子如果被摔了，一定会很痛的。""如果把它的腿弄断了，走起路来多难受啊！"孩子听到后，一定会非常注意爱惜凳子，甚至会轻轻地抚摸凳子。这样孩子爱护物品、爱护环境卫生的良好习惯就很容易形成。再比如，在教育孩子爱护花草树木、爱护小动物、爱护其他小朋友时，我们也可以利用泛灵心理，使他们对相应的人或物产生共情心理，进而形成同情心，使其爱护他人和物就像爱护自己一样。

【温馨提示】

幼儿教师应多向家长普及幼儿心理发展知识，让家长更好地了解自己的孩子，并根据这个年龄段孩子的心理特点进行有针对性的教育，进而有效地促进孩子的发展。

问题76：我们该如何给孩子选择玩具？

【问题情境】

家长经常会给孩子购买玩具，在这个过程中，家长会面临多种情况：有时是家长主动给孩子购买玩具；有时是被孩子要求购买玩具；有时家里已经有很多玩具了，孩子还要买；有时玩具刚买回来没多久，孩子就将这些玩具丢弃了……

【问题分析】

家长提出这个问题的原因有如下两点。

1. 家长期待玩具能更好地促进孩子的发展。
2. 家长觉得孩子频繁地购买和丢弃玩具是一种浪费。

【正确回应】

面对家长的问题,幼儿教师可以这样回应:

某某家长,您好!谢谢您能与我们沟通和交流孩子的发展与教育问题。

心理学研究表明,有什么样的玩具,就有什么样的活动,然后孩子就有什么样的发展。据此,在给孩子购买玩具方面,我们给您的建议如下。

1. 根据"互补性原则",选择适当的玩具,促进孩子心理的健康发展。

针对不喜欢活动、不合群的孩子要考虑为他准备一些需要几个孩子一起才能玩得起来的玩具,使他们在与同伴的共同玩耍中得到乐趣,并为其多准备些户外游戏的玩具,培养他们与朋友交往、互相协作的愿望和品质。相反,针对坐不住、注意力不集中的孩子,可准备一些能"稳住"他们的玩具(如积木、积塑、棋类、串珠等),这样有利于培养他们的毅力和注意的稳定性。

我们还可以选择制作性玩具,以转化那些粗枝大叶、性情急躁的孩子。例如,创设环境让孩子自由选择废旧物品、纸盒、小棒……孩子在专心玩弄和操作的过程中会产生敏锐的辨别能力,通过反复观察、比较、分类、归类的练习,他们能够认识到事物之间的关系,知道事物是有序的,从而在与物的相互作用过程中,巩固兴趣,并形成良好的学习习惯。

对于性格孤僻不爱动、沉默寡言的孩子,我们可以为他们提供动态的玩具(如惯性玩具、声控玩具等),让他们在轻松、自由、不受压制的游戏氛围中追逐汽车、飞机、坦克,踏着童车四处转,并和小伙伴一起共同操作、使用同一玩具。游戏的乐趣会有效地调动这些孩子参与活动的积极性、主动性,使他们产生愉快和自信的体验,逐渐形成活泼开朗的性格。

我们也欢迎小朋友将好玩的玩具带来幼儿园与大家分享,这有利于培养孩子乐于分享的亲社会行为。

2. 玩具的数量要适当。

许多家长认为，玩具越多，对孩子的发展越好，所以他们在购买玩具时很舍得投资，并且每次活动时都给孩子提供许多玩具，然后让孩子自由地选、自由地玩……研究表明，孩子面对的玩具过多，对他们的发展不但没有好处，反而会有许多消极的影响。

（1）过多的玩具常常使得孩子收藏玩具的兴趣取代玩玩具的兴趣，成为玩具的"收藏家"——只求占有某种玩具，以占有某种玩具为满足。这不但会使孩子的占有欲日益膨胀，而且会大大地降低玩具的教育功能。

（2）过多的玩具易使孩子被琳琅满目的玩具搞得晕头转向，无法安静、专心地玩某一玩具。孩子往往是从一种玩具玩到另一种玩具，一会儿玩玩这个，一会儿玩玩那个，以致对任何玩具都没有多大的兴趣，玩起来都不大热情。这种情况易使孩子养成散漫，注意力不集中、不稳定，做事不认真、不细致的习惯，以及喜新厌旧、见异思迁等不良性格。

（3）过多的玩具会使孩子无暇以自己的想法创造新的游戏。在这种情况下，"迷恋这些玩具的大部分孩子，与其说是在玩玩具，不如说是被玩具吸引、左右更符合事实"。孩子在玩这些玩具的过程中，其主体性（特别是创造性）并没有得到真正的发挥。

（4）过多的玩具会使孩子养成浪费的习性，不知爱惜玩具，随意弄坏玩具，严重者还会养成玩具"破坏癖"。

相反，适当的少量玩具可在一定程度上使孩子学会专心，同时有利于孩子研究旧玩具的新玩法，有利于充分挖掘玩具的潜在教育功能；另外，玩具稍有不足时，孩子会努力创造出自己所需要的玩具，这将有利于孩子能力（特别是创造力）的发展。

当然，玩具太少也不利于孩子身心的正常发展。一般来说，一个孩子通常有3~5种喜欢玩的玩具就够了。重要的是注意对玩具的精选和及时更新。玩具是孩子接触最多的和最喜欢的物品之一，我们应该利用它来更好地促进孩子心理的健康发展。

【温馨提示】

幼儿教师有引领家长的义务,并且家长特别需要得到幼儿教师的专业引领。在回应家长的提问时,教师应尽量做出正确的分析并给出科学的建议。针对较为典型的问题,幼儿教师可以将问题和回复加以整理,并将其发布在微信公众号等平台上,让更多的家长获得相关的教育知识。

问题77:孩子没到写字的年龄就自己拿画板写字,怎么办?

【问题情境】

家长通过各种渠道了解到,不宜教幼儿写字,因为过早学写字有许多消极影响。比如,孩子容易形成不良的学习习惯,上小学后容易厌倦学习或学习不专心等。可是如今自己的孩子"无师自通",自己拿出画板照着写……

【问题分析】

家长提出这个问题的原因有如下两点。

1. 家长担心孩子如此自学写字会影响其进入小学后的正式学习。
2. 家长不知道该如何正确地引导孩子。

【正确回应】

面对家长的问题,幼儿教师可以这样回应:

某某家长,您好!谢谢您与我们沟通和交流孩子的教育问题。

我们反对提前教孩子写字,理由主要有:

1. 孩子手的小肌肉没有发展好，正规写字对孩子而言会很吃力、很辛苦；

2. 孩子的观察力不行，很容易由于观察得不细致而写错字，进而打击他们的学习信心，影响他们以后的正规学习，甚至影响其人格的健康发展；

3. 过于持久地用力写字，孩子的手指可能会变形。

孩子用画板写字，其实就是孩子在"玩"写字，而不是学习规范化写字。对于孩子"画字"，就顺其自然吧。不逼孩子写字，也不反对孩子自主地"画字"。当看到孩子自主地"画字"时，家长可竖起大拇指表扬一下，让孩子积极地认识（不是会写）更多的字。当孩子积累了一定的识字量后，家长可以引导孩子阅读，并让孩子爱上阅读。

【温馨提示】

幼儿教师应该通过各种途径，对家长进行国家幼儿教育相关文件的有效解读，让家长真正理解文件的精神，进而减少他们对孩子成长的误解和焦虑。

第四章

回应幼儿心理行为类问题的机智

在幼儿家长提出的问题中,占比最多的就是关于幼儿心理行为方面的问题。这说明两点:a.家长特别关心孩子的心理行为问题;b.幼儿存在心理行为问题的现象比较普遍。针对家长所提出的孩子的心理行为类问题,幼儿教师的回应一定要科学合理,有理有据,通俗易懂,让家长能明白且会做,进而促进孩子心理和行为的健康发展。

一、回应幼儿心理行为类问题的原则

在回应孩子心理行为类问题时,应该注意以下三个原则。

(一)专业性原则

在向家长回应关于孩子的心理行为类问题时,幼儿教师一定要遵循专业性原则。对孩子心理行为类问题的认识和矫治都是很专业的问题,甚至有固定的程序和操作规范,因此幼儿教师必须首先掌握这方面的知识和技能,绝对不能信口开河,误导家长,耽误孩子的最佳矫治机会。比如,针对多动症、自闭症等心理行为类问题,幼儿教师不能凭经验、喜好就给孩子下结论,必须建议家长带孩子去专业机构进行专业诊断。

(二)操作性原则

虽然许多心理行为类问题是很专业的,但幼儿教师在向家长回应相关问题时,既要做到通俗易懂,又要具体且有可操作性。毕竟家长不是专业人士,如果教师抽象地讲解相关的原理或抽象地给家长提出专业的建议,那么家长可能会无法理解,也无法正确地执行,更不要说达到预期的教育效果。

(三)标本兼治原则

孩子的心理行为类问题是其心理状态的反映。因此,要矫治孩子的心理行为类问题,既要针对问题提出治标的措施,还要针对问题提出治本的措施。比如,针对孩子吸吮手指、咬衣角等行为,幼儿教师既要向家长提出丰富孩子的生活、让活动任务占满孩子的双手等治标之法,又要和家长努力寻找导致孩子内心不安、焦虑的原因,然后提出治本之策。只有标本兼治才能将孩子的心理行为类问题根治。

二、回应幼儿心理行为类问题的机智举例

下面将家长时常提到的一些比较典型的关于幼儿心理行为方面的问题及其回应思路提供给大家,希望大家能够从中得到启示。

问题78:孩子刚上幼儿园时会哭多久?

【问题情境】

"我的孩子还有半个月就上幼儿园了,通过各种渠道,我了解到孩子们在入园初期常常会哭闹,但我不知道孩子到底要哭多久才能适应幼儿园的生活,我为孩子将来对幼儿园生活的适应情况感到担忧。"

【问题分析】

家长提出这个问题的原因有如下三点。

1. 家长可能听到或看到别人家的孩子在初入园时有痛苦的哭闹表现,因此内心充满焦虑。
2. 家长担心孩子在入园时难以适应。
3. 家长没有掌握应对孩子入园焦虑的对策与方法。

【正确回应】

面对家长的问题,幼儿教师可以这样回应:

某某家长,谢谢您能将您的教育焦虑与我们交流。谢谢您对我们的信任。

孩子在第一次上幼儿园时，一般要哭一个星期左右，绝大多数的孩子在一个月内会适应幼儿园的生活，但是也有极少数的孩子会哭2~3个月。

由于生活环境的变化，孩子会不适应幼儿园里的生活，他们在初入园时哭一段时间是很正常的，家长不要为此过于担心。等孩子适应幼儿园的生活后，他们会发现在幼儿园里生活的乐趣，进而喜欢上幼儿园。

家长在家里可以做好以下工作，以便孩子在半个月后能更好地适应幼儿园的生活。

1. 在入园前，家长要有意识地和孩子经常谈论幼儿园，可以谈谈小时候的自己或者同事的孩子在幼儿园里的趣事，让孩子向往幼儿园生活。

2. 设法让孩子喜欢老师。家长应尽可能地表现出对老师的信任和喜欢，可以直接告诉孩子："我真喜欢某某老师，她笑起来真好看，讲话的声音真好听。"这些话会让孩子对老师产生好感。

3. 告诉孩子，每个小朋友长大了都要上幼儿园，要离开爸爸、妈妈一段时间，但这并不表示爸爸、妈妈不喜欢他了。家长可以和孩子玩幼儿园的相关游戏，让孩子慢慢地接受上幼儿园的事实。

4. 带孩子去幼儿园看看，熟悉一下环境。让孩子知道幼儿园是小朋友们学习本领、游戏和玩耍的地方，在那里他们能够玩许多新玩具，结交许多新朋友，从而让其消除陌生感，对幼儿园的新环境产生安全感和认同感。

5. 配合幼儿园的要求，让孩子学会自己吃饭，克服要别人喂饭或挑食等不良习惯。对于那些用奶瓶当水杯的宝宝来说，家长应该帮助其练习用杯子喝水。

6. 教孩子知道自己的学名，学会用语言表达自己的需求，学会和老师、小朋友打招呼（如学习说"早上好""再见"）；教孩子学会自己如厕，或者能主动地告诉成人："我要小便。""我要大便。"

7. 给孩子的衣服、鞋子等物品绣上名字或做好标记，并让孩子认一认，这样做便于孩子能在集体生活中分辨出自己的物品，也便于老师帮助孩子。

8. 家庭作息时间的安排应逐渐接近幼儿园的生活规律，早睡早起，饮食正常化。

9. 让孩子学会自己穿脱简单的衣服。对宝宝来说，脱衣服比较容易，家长可以让孩子先学脱衣服，再学穿衣服。

10. 父母可以先在熟悉的环境里（如家里、家附近的空旷地带）跟幼儿一起捉迷藏，让孩子找藏起来的父母一方。为了安全起见，父母中的另一方可以陪着孩子一起找。

以后可慢慢移至不熟悉而人又不太多的地方玩捉迷藏游戏，其目的就是增强幼儿对永久性客体的认识——知道只要妈妈是存在的，即使有一会儿或有一段时间看不见，妈妈最后还是会出现，以减轻幼儿对"妈妈不见了"的担忧。

11. 多带孩子到户外活动，多让其接触其他孩子，多和孩子讲有关独立、勇敢的故事或做一些相关主题的游戏。

12. 届时不管孩子哭与不哭，家长都要坚持送孩子到园，父母在送孩子时的犹豫将会延长孩子对幼儿园生活的心理适应期。

13. 平时不要用幼儿园及幼儿园老师来吓唬孩子，否则孩子会更加害怕去幼儿园。如，不要跟孩子说："你再不听话，就送你去幼儿园。""你再不听话，就打电话让老师批评你。"……

相信我们一起配合，您的孩子一定能很快地适应幼儿园的生活。

【温馨提示】

为了减少甚至避免家长类似的疑惑，我们可以采取以下措施。

1. 做好入园前的家访工作。在孩子入园前的一个星期展开家访，除了完成基本的家访任务外，更重要的是和孩子建立初步的情感基础：带些小玩具送给小朋友，并且和他玩一会儿，录一个自己讲得最好的故事发给孩子听，最后抱着孩子合影再走。合影不是为了留念，而是为了让孩子的妈妈将合影设置为手机或电脑的屏保壁纸,每天不断地提醒孩子——这就是你上幼儿园后照顾你的某某老师,她……,她可好了……让孩子熟悉、喜欢老师,为孩子顺利地度过适应期创造条件。

2. 积极地向家长普及孩子入园的相关知识,让家长了解孩子的入园焦虑及其有效的应对措施,降低家长因孩子入园而产生的焦虑。

问题79: 孩子刚入园一周,就不想去幼儿园了,怎么办?

【问题情境】

孩子刚去幼儿园一个星期,每天早上起床后,他都会哭闹着说不想去幼儿园,家长只能强行把孩子带去幼儿园,每天都要经历一番生离死别似的场景。对此,家长感到很难过,心情很不好。

【问题分析】

家长提出这个问题的原因有如下三点。

1. 家长不明白孩子为什么不想去幼儿园。
2. 家长希望孩子能高高兴兴地去幼儿园。
3. 家长找不到有效的办法让孩子高高兴兴地去幼儿园。

【正确回应】

面对家长的问题,幼儿教师可以这样回应:

某某家长,谢谢您及时跟我们反映孩子的新情况。谢谢您对我们的信任。

孩子去幼儿园一个星期后,不想去幼儿园,这是一种很正常的现象。这也说明,孩子还没有适应幼儿园的生活,还没有从幼儿园的生活中得到快乐——

在幼儿园里不如在家里自由，不如在家里时常有人爱、有人疼，不如在家里吃得好，不如在家里可以看电视、玩手机……可以随心所欲，想做什么就做什么。

但是，孩子进入幼儿园是其走向社会的第一步。如果我们迁就孩子，随孩子的性子，他不想去幼儿园，就不去幼儿园，那么这将给孩子今后的发展带来障碍——不喜欢进入社会，不喜欢离开家，不喜欢的事情就不做……

因此，家长正确的做法如下。

1. 展现同理心。"妈妈知道你暂时不喜欢幼儿园，妈妈小时候刚刚去幼儿园时也不喜欢幼儿园，但是后来妈妈慢慢地就喜欢上幼儿园了。妈妈相信你一定也会慢慢地喜欢上幼儿园。"

2. 多说幼儿园的好话。"幼儿园里有许多好玩的活动、新奇的玩具、有趣的小朋友，李老师、黄老师都说很喜欢宝宝！昨天，黄老师还夸宝宝能干，会自己吃饭、自己穿衣服了。"

3. 不批评孩子，更不骂孩子。因为批评和谩骂会让孩子觉得幼儿园更加恐怖，进而更加不想去幼儿园。

4. 多给孩子积极的语言暗示。每天在接孩子时，可以和孩子聊一聊幼儿园里发生了哪些快乐的事，多问："今天你在幼儿园里参加了哪些有趣的活动？""今天你和哪个好朋友一起玩了？"……如果孩子乐于去幼儿园了，那么一定要及时地表扬和鼓励他，甚至适当地奖励他。

万万不可给孩子消极的暗示——"今天有没有小朋友欺负你呀？""今天你被老师批评了吗？""今天你在幼儿园里哭了吗？"……否则，一切不顺心的事都会涌上心头，孩子就更加不想去幼儿园了。

5. 坚持送孩子去幼儿园。全家人的态度一定要一致且坚决。不管孩子对幼儿园的态度如何，都一定要送孩子上幼儿园——因为家长的犹豫会让孩子更加不想上幼儿园。孩子不想去幼儿园，也要坚持送他去，相信经过一个月左右孩子就能适应，就能从幼儿园的生活中找到快乐，并喜欢上幼儿园。

6. 在送孩子入园方面，家长要意见一致，在行动上要前后一致，在态度上要一致——没有特殊的身体问题，就一定要送孩子上幼儿园。

7. 引导孩子和同小区的同班小朋友一起相约同一时间上幼儿园，这可以增加孩子去幼儿园的内在动力。同时有相好的小朋友一起上幼儿园，等感情加深后，孩子在班里就会有更多和朋友一起玩耍的乐趣。

8. 按时接送孩子。不要总是最后一个去接孩子，否则孩子真的不想去幼儿园。在前面的2个月里，一定要准时到园将孩子接回家，这一点非常重要。

9. 让孩子感受到"家长和老师是朋友"。平时，通过语言、热情和肢体动作，主动与老师打招呼，主动与老师交流，在孩子面前表现出您和老师的关系很不错。当孩子确认老师是妈妈的好朋友时，他就不怕来幼儿园了，有事他就会向某某老师求助。

10. 平时不要用幼儿园及幼儿园老师来吓唬孩子——"你不听话，就把你送去幼儿园！""你不听话，就把你交给李老师，让她批评你！"——如此会让孩子觉得幼儿园是地狱，老师是恶魔！

要心平气和、积极地引导孩子，相信您的孩子会很快地适应幼儿园的生活。

【温馨提示】

为了减少甚至避免家长类似的疑惑，我们可以采取以下措施。

1. 将解决新生的入园焦虑当作全园的重要事件来抓。加强家长培训，群策群力，共同有效地解决孩子的入园焦虑问题。

2. 孩子不想上幼儿园的问题必须得到认真有效的解决。幼儿教师首先要将幼儿园办成孩子们向往的地方，然后再谈教育，再谈所谓的特色。如果一所幼儿园不能让幼儿喜欢，那么它绝对不是高质量的幼儿园。孩子是否喜欢来园，不仅关乎他们能否健康成长，还关乎幼儿园能否得到家长的认可、能否生存等重要问题。幼儿园必须倾全园之专业能力来解决孩子不喜欢来园的问题，并且将它当作一个常规课题开展经常性的研究，努力赢得幼儿的喜欢，将幼儿是否喜欢来园当作评价幼儿教师绩效的重要指标。期待大家能够关注这个问题，并努力解决这个问题。

问题80：孩子入园一年半了，为什么有时还是不想去幼儿园？

【问题情境】

上幼儿园一年多了，孩子仍然没有从幼儿园里找到快乐，上幼儿园的积极性不高，时常找理由不去幼儿园——孩子有时候会说肚子痛，有时候会说嘴巴痛。当听到爸爸妈妈说"你肚子痛，今天就不去幼儿园了，外婆在家里陪你"时，孩子立马高兴得又蹦又跳。

【问题分析】

家长提出这个问题的原因有如下三点。
1. 家长期待孩子每天都能高高兴兴地去幼儿园。
2. 家长的心中有疑惑：幼儿园里发生了什么事导致孩子不想去幼儿园？
3. 家长为孩子断断续续地不想去幼儿园所困扰。

【正确回应】

面对家长的问题，幼儿教师可以这样回应：

某某家长，谢谢您向我们反映您的孩子的情绪状态。谢谢您对我们的信任。

孩子有时候不想上幼儿园就和我们有时候不想去上班一样，这都是很正常的。

从心理来看，孩子不想上幼儿园的主要原因是他的需要没有得到很好的满足,也就是说孩子的需要在家里更容易得到满足。比如:在家里孩子比较自由,比较随意;在家里有比较多的零食可以自由取食;家长比较宠爱孩子,几乎所有的事情都任由他的性子去做等。

当孩子不怎么想去幼儿园时,家长应该这样正确地应对。

1. 问一问孩子为什么不想去幼儿园,然后采取相应的对策。

(1) 如果孩子仅仅是想要自由,那就没有可商量的余地,坚持将孩子送去幼儿园就好。告诉孩子,像他这个年龄的孩子都得上幼儿园,就像爸爸和妈妈都得上班一样。

(2) 如果孩子在人际交往方面有困难,那么父母要教会孩子正确地与人沟通的本领(如商量、轮流、换位思考、交换等)。家长还可以和孩子的老师进行适当的沟通,让老师帮助孩子学会与人交往和合作,并从中获得快乐。

(3) 如果孩子在学习上连续地碰到了困难,那么父母可帮助孩子有效地应对幼儿园的学习困难,让他感受到在学习中获得成功的快乐。

2. 果断、坚决地将孩子送去幼儿园。

所有家人的态度要保持一致,不要因孩子闹情绪或找理由就允许孩子不去幼儿园,否则哭闹和编造理由就会成为孩子达到目的的一种手段。坚持连续送几天,孩子就会发现不管怎么无理取闹都得去幼儿园,然后慢慢地努力适应幼儿园的生活,并慢慢地从幼儿园的活动中找到快乐。

上幼儿园是孩子成长的第一个社会化阶梯。如果父母随着孩子的性子,任由其想去就去,不想去就不去,那么这将会让孩子终生受害,孩子在上小学后也会认为上不上学是很随意的!家长一定要记住:孩子上幼儿园的重要性不在于学到什么知识,重要的是要让孩子养成良好的品性(如有责任感、不怕困难、迎难而上、保持理性等)。

往后,我们老师也会注意您的孩子的表现,我们会创造机会让他感受到老师很爱他,让他在班级活动中有表现自我的机会,我们将重点帮助他融入小伙伴，让他真实地感受到幼儿园的快乐——活动的快乐、交往的快乐、成功的快乐、自我表现的快乐、爱的快乐。有快乐了，幼儿园就会成为孩子向往的地方。

让我们一起努力来帮助孩子从幼儿园的学习和生活中得到快乐，进而让幼儿园成为孩子心中真正的乐园。

【温馨提示】

为了减少甚至避免家长类似的疑惑，我们可以采取以下措施。

1. 把"将幼儿园办成孩子们喜欢的幼儿园"当作办园的重要任务。幼儿园需要努力，教师也需要努力，努力让幼儿园有好玩的环境、好玩的玩具、好玩的活动、好玩的小伙伴、好玩的教师。

2. 科学地引领家长。幼儿教师平时要注意通过各种途径向家长普及幼儿教育的科学知识，让家长对幼儿教育、对孩子的心理及特点都有所了解，并为其提供相应的措施。线上和线下教育相结合，疏通各种沟通渠道，让家长及时了解孩子的各种心理现象及应对措施。

问题81：能不能让孩子一天去幼儿园，一天在家？

【问题情境】

糖糖去幼儿园一个多星期了，每天都哭得很厉害，哭到家长都心疼了。家长便想出了一个主意，就是让孩子一天去幼儿园，一天待在家里。等孩子完全适应了幼儿园的生活后，再让孩子正常地天天上幼儿园。

【问题分析】

家长提出这个问题的原因有如下三点。

1. 孩子在初入园时不适应，家长也不适应。

2. 家长没有办法解决孩子在入园初的不适应，也不能解决自己的不适应。

3. 家长不了解孩子在入园初不适应的相关知识。

【正确回应】

面对家长的问题，幼儿教师可以这样回应：

某某家长，谢谢您能将孩子的情况及您的感受告诉我们。谢谢您对我们的信任。

在一般情况下，孩子在初入园时都会哭1~2个星期，所以您的孩子哭是比较正常的，您不用过多地担心。在1~2个星期后，孩子就会适应幼儿园的生活，就能从幼儿园的生活中找到快乐了。

我们认为您的想法——孩子哭得厉害，就让孩子去一天幼儿园，然后在家里待一天——不妥！因为这样做会延长孩子对幼儿园生活的适应期。请相信孩子的适应能力，如果没有十分特殊的情况，请果断、坚决地天天按时送孩子去幼儿园，1~2个星期后孩子就会基本适应幼儿园的生活。

请相信孩子！请给孩子一个主动适应的过程！

问题82：孩子请假后不愿上幼儿园，怎么办？

【问题情境】

兰兰已经上中班了，前段时间她因病住院请了两个多星期的假。现在她总是不愿意去幼儿园，而且一准备去幼儿园就哭闹。无论家长如何威逼利诱都不管用，家长感到很困惑，也很无奈。

第四章 回应幼儿心理行为类问题的机智

【问题分析】

家长提出这个问题的原因有如下三点。

1. 家长为孩子不愿意去幼儿园感到焦虑。
2. 家长试过许多办法都没有用。
3. 家长期待孩子能快快乐乐地去幼儿园。

【正确回应】

面对家长的问题,幼儿教师可以这样回应:

某某家长,谢谢您能向我们反映孩子的情绪状况。谢谢您对我们的信任。

您的孩子出现这种情况属于正常现象。孩子因病离园久了,就会对幼儿园产生陌生感:对环境陌生了,对老师陌生了,对小伙伴也陌生了,对幼儿园的活动也不适应了。

针对孩子的问题,我们给您的建议如下。

1. 体谅并接纳孩子的情绪。不批评孩子,不训斥孩子,因为孩子正处在艰难时刻,这时父母应该对她说:"我知道你对幼儿园的生活有点不适应了,而且你的心里有点难过。但是妈妈相信过一段时间你就能适应幼儿园的生活,就能像以前一样快乐地和小朋友们玩在一起。"

2. 按时接送孩子。时间到就将孩子送去幼儿园,不要犹豫,否则孩子的适应期会延长;接孩子的时间到了,一定要按时接孩子,这对减缓孩子的内心不适有帮助。

3. 将孩子送到幼儿园并简单地告别就走,不要因为孩子情绪不好而在幼儿园里徘徊,否则孩子的心理适应期也会延长。把孩子交给老师后就和孩子说:"宝宝再见,下午一放学妈妈就来接你。"说完就走。

4. 在接孩子时,应和孩子谈谈幼儿园里快乐的事情——今天玩了什么好

玩的游戏？今天和哪个好朋友玩了……

5. 表扬、肯定孩子，鼓励孩子明天按时去幼儿园。

问题83：孩子转园后，逐渐出现适应不良，怎么办？

【问题情境】

晓童去年已上过一年幼儿园，今年转学到C园。他在开学第一周的前四天表现很棒，但到第五天时他表现出对妈妈的依赖，希望妈妈留下来陪他。到第二周，前两天他都是抱着妈妈的腿不让走，老师将他接过去后，他就号啕大哭……但离园时他又表现得很好，说自己在幼儿园里很开心……另外，在入园晨检时，晓童也表现得特别扭捏，老是躲在妈妈的后面，不配合检查。

【问题分析】

家长提出这个问题的原因有如下三点。

1. 家长没有意识到转园对孩子来说有多么艰难。
2. 家长发现孩子在适应新园时出现了一些困难，但无法有效地帮助孩子。
3. 家长期待孩子能够尽快地适应新园的生活和学习。

【正确回应】

面对家长的问题，幼儿教师可以这样回应：

谢谢您对孩子情绪的关注。谢谢您对我们的信任。

针对您的孩子存在的新园适应问题，我们给您提出如下建议。

1. 不管如何，非特殊情况，要坚持天天送孩子去幼儿园。家长的犹豫会延长孩子的适应期。

2．引导并帮助孩子多和班里的小伙伴交朋友。平时多与孩子谈谈幼儿园的好，了解孩子喜欢与哪些小朋友玩，然后有意地约相关家长带孩子一起外出游玩，让孩子在幼儿园里有好朋友，有快乐，孩子就会喜欢上幼儿园。如果新班里有本小区、本单元里的孩子，努力以"走出去，请进来"的方式，让孩子快速地与他们成为好朋友。

3．从旧园转向新园确实会给孩子带来很大的困扰，父母应该多谅解孩子，支持孩子的不断成长。

4．和孩子的老师多沟通，请其多关照孩子的适应问题，多鼓励，多支持。

5．失去以前的朋友对孩子来说很痛苦。无论出现多么不好的情况，请不要批评孩子，要多给孩子一些鼓励，给孩子一个适应的过程。

我们老师平时也会多给您的孩子一些关爱，多给他一些表现的机会，多帮助他早日融入我们班的集体生活。希望我们通过共同努力，帮助孩子尽快地适应幼儿园的新生活。

问题84：孩子在家里爱说话，在幼儿园里不爱说话，怎么办？

【问题情境】

阿雄4岁多了，他在幼儿园里极少跟老师和小朋友交流，可是在家里却表现得很喜欢说话，经常和爸爸妈妈、外公外婆说个不停。家长对孩子的"反差"感到不理解。

【问题分析】

家长提出这个问题的原因有如下三点。

1．家长为孩子在幼儿园里不爱说话感到焦虑。

2. 家长不明白孩子在幼儿园里一年多,为什么总是不主动说话。

3. 家长希望能改变孩子在幼儿园里不爱说话的现状。

【正确回应】

面对家长的问题,幼儿教师可以这样回应:

某某家长,谢谢您将自己的困惑告诉我们。谢谢您对我们的信任。

针对您提出的孩子的心理行为问题,我们给您如下建议,希望能对您教育孩子有所帮助。

1. 少批评,多鼓励。孩子之所以会出现当前这种局面,有先天的影响因素,也有后天的影响因素。家长唯独能做的就是不断地鼓励孩子,而不能批评,更不能谩骂孩子。

2. 多带孩子外出与小朋友玩耍,并且教会孩子一些与人交往的技能(如交换、协商、分享等),相信孩子在掌握这些交往技能后会慢慢地变好。

3. 培养孩子1~2项技能并形成一定的优势,这样孩子在小伙伴面前就有了自信心,同时容易赢得小伙伴的认可、羡慕,朋友也会逐渐地多起来。如,大家都学轮滑,您也可以让孩子学。等孩子掌握了这些技能,他就会更容易融入小伙伴的群体中。

4. 给孩子购买一些需要几个人才能玩的玩具,并且让孩子将其带到小区里和其他小朋友玩。在老师允许的前提下,也可以将玩具带到幼儿园和小朋友们一起玩,如此一来,孩子的交往欲望就会提高,朋友也会逐渐变多。

5. 带些小礼物跟本班的小伙伴们分享。这样做会让孩子赢得许多好人缘。

我们老师也会创造条件,让您的孩子多与小伙伴们交流和玩耍。让我们一起努力来帮助孩子尽早走出当前的困境。

问题85：孩子想待在家里陪奶奶玩，怎么办？

【问题情境】

晓玉5岁了，正在上大班。国庆前晓玉的爷爷去世了，妈妈便给她请了几天假，接着又放国庆长假，晓玉大概有12天没去幼儿园。国庆收假后晓玉正常去了幼儿园，但是从大前天开始闹情绪，不想去幼儿园，父母只能哄着她去。今天晓玉变本加厉，怎么哄都不愿意去幼儿园，一路上哭闹了许久。家长问晓玉为什么不想去幼儿园，晓玉说自己就想待在家里和奶奶玩。

【问题分析】

家长提出这个问题的原因有如下两点。
1. 家长为孩子不想上幼儿园感到纠结。
2. 家长希望孩子还是像以前一样喜欢上幼儿园。

【正确回应】

面对家长的问题，幼儿教师可以这样回应：

某某家长，谢谢您能将孩子的情况向我们反映。谢谢您对我们的信任。

孩子出现这种现象是很正常的，因为她习惯在家里过自由自在的生活。对于孩子的这种表现，不要批评她，也不要表现出对她不想去幼儿园的不满。您可以跟她说："我知道你想在家里陪奶奶玩，不过，小朋友们都得去幼儿园。等放学时，妈妈会按时接你回来，然后你再跟奶奶玩。"

不要因为孩子哭闹就犹豫，一定要坚持天天送孩子去幼儿园。在这方面家长的态度要坚决，行动要一致，两个星期后孩子就会回到从前。当然，孩子从幼

儿园回来后，家长要多陪伴孩子，多和孩子玩游戏，多跟孩子交流，多给她讲故事等。

问题86：孩子一进幼儿园大门就不哭了，这是怎么回事？

【问题情境】

萌萌在小班就读4个月了，她每天在来园的路上总是哭闹个不停，说不想去幼儿园。可是一进幼儿园大门，她就不哭不闹了，好像是要好好表现，然后给小伙伴和老师留下好印象似的。

【问题分析】

家长提出这个问题的原因有如下三点。
1. 家长不理解仅一门之隔，孩子竟然有这么大的差别。
2. 家长想了解其中的原因。
3. 家长期待孩子能高高兴兴地上幼儿园。

【正确回应】

面对家长的问题，幼儿教师可以这样回应：

某某家长，谢谢您能将孩子的这一特殊表现反映给我们。谢谢您对我们的信任。

孩子在家里或来园的路上哭闹着说不愿意上幼儿园，这时的哭闹是手段，她是想通过哭而达到不去幼儿园的意图。在家里孩子经常哭，那是因为她的哭，特别是努力地哭经常能达到目的。

进入幼儿园后，孩子不哭了，其根本原因是她知道在幼儿园里哭是没有用的——没有人会因她的哭闹而放弃原则，所以她就不哭了。

问题87：孩子总是一个人玩，怎么办？

【问题情境】

小彤已经入园3个多月了，还总是一个人玩，显得很不合群。看到别人家的孩子与小伙伴们开心地玩着，而自己家的孩子孤单地待在一边，家长为孩子的人际交往状况感到焦虑。

【问题分析】

家长提出这个问题的原因有如下两点。
1．家长不了解这个年龄段孩子的人际交往特点。
2．家长想快速改变孩子的这种"孤独"状况。

【正确回应】

面对家长的问题，幼儿教师可以这样回应：
某某家长，谢谢您能将您的困惑与我们沟通和交流。谢谢您对我们的信任。儿童发展心理学研究表明，孩子的游戏发展主要经历以下六种游戏阶段：
1．无所事事阶段（玩自己的身体）；
2．旁观阶段（看别人玩）；
3．独自游戏阶段（只专注自己的活动，不注意别人在干什么）；
4．平行游戏阶段（与别人一起玩，但各玩各的，不受影响和干涉）；
5．联合游戏阶段（一起玩，相互追随，但无组织分工，只做自己想做的事）；
6．合作游戏阶段（有目的、有组织、有分工地玩）。

您的孩子3岁多，正处在独自游戏和平行游戏阶段，因此，孩子经常一个人玩是很正常的表现。

3岁多的孩子"独自玩"是其发展中的一个过程性问题。随着年龄的增长，交往经验的积累，孩子慢慢地就会走出"独自玩"的状态，进而融入小伙伴的游戏中。家长对孩子不喜欢交往的表现不要过于焦急，不要批评孩子，更不要责备孩子。

在幼儿园里，我们老师会在生活活动和游戏活动中创造条件让孩子们一起玩，孩子们接触得多了，经常一起玩耍，交往能力提高了，就会逐渐地体验到一起做游戏的乐趣。

不用担心，不用紧张，相信孩子会慢慢地成长。

【温馨提示】

为了减少甚至避免家长类似的疑惑，我们可以采取以下措施。

1. 建立反馈制度。当孩子在与人交往方面有进步时，教师要及时将其拍摄下来，并将有关图片或视频发给家长，让家长看到孩子在与人交往方面的进步。

2. 在班上组织和开展"星期日朋友"活动：教师发给每个孩子一张调查表，请孩子在父母的帮助下写下好朋友的名字；教师再把好朋友的电话号码填在表上，为他们建立好朋友档案；然后教师召开家长会使家长了解此活动的方式及意图——孩子们在星期日轮流去好朋友家玩，家长在家里做好接待工作。同时，教师可以在班上设立"小主人奖""小客人奖"，鼓励孩子们文明交友。相信在参加几次"星期日朋友"活动后，那些较内向的孩子会结交更多的好朋友，他们的交流欲望和交往能力都会增强，他们也会喜欢与小伙伴玩，更加喜欢上幼儿园——因为幼儿园里有他们的好朋友。

问题88：孩子懦弱、被动，怎么办？

【问题情境】

晓静在和其他小朋友交往时总是处于被动地位，显得很懦弱，不敢争斗，不敢反抗，哪怕在自己利益受损时，也是默默地接受。在她3岁时，妈妈就发现这个问题了，于是妈妈竭尽全力地教她要坚强，要勇敢，要维护自己的权益。遗憾的是，两年多了，一点效果都没有。现在她已经5岁多了，还是没有一点改善。对此家长感到很无奈，很失望。

【问题分析】

家长提出这个问题的原因有如下三点。

1. 家长为孩子的软弱表现感到难过。

2. 家长希望孩子不攻击别人，但至少会保护自己的权益，会争取自己的权益。

3. 家长不明白孩子为什么就不能勇敢一点。

【正确回应】

面对家长的问题，幼儿教师可以这样回应：

某某家长，谢谢您能与我们沟通和交流孩子的发展情况。谢谢您对我们的信任。

针对您阐述的孩子发展过程中的心理行为问题，我们提出如下教育建议。

1. 孩子软弱，不敢为自己的权益发声，有先天原因，也有后天原因。比如，孩子的身体较弱，曾经抗争过多次，但极少赢过。屡战屡败，让孩子逐渐放弃了

抗争。

2. 教会孩子为自身权益抗争的技能。如：大声地表达自己的意愿和维权的决心，在气势上把对方吓阻住；掌握物品争夺的技巧；善于向教师寻求帮助；在班里结交几个很要好的朋友等。有了这些能力的支撑，孩子才会有为自己争取权益的勇气，空喊"勇敢点"，或辱骂孩子"你怎么这么懦弱？！""你简直是个懦夫！"毫无意义，这些做法和措辞只会让孩子更加懦弱。

3. 家长要成为孩子的榜样。如果家长本身就很懦弱，那么想让孩子成为一个勇敢的、敢于为自身权益抗争的人就是不现实的。在某种程度上，孩子会受到家长的影响。在与人有利益冲突时，家长的表现就是孩子未来处理冲突的思维和行为模式。家长要坚强和勇敢，这样孩子才能成为坚强和勇敢的人。

4. 带孩子参加一些有利于提高自信、勇敢、果断、主动性的体育活动（如足球、篮球、拳击、跆拳道、轮滑等）。

5. 孩子的勇敢是由人际冲突过程中的成功经验点滴积累而成的。我们老师愿意和家长共同努力帮助孩子在人际冲突中不断地获得成功的经验，让孩子早日走出懦弱的性格。

问题89：孩子很任性，怎么办？

【问题情境】

小健很任性，他提出要求，就一定要得到满足，不满足就大吵大闹，"偏不""就不"不离口。无论家长怎么劝说，他都难以克制自己——达不到目的时，先是哀求，哀求仍达不到目的就哭闹，甚至滚地、撞墙。家长经常被他弄得心烦意乱，束手无策。

第四章 回应幼儿心理行为类问题的机智

【问题分析】

家长提出这个问题的原因有如下三点。

1. 家长被孩子的任性行为困扰许久。
2. 家长拿孩子的任性行为一点办法都没有。
3. 家长担心孩子如此任性会影响到他今后的生活和发展。

【正确回应】

面对家长的问题，幼儿教师可以这样回应：

某某家长，谢谢您与我们沟通和交流孩子的发展状况。谢谢您对我们的信任。

先给您讲一个家长应对孩子任性的故事。

在美国纽约街头的一家商场里，有这样一幕场景：

一位母亲提着手袋，静静地站在一旁，而她4岁多的儿子，正坐在地上号啕大哭。那哭声听起来让人不忍，四周的行人似乎都觉得那位妈妈是个铁石心肠的人，太缺乏对孩子的爱心。犹豫良久，有位行人终于走上前去和这位母亲聊起来："他就是想要那辆遥控车。"这位妈妈说："在出门时，我们已经约定好了，不会再买遥控车了。可是他不遵守协议。"那个行人回应道："可是他毕竟是个孩子呀！"行人不理解这位妈妈的做法："他那么小，哭得那么可怜……""无论怎么样，"妈妈斩钉截铁地说，"他必须遵守诺言，这是不能商量的。"听了这位妈妈的话，行人只好哑口无言地走开。又过了一会儿，孩子终于哭闹累了，老老实实地走到妈妈身边，和妈妈一起离开。

我想表达的观点是，在面对孩子的任性行为时，如果家长都能像这位妈妈一样"铁石心肠"，那么在家长连续"赢"孩子5次后，孩子就会知道任性是没有任何作用的，以后他就会变得懂事。

下面是我们给您正确应对孩子任性行为的建议。

1. 让孩子用语言来表达他的愿望和理由，如果说得很合理就满足他。但要告诉他，不是因为哭闹才满足他，而是他说得有道理。

2. 如果孩子说得没有道理，仍然坚决不能满足他的无理要求——即使他撞墙，也不能满足他。这样孩子就会知道，哭闹是没有用的，撞墙也是没有用的。等他知道这些"招术"都无用后，他就不会再如此任性哭闹，更不会撞墙。因为在正常情况下，孩子是知道痛的，痛却无所收获，孩子就不会再做同样的蠢事。

3. 面对孩子的种种理由与各种胡闹的行为，采取不解释、不劝说、不争吵的办法，否则就会强化他的争吵和胡闹行为，使他的目的得逞。家长可以先保持一段时间的沉默，继续做正在做的事。

4. 如果孩子进一步胡闹，并且令人难以忍受，可以暂时离开现场。这时仍然保持不批评、不与之讲道理、不打、不骂的态度。

5. 转移孩子的注意力。当孩子在发脾气时，要设法转移他的注意力。如果孩子硬要某种东西，可以把它藏起来，并说："你听，外面有什么声音？"然后带他到外面走一走。随着注意力的转移，孩子一般不会再提出刚才的要求。如果孩子在商店里哭闹要买自己想要的东西，并且家长决定不给他买，那就带他离开相应的柜台或商店，离开10分钟左右，孩子的情绪就会恢复正常。

6. 等孩子的情绪稳定后，告诉他："你刚才胡闹是不对的，现在你的情绪稳定了，你可以做你自己的事了！以后你再这样，我们仍然不会理你。"

在面对孩子哭闹、任性的行为时，还要特别注意坚持一致性原则。

1. 成人的态度要一致。不要出现有人拒绝，有人心疼，甚至为此吵架的情况，否则孩子就会发现时机。

2. 前后的要求和态度要一致。经过连续多次坚持态度，孩子从哭闹、任性中没有得到任何好处后，孩子以哭闹来达到目的的任性行为就会消失。如果这一次哭闹，家长的态度很坚决，而下一次哭闹，家长由于各种原因满足其不合理的需要，那么这只能更加激发孩子哭闹的斗志。

请家长记住：面对孩子哭闹、任性的行为，坚持才能胜利！帮助孩子克服任性行为，有利于其一生的发展，甚至影响其今后人生的幸福。

问题90：为什么孩子在幼儿园里很乖，在家里却不听话？

【问题情境】

孩子在幼儿园里很听老师的话，能够乖乖地听课，乖乖地睡觉，乖乖地喝水，专心地吃饭，饭后认真地擦桌子，从不胡闹；而在家里则变成了另一个人——任性，不听话，逆反，爱搞破坏……

【问题分析】

家长提出这个问题的原因有如下四点。

1. 家长感到困惑——孩子很听老师的话，却不听家长的话。
2. 家长期待自己也能有老师的影响力，说的话孩子都能听。
3. 家长对自己的教育"失败"感到有点沮丧。
4. 家长期待提高自己的教育能力，进而增强自己的教育效果。

【正确回应】

面对家长的问题，幼儿教师可以这样回应：

某某家长，谢谢您能与我们沟通和交流孩子的发展状况。谢谢您对我们的信任。

孩子在幼儿园里很乖，是因为幼儿园老师对孩子们有合理的常规要求，不迁就任何一个孩子的任何一次任性行为。老师们说到做到，不给任何一个孩子通过任性行为达到目的的机会，这样孩子们都会知道，在幼儿园里任性是没有任何意义的，因此也就不任性了，也就变得很乖。

孩子在家里任性不听话，其根本原因是家长们经常向孩子的任性行为屈服，在孩子任性哭闹的时候，孩子想要什么，家长就给什么——爸爸处于理性的状态时不给，处于非理性的状态时就给；爸爸不给，妈妈给；爸爸妈妈不给，爷爷奶奶或外婆外公给——孩子每闹一次都有所收获。孩子的任性倾向与行为就是在成人的不断强化中形成的。给您讲一个故事：

以前晓勇一想吃糖果就大哭，随后往往如愿以偿。

但有一天，晓勇妈妈突然决定改正晓勇通过大哭来获得糖果这一行为……

一次，晓勇想吃糖果，妈妈不给，晓勇就拿出看家本领——"哇哇"大哭起来。但妈妈还是狠起心肠硬撑，说不给就是不给。晓勇无可奈何，哭久了，肚子胀满空气，非常不舒服，沙哑的声音连自己听起来也觉得讨厌，只好算了。

又一次，晓勇又想吃糖果，妈妈还是不给；晓勇张口大哭，但妈妈仍然坚持不给。但适有客人登门拜访——有客人在，孩子哭哭啼啼不像话，妈妈只好给他。

再一次，晓勇又想吃糖果，妈妈还是不给。法宝再度使出来——晓勇放声大哭，巧的是此时手机铃声大响，妈妈接听手机怕太吵，只好认了，拿一颗糖塞住晓勇的嘴巴，当然糖到哭止……

妈妈起初能坚持原则——不管晓勇为了吃到糖果怎么哭，就是不让其如愿（即不给予强化）；但后来"有客人来"，妈妈坚持不住了；又后来"要接手机"，妈妈又坚持不住了……如此一来，晓勇在不断地摸索中发现了妈妈的"弱点"，进而随心所欲地抓住各种机会，通过大哭大闹来有效地满足自己吃糖果的欲望。

从这个教育故事里，家长应该体悟出：孩子的任性是学到的，是家长不能坚持原则、不能持之以恒地坚持要求所致。因此，要解决孩子的任性行为，不管怎样都要坚持原来的决定。记住：对于父母而言，"教育好孩子"比任何事情都重要。

家长应该认识到要想孩子听话、不任性，不要从孩子那里找原因和对策，要从教育者（爸爸妈妈、爷爷奶奶、外公外婆）找原因和应对措施。教育者不改变自己错误的教育方式，就无法改变孩子的错误行为，因为教育者的教育行为是因，孩子的问题行为是果。

要改变孩子的任性行为，必须先从改变教育者的错误教育行为开始，做到所有教育者的教育态度和要求一致，教育者的教育态度和行为前后一致。

最后，希望家长在面对孩子的任性行为时，首先从坚持21天开始——说不给就坚决不给，不该给就坚决不给——如果孩子在21天内哭闹毫无收获，那么他就会明白哭闹没有用，他就会逐渐放弃通过任性哭闹来达到自己的目的，其不听话、任性的行为也会消失。

【温馨提示】

为了减少甚至避免家长类似的疑惑，我们可以采取以下措施。

1．普及科学的育儿理念，让家长知道过分迁就会造成孩子的任性行为。

2．推广现代幼儿教育技术，让家长们能学会，能使用，能有效地矫正孩子存在的种种心理行为问题。

问题91：孩子遇事爱攻击人，怎么办？

【问题情境】

家里的老二刚满3周岁，在不良行为被阻止时，他会对别人大打出手。家长的做法就是打回去，孩子和家长谁也不服软，两个人会一直较量很久。家长不知道该怎样教育他。

【问题分析】

家长提出这个问题的原因有如下两点。

1. 家长感觉老二很任性、喜欢攻击人，很想矫治他，但却没有找到有效的办法。

2. 家长并没有意识到问题的根源在于自己。

【正确回应】

面对家长的问题，幼儿教师可以这样回应：

某某家长，谢谢您与我们沟通孩子的教育问题。谢谢您对我们的信任。

对于孩子不受约束、爱打人、软硬不吃，很难对付，可采取以下措施。

1. 要意识到，孩子有如此多的问题，其根源不在于孩子，而在于家长，在于家庭环境。如果我没猜错，您家的老大是女孩，老二是男孩。老二出生后，全家的关注点都在老二身上：你们无原则地爱他、宠他、迁就他；3岁之前任由他在家里横行霸道，想做什么就做什么，从来不受任何约束；你们把他捧上天，好吃的全是他的，好玩的全是他的，他是全家的命根子，是全家的希望点。如果造成您家老二极度任性的这些环境不改变，那么他任性和爱攻击人的问题是没有办法解决的。

2. 如果你们下定决心要改变老二，请按以下要求做。

(1) 给老二立规矩。让他知道哪些事情可以做，哪些事情不可以做；这件事情可以怎样做，不可以怎样做。

(2) 让老二严格执行相关规矩，不得有例外。

(3) 坚持一致性原则。即要求老二做到的，所有的家长都要无条件地支持，并且坚决地支持，不能犹豫，也不能有不同的意见，特别是不能在孩子面前表现出不同的意见。制定的规矩，今天要做到，明天也要做到，不能出现时间上的例外，不能出现家长情绪变化上的例外。

(4) 必须意识到问题的严重性。所有的家长都应该意识到问题的严重性！您家老二年纪还小，最容易取得教育效果的就是近两三年。在这两三年里，如果你们不抓住机会，后期再想教育好老二就很难了。请抓住时间和机会，孩子年纪小，一切都还来得及！

(5) 家长要有坚强的教育意志。在教育孩子方面，要有足够的耐力和坚持，等你们连续"战胜"孩子几次后，孩子就会知道，并不是他想怎样就可以怎样，这是一种进步的基础。刚开始，孩子可能会哭闹得更加厉害，但请家长们一定要坚持住，过一段时间后，孩子的观念就会改变，行为也会改变，一切都会逐渐趋于平静。

请听我们的忠告：对于正确的事情，坚持才能胜利。对于老二，如果现在不管，那么以后会更难管，甚至根本管不了。

问题92：孩子叛逆、爱顶嘴，怎么办？

【问题情境】

诗琦5岁多，她现在很叛逆——你让她向东，她偏向西。她总是与大人顶嘴，喜欢与大人对着干。她在生气时会一边大哭，一边大声叫。在做错事被批评时，她喜欢狡辩，歪理不少，绝不认错。有时候家长会被诗琦气得火冒三丈，恨不得痛打她一顿。

【问题分析】

家长提出这个问题的原因有如下两点。

1. 孩子喜欢顶嘴，喜欢与家长对着干，家长不喜欢。家长喜欢听话的、温顺的孩子。

2. 面对孩子的"问题行为"，家长不知道原因，也不知道如何有效地应对。

【正确回应】

面对家长的问题，幼儿教师可以这样回应：

某某家长，谢谢您能与我们沟通和交流孩子的教育问题。谢谢您对我们的信任。对于您提出的问题，我们给您提供如下分析和建议。

1. 孩子叛逆、爱顶嘴心理行为分析。

（1）爱顶嘴的孩子有许多优点。许多父母（特别是那些缺乏耐性的父母），十分讨厌孩子顶嘴。他们认为，孩子顶嘴就是不听大人的教导，就是向父母提出挑战。因此，当孩子顶嘴时，他们往往十分恼火，除了斥责孩子外，有的家长还会痛打孩子一顿。其实，父母没有必要对孩子顶嘴大动肝火，因为孩子的顶嘴对其发展及我们的教育有着十分重要的积极意义。

①孩子顶嘴是其聪明的表现。有一天晚上，外婆到家里做客，外孙女陪着外婆看电视。九点多时，孩子的妈妈说："快去睡觉，都差不多十点钟了！"外婆说："我难得来一次，今天又是星期六，就让她多看一会儿吧！"见妈妈不同意，女儿只好悻悻地走去卧室。这时，妈妈又说："好女孩要听妈妈的话，脸色不要这么难看！"女儿听到这话，马上回了一句："妈妈，人人都要听妈妈的话吗？"妈妈说："那当然！"女儿笑了："那你怎么不听你妈妈的话？！外婆叫我多看会儿，你怎么不听她的话？！"听到女儿的话，妈妈哑口无言，爸爸在旁边却忍不住笑了！

②在某种程度上，孩子顶嘴能防止其他更为严重的不良心理品质的形成。孩子的顶嘴，是对大人的"不合理"要求的公开抗争，也是一种心理宣泄，这样的孩子不会有畏缩心理、压抑心理及懦弱、保守、逆来顺受。他们以此来保持心理的平衡，保护身心的健康。同时，由于他们敢于抗争，所以当对他们提出要求时，成人不得不三思而行，这样就可以避免孩子承受更多的心理压力和心理伤害。

③孩子的顶嘴包含许多积极的品质。如，孩子顶嘴说明她有个性、有主见、有活力、勇敢等，要不然，孩子对父母的"不合理"要求只会忍气吞声。

④孩子顶嘴是父母教育不当的一种提示。比如：孩子做错事，父母的批评不得法，孩子不服气；孩子没做错事，父母却冤枉她；孩子不想马上做的事，父母硬逼她做；大人心情不好，拿孩子出气等。在这些情况下，孩子的行为不一定全对，但父母确实做得不太妥当。这时孩子顶嘴不是什么坏事，它可以让父母反思一下自己的教育方式和方法。

相信在了解孩子顶嘴的积极意义后，如果孩子再次顶嘴，您一定会心中暗喜，然后以一种十分平静的心态，很理智地对待孩子的顶嘴。这样，对孩子是有益的，对您也是有益的！

(2)孩子喜欢"对着干"的心理分析。孩子喜欢"对着干"的心理透视出如下信息。

①爱的缺失。家长忙于工作，没有时间陪伴孩子，忽视孩子的感受。孩子需要的是父母的关怀、陪伴，而父母想要给孩子更好的物质生活。这种爱的缺失会让孩子通过逆反来引起父母的注意。

②孩子长大了，有思想了。随着年龄的增加，孩子会有自己的思维和想法，这就使得他们不像小时候那么听话了，因此家长会感觉到孩子逆反。事实上，逆反是孩子成长的一种表现。

③因为某种诱惑。如果孩子很想要的东西，父母不给，那么孩子当然会对家长心生不满，进而与家长对着干。

④"对着干"是一种探索的行为。逆反是孩子探索世界的一种行为，随着年龄的增加，孩子会想办法弄清楚被允许和禁止的事。家长要在确保孩子安全的条件下，理解这种行为。许多家长将孩子的逆反理解成不懂事、叛逆、调皮等，这是对孩子的片面看法。

2. 应对爱叛逆、顶嘴、对着干的孩子的教育建议。

(1)多听听孩子的意见。顶嘴说明孩子有主见，如果孩子说得有道理就听孩子的——这不仅会鼓励孩子思维和语言的发展，还会让孩子知道父母是讲道理的，人都要讲道理，另外，顶嘴还能够让孩子形成沟通的习惯，不压抑自己的不满情绪。

(2)帮助孩子树立规则意识。没有规矩，不成方圆，任何事都有相对的规则，家长应帮助孩子树立规则意识，让其明白不是所有的事情都可以任由她的心意，对着干并非解决问题的唯一方法。关于规则的制定，家长可以跟孩子正式地进行一次交流和沟通，而不是随便说说而已。

(3)要理解孩子。逆反是孩子的正常表现，是孩子在成长发展中必须经过的一个阶段，也是孩子得到发展的一种标志。

（4）当孩子逆反时，问一问孩子：对于爸爸妈妈的要求，你是怎么想的？你有什么好的建议？

（5）多给孩子选择的机会。在给孩子任务，或者给孩子指令时，多给孩子提供选择的机会。"我们要……，你有两种选择：A……；B……"这样孩子的逆反心理就会少一些。

（6）多点真诚的陪伴：不玩手机，不想其他事情，全身心地陪孩子玩游戏、聊天，给孩子讲故事……心通了，情通了，一切就通了。

家长不仅要有足够的耐心倾听孩子的声音，还要有足够的智慧和理性关照孩子的各种需求。相信在充分关照孩子需求的前提下，孩子的逆反心理会慢慢地消失。

问题93：孩子动不动就发脾气，怎么办？

【问题情境】

小洁4岁多了，近段时间她的脾气变得坏多了，动不动就对人发脾气，对爷爷奶奶发脾气，对爸爸妈妈发脾气，有时还会对老师和其他小朋友发脾气——以前她可不是这个样子。家长对此感到很困惑。

【问题分析】

家长提出这个问题的原因有如下两点。

1. 家长不知道什么原因导致孩子的脾气变坏。
2. 家长不知道如何矫正孩子的坏脾气。

【正确回应】

面对家长的问题,幼儿教师可以这样回应:

某某家长,谢谢您向我们反映孩子的情绪和行为的变化情况。谢谢您对我们的信任。

孩子的脾气变坏,说明孩子在学习、生活、人际或感情需要上出现了适应困难。发脾气是孩子遭受挫折的一种行为反应,持续、频繁地发脾气是孩子的心理或行为受挫,并且一直没有得到有效应对的一种外显性行为反应。

当孩子发脾气时,不要骂孩子,也不要压抑孩子的脾气。等孩子发泄结束后,可以和孩子谈谈:我知道你的心里不舒服,但你在想什么?你想要什么?你需要妈妈帮忙做什么?请你跟妈妈说说,说不定妈妈能够帮助你。平时,要多陪伴孩子,多表达对孩子的关爱(比如拥抱、玩游戏、交流、讲故事)。

不管孩子的情绪状态如何,将孩子送到幼儿园是不能犹豫的,态度要坚决果断。不要让孩子感受到只要脾气足够大,就可以不去幼儿园,就可以得到自己想要的东西,否则,有脾气就会成为孩子达到目的的一种手段,而不是自己受挫后情绪的自然流露。

【温馨提示】

为了减少甚至避免家长类似的疑惑,我们可以采取以下措施。

1. 让家长知道需要是情绪产生的基础。孩子出现负面情绪是需要没有得到很好的满足所致。当孩子出现负面情绪时,要善于从孩子的需要出发找原因及对策。

2. 向家长宣传应对孩子不良情绪的策略与方法(比如情绪认同法等)。

问题94：孩子一不顺意，就爱摔东西，怎么办？

【问题情境】

"我的孩子3岁零10个月了，最近在家里只要有一点事情不顺他的意，他就会乱摔东西，怎么管都管不住，他以前都不会这样。对此，我感到心力交瘁，不知道如何是好。"

【问题分析】

家长提出这个问题的原因有如下两点。

1. 家长不知道孩子喜欢用乱扔东西来发泄负面情绪的原因是什么。
2. 孩子老爱通过摔东西出气，家长不知道该如何有效地应对。

【正确回应】

面对家长的问题，幼儿教师可以这样回应：

某某家长，谢谢您能向我们反映孩子的情绪状况。谢谢您对我们的信任。

孩子以摔东西的粗暴方式发泄自己内心的不满情绪，是因为他没有找到合适的方式来宣泄自己的负面情绪和能量。

1. 反思。我们一起反思一下：孩子在幼儿园里、在家里遭受了哪些不顺心的事，承受了哪些压力，我们能帮助他吗？
2. 教会孩子正确地表达自己的情绪。

(1) 教会孩子用语言、用正确的非暴力方式表达自己的情绪、愿望。比如，告诉孩子："有什么想法/有什么不满意/有什么不顺心的事，请告诉爸爸妈妈，看看爸爸妈妈能不能帮助你。"如果孩子能够学会倾诉，那么他的暴力和发泄行为就会减少。

（2）用表情、动作来表达自己的情绪。

（3）用大喊来宣泄自己的不良情绪。

（4）用运动来宣泄自己的不良情绪。

如果孩子的负面情绪找到了正确的出口，那么他就会放弃这种暴力的宣泄情绪的方式。

3. 对于孩子表现出的不良情绪反应，要给予及时的回应。当孩子用非暴力的方式表达、宣泄不良情绪时，家长要对孩子的行为表示理解、谅解和肯定。

问题95：孩子喜欢说脏话，怎么办？

【问题情境】

孩子在不经意间会不分场合、不分时间地冒出一些脏话，令家长很尴尬。他会在与小伙伴或父母发生争执时说，甚至在与爷爷奶奶（外公外婆）争执时说这些不好听的话。

【问题分析】

家长提出这个问题的原因有如下两点。

1. 家长不知道孩子为什么会说脏话。

2. 家长期待能减少，甚至消除孩子的脏话。

【正确回应】

面对家长提出的问题，幼儿教师可以这样回应：

某某家长，谢谢您能与我们沟通和交流孩子的心理与教育问题。

说脏话在我们班的孩子中不同程度地存在，我们给您的教育建议如下。

1. 净化语言环境。孩子说脏话主要是因为他们会模仿别人的言行，要及时找到孩子模仿的对象，净化语言环境。要求孩子不能说脏话，家长也不能说脏话。家长要给幼儿一个良好的示范，不能一方面不允许孩子说脏话，另一方面家长却出口成"脏"。有的话家长觉得不是脏话，经常将其挂在嘴上，却会对孩子产生不好的影响，比如"蠢驴""笨猪""小肥猪"等。因此，家长要文明用语，净化家庭语言环境。

2. 适当地忽视。当孩子说脏话是为了引起关注时，最有效的方法就是忽视。如果幼儿说脏话是想引起别人（特别是家长）的关注，那么家长表现出过度紧张或气愤的样子，就正好让孩子达到了目的——得到了关注，进而不断地说脏话，以获取他想得到的关注。因此，当听到孩子说脏话时，家长应该做的就是尽量保持平静，不生气，不批评，也不要和他说道理，假装没听见，对他不理不睬。慢慢地，孩子觉得没趣，自然就不说那些脏话了。

3. 共情。有一位家长发现，他的孩子在和小伙伴交流时，经常开口闭口都是一些不堪入耳的话。在设法让孩子改正骂人的缺点时，她引导孩子设身处地地为被骂的人想想。她问孩子："你爱妈妈吗？"孩子不假思索地回答："爱！"妈妈又问："要是有人骂我，你怎么办？"孩子毫不犹豫地回答："我去骂他！"妈妈又说："那你经常骂别人的妈妈，别人就该骂我了。"孩子被问住了，她又对孩子说："骂别人的妈妈就等于骂自己的妈妈，你以后多想着别让妈妈挨别人骂，就不会随口讲脏话了。"孩子听了这番教导，逐步改掉了说脏话的行为习惯。

希望我们一起努力争取有效地降低孩子说脏话的频率，甚至消除孩子说脏话的现象。

问题96：孩子爱玩手机，怎么办？

【问题情境】

孩子每天从幼儿园里回来就要玩手机，不让玩就大哭大闹，并且威胁说明天不去幼儿园了。因为贪玩手机，孩子的吃饭、睡眠、视力都不正常。家长骂他不听，打他也不听，有时他还玩到尿裤子、拉裤子。

【问题分析】

家长提出这个问题的原因有如下三点。

1. 家长被孩子"手机控"的心理行为问题困扰。
2. 家长不了解造成"手机控"的原因。
3. 家长想让孩子摆脱"手机控"的状态，但没有有效的方法。

【正确回应】

面对家长的问题，幼儿教师可以这样回应：

某某家长，谢谢您与我们交流孩子的行为发展状况。谢谢您对我们的信任。

孩子的这种状态很正常。当无聊的时候，我们也想通过玩手机来打发时间。因此，孩子喜欢玩手机不是孩子的错，不要责骂孩子。如果家长都沉迷于手机，那么为什么孩子不能呢？

要改变这种状况，应该从以下几点做起。

1. 家长要起到示范作用。在回家后，家长要努力缩短自己在孩子面前使用手机的时间。如果家长都痴迷于手机，那么很难说服孩子不玩手机。家长在孩子面前使用手机时，应主要处理工作上的事务或与人沟通，而不要用手机玩游戏或看视频，否则这会激发孩子玩手机的欲望。

2. 严格规定孩子玩手机的时间。家长可以规定：在一天内，孩子玩手机的时间不能超过30分钟，每次不能超过15分钟。另外，家长最好不要在手机上下载游戏或视频，以供孩子娱乐——因为手机游戏和视频对孩子而言有无穷的魅力，当孩子习惯于在手机上玩游戏和看视频后，他的"手机瘾"会很难戒除。

3. 丰富家庭生活。一家人都不玩手机了，那么省出来的时间如何打发？建议是：多陪伴孩子，陪孩子玩游戏，给孩子讲故事，和孩子聊天；可以在室内活动，也可以到室外活动；还可以和孩子一起约好朋友来家里玩，或到其他小朋友的家里玩……生活丰富起来了，手机就失去吸引力了。

放下手机有利于孩子的身体健康，有利于孩子的心理健康，有利于建立良好的亲子关系。放下手机，不仅对孩子有益，对家长也有益！

要想孩子不沉迷于手机，请父母先远离手机。离开手机，家庭幸福，孩子健康！

【温馨提示】

为了减少甚至避免家长类似的疑惑，我们可以采取以下措施。

1. 向家长宣传真诚地陪伴孩子的重要性。

2. 从小班开始就有目的、有计划地指导家庭亲子活动，让家长明确活动的目的、意义、方式和内容。

3. 每周向家长推荐一个可供其和孩子直接玩耍的亲子游戏或其他亲子活动，让亲子间有丰富有趣的活动相伴。

问题97：不让孩子玩平板电脑，他就不吃饭，怎么办？

【问题情境】

阳阳4岁多了，痴迷于平板电脑，甚至在吃饭时也捧着平板电脑。如果家长把平板电脑拿走了，他就会威胁地说："我不吃了！"有时候，他真的就不吃饭了。家长不知道该拿他怎么办。

【问题分析】

家长提出这个问题的原因有如下三点。

1. 孩子喜欢玩平板电脑，这严重地影响了他的正常吃饭。
2. 面对孩子如此痴迷于平板电脑，家长没有有效的办法。
3. 家长担心玩平板电脑会影响孩子的正常生活和身体健康。

【正确回应】

面对家长的问题，幼儿教师可以这样回应：

某某家长，谢谢您能与我们沟通和交流孩子的发展状况。谢谢您对我们的信任。针对您所述说的孩子的心理行为问题，我们提出如下建议，希望能对您有些帮助。

1. 孩子喜欢玩平板电脑很正常。因为其中有无数好玩的游戏吸引着孩子。不用指责孩子，家长是不是也很喜欢玩呢？

2. 用自然后果教育孩子。如果孩子以"不玩平板电脑就不吃饭"来威胁，那就允许他不吃，但是在下一餐之前，他不能吃任何东西。在挨饿几次后，他就会知道，该吃饭时就得好好吃饭。

3. 家长要做孩子的榜样。在要求孩子不玩或少玩平板电脑的同时，父母也要少玩，甚至不玩。如果家长都控制不好自己，那就真的没有资格教育孩子，也没有能力教育好孩子。

4. 让平板电脑的功能作废。通过一些技术，让平板电脑中的游戏功能无法使用。家长可以表现出很想玩平板电脑，但无法玩，并且十分生气的样子。从此，家长不再玩平板电脑中的游戏，孩子也没法玩了。如此一来，您的家庭生活就会恢复到没有平板电脑前的正常状态。

问题98：孩子在幼儿园里被欺负了，我该教他反击吗？

【问题情境】

孩子在幼儿园里时不时地就会被欺负，家长本想教孩子"以牙还牙"，但细细想来又觉得不妥，担心孩子失去善良的本性，也担心孩子的报复心理太重，影响他今后与人和谐相处。家长的内心充满矛盾，十分纠结。

【问题分析】

家长提出这个问题的原因有如下三点。
1. 家长发现孩子在幼儿园里被欺负，而且不止被欺负一次。
2. 家长想寻求对孩子成长有利的策略，而不是简单的"以牙还牙"。
3. 家长的教育意识比较强。

【正确回应】

面对家长的问题，幼儿教师可以这样回应：
我能理解当得知孩子在幼儿园里多次被欺负后您的心情。谢谢您在碰到教育难题时愿意与我们沟通和交流。

我们不主张盲目忍受，也不主张以牙还牙式的回应。我们应该让孩子明确，如果小伙伴在无意中伤害到自己，那么应该学会原谅。但是如果从小就鼓励孩子在面对欺凌时盲目忍受，那么会让孩子成为一个任人欺负的懦夫，他的性格会扭曲，人格会出现病态。

如果小伙伴有意伤害，并且经常伤害，甚至不止一个人进行伤害，那么这就说明被伤害的孩子的性格有点懦弱。面对这类欺负，家长应学会认真应对，要教会孩子有效应对的方式，从而让对方不再敢欺负。这不仅需要孩子提升自己的勇气，还需要他具备一定的力量和技巧。

在这一前提下，建议家长和我们老师一起训练孩子有效应对同伴欺负的策略与方法。当别人欺负孩子时，可训练孩子按如下程序反击。

1. 表达不满的情绪，如怒目圆睁。

2. 进行语言警告：请你不要……

3. 告诉老师。

4. 告诉家长。

5. 如果孩子经常被欺负，那么要教他学会自我保护，甚至要学会有效有节地还击。

对孩子进行行为训练，让孩子在面对欺凌的局面时，敢于应对，学会有效地应对。

【温馨提示】

为了减少甚至避免家长类似的疑惑，我们可以采取以下措施。

1. 帮助孩子在班里找到2~3个十分要好的小伙伴。这需要家长的努力，也需要教师的努力，可以为孩子与他所喜欢的几个小朋友建立亲密的朋友关系，这样孩子有朋友了，其他小朋友就不敢轻易欺负他了。

2．适当地训练孩子掌握一些推挡术。当受到别人的攻击时，他就能有效地保护自己免受伤害。

3．提供适当的帮助和庇护。对于那些有点懦弱和不善于自我保护的孩子，教师确实需要给予他们特殊的帮助和保护——给予他们心理和身体能力上的帮助。平时教师可多在其他孩子面前，表现出与这一类孩子的亲密关系，让那些"好事"的孩子知道教师和这些孩子的特殊关系，并且在幼儿园里不允许欺凌现象的发生。

问题99：我的孩子该不该继续和霸道的孩子一起玩？

【问题情境】

范琪特别喜欢和楼下的一个孩子玩，楼下的小孩也喜欢跟范琪玩。可是，最近范琪的妈妈发现，楼下的那个孩子有点霸道，凡事必须听他的。比如：范琪说恐龙会飞，他就说不会，两个人就这样一直僵持着；时间久了，那个小孩不是丢东西，就是大声叫喊或哭。范琪再不妥协的话，那个孩子就会过来打范琪。妈妈纠结于该不该劝导范琪不再跟楼下的孩子玩。

【问题分析】

家长提出这个问题的原因有如下三点。

1．家长很有涵养。

2．家长很有教育意识和教育专业素养。

3．家长期待孩子的交友能对其发展有益。对于孩子交往中的冲突，家长也在思考如何处理将更有利于孩子的发展。

【正确回应】

面对家长的问题，幼儿教师可以这样回应：

谢谢您对我们的信任。

您是位很有涵养的家长！下面是我们的教育建议，希望能对您有帮助。

1. 让孩子知道像楼下的男孩那样处理问题是不好的。当大家有不同的意见时，要讲道理，不要发脾气，更不要打人。

2. 让孩子知道如何面对这样的小伙伴。当意见不同时，要告诉对方自己的观点，并用证据说明自己的观点。比如，自己在哪个电视栏目上看见过，或者哪本书上写的……表述完自己的观点就好，不一定非要对方"相信"。大家玩得开心就玩，不开心就不玩。

3. 不在孩子面前说别的孩子的坏话。当和孩子谈论别人时，要就事论事，不要就事论人。要告诉孩子，当大家意见不同时，不要随意否认别人的观点，而应跟对方说："我很想了解你的证据，你能不能告诉我？谢谢你！"这样孩子就能够学会心平气和、认真地倾听别人的意见，更能从与同伴的交流中得到发展——争论是很正常的，它也可以是件好事。争论的赢输不重要，重要的是从中得到新知，得到发展，让孩子学会正确地对待别人的不同意见最重要。

问题100：孩子说自己没有朋友，怎么办？

【问题情境】

有一天，小虹回家后说："妈妈，我没有朋友了，他们都不跟我玩，说不是我的朋友。"妈妈问："××不是你的好朋友吗？起床了你还帮她穿鞋子呢。"小虹回答："她说，我们不是朋友了，她要自己玩了。"妈妈又问："那××呢？"

小虹回答:"他也不是了,他还叫其他小朋友不和我玩了。"妈妈听了很难过。

【问题分析】

家长提出这个问题的原因有如下两点。

1. 家长希望孩子在幼儿园里有朋友一起玩。
2. 家长不知道如何帮助孩子"找到"好朋友。

【正确回应】

面对家长的问题,幼儿教师可以这样回应:

某某家长,谢谢您能与我们沟通和交流孩子的发展问题。谢谢您对我们的信任。

您的急切心情我能理解。我们给您的教育建议如下。

1. 了解原因。问一问孩子,为什么以前的好朋友都不愿意与她玩了。如果孩子弄不清楚到底是什么原因,那么就和孩子一起,甚至和老师一起找原因,知道原因后采取有针对性的行动。

2. 平时注意对孩子进行与人交往技巧(分享、轮流玩、交换、帮助别人、主动热情等)的训练,可以让孩子带些糖果到幼儿园与小朋友们分享。另外,还可以寻求老师的帮助,让老师多帮助孩子融入小伙伴之中。

3. 买些需要多人一起玩且很好玩的玩具,让孩子带到幼儿园和小朋友们一起玩,让孩子有吸引其他小朋友的资源。

4. 看看小区里的哪个小朋友和您的孩子同班,让孩子和她一起结伴上幼儿园。相信,在您和孩子的努力下,在老师的帮助下,您的孩子很快就会在幼儿园里找到好朋友,届时幼儿园又会成为她向往的地方。

5. 训练孩子掌握一些特殊本领(如讲故事、跳舞等),我们老师会在幼儿园里给她在小朋友们面前表现的机会,小朋友们会羡慕、佩服她的才能,进而愿意与她为友。

我们老师平时也会注意引导她与其他小朋友玩,并对她进行交往技能的训练,同时有意识地引导其他小朋友与她一起玩耍。

通过我们的共同努力,您的孩子一定能在幼儿园里找到好朋友,并从中得到快乐。

谢谢您。

问题101：孩子爱咬人，怎么办?

【问题情境】

小牛3岁多了,在与同伴发生冲突时,他总是喜欢咬其他小朋友。有时候,他一天咬好几个小朋友,弄得被咬孩子的家长很生气。当然,小牛的家长也很生气,因为他们已经跟小牛说过无数次"不许咬人",但都没有效果。

【问题分析】

家长提出这个问题的原因有如下三点。

1. 孩子咬人,弄得家长也很受气,家长感到很尴尬、难过。
2. 家长不明白孩子为什么会咬人。
3. 家长期待能矫正孩子的这一富有攻击性的行为。

【正确回应】

面对家长的问题,幼儿教师可以这样回应:

某某家长,谢谢您能与我们沟通和交流孩子的发展问题。谢谢您对我们的信任。

孩子之所以咬人，是因为他不了解同伴冲突的其他解决方式，他唯独掌握的方法就是用咬来还击对方、报复对方。因此，家长应该教会孩子与人交往的技巧，特别是化解冲突的技巧（语言交涉、商量、愤怒地瞪着对方——动口不动手）。

孩子与小伙伴在一起玩耍，有冲突是必然的。如果孩子经常用"咬"来攻击别人，那么适当的处罚是必需的（比如，暂停游戏活动、暂时离开小伙伴等）。家长还可取消他的一些"好处"（比如，取消原定的去儿童公园玩的机会等）。要让孩子知道无端攻击别人是要付出代价的（比如，禁止他喜欢的活动、断供他喜欢的食品等）。

孩子并不是顽固不化的"坏人"，孩子的年纪还小，只要我们不断地努力教育，相信随着人际交往经验的增加、交往技能的提高，孩子的咬人行为会逐渐消失。

问题102：孩子打人后坚决不道歉，怎么办？

【问题情境】

小龙和小军吵架了，然后打起来了，小军被小龙打哭了。小龙的父亲坚决要求小龙向小军道歉，可是小龙坚决不肯向小军道歉。在父亲的多次要求后，小龙仍然气鼓鼓地怒视着对方，就是不肯道歉。

【问题分析】

家长提出这个问题的原因有如下三点。

1. 家长认为打人至少要向对方道歉。
2. 孩子打哭别人而不愿意道歉，这令家长难堪，甚至有点生气。

3. 家长正在思考如何处置孩子更有利于其发展。

【正确回应】

面对家长的问题，幼儿教师可以这样回应：

某某家长，谢谢您能与我们沟通和交流孩子的教育与发展问题。谢谢您对我们的信任。

先给您讲一个我听到的教育故事。

前些天我的朋友给我讲了一个案例：两个大班的孩子起冲突了，老师向推人一方的家长说了这件事情。晚上，推人一方的家长给被推的一方打电话道歉，把自己的孩子说得一钱不值，孩子也在电话里给另一方家长道歉。被推一方的家长很诧异，他认为，小孩子之间的冲突不用上升到这样一个层面，也许今天他们打成"仇人"，明天他们就可以继续做好哥们儿。

我的朋友就是受害一方的家长，他在电话里表述了这样的观点：第一，不能因为这一次的冲突就贬低自己的孩子。第二，面对孩子之间的冲突，我们可以教他们化解冲突的非暴力方法，但是解决问题还得靠他们自己。第三，我认为是老师施加压力了，你才会给我打电话，我可以对老师说这没关系。

我个人觉得我的朋友是个很有教育专业素养的人。

当孩子之间有冲突时，最重要的不是道歉或者不道歉，也不是叫孩子来论理，看看哪个孩子更有理，而是让两个孩子一起讨论——当与小伙伴发生冲突时，"不动手"又该怎样化解冲突？从而让孩子懂得别人被打的感受，知道打人并不能解决问题，你打别人一下，别人可能会打你两下。

面对孩子间的冲突,我们最应该做的是什么?最重要的是让孩子学会非暴力地解决冲突,学会尊重别人。许多孩子在道歉后仍会继续打人。道歉像是在完成任务似的。即使打人了,道歉就可以了,孩子没有任何愧疚,如此的道歉又有什么意义呢。

如果孩子在打人后坚持不道歉,那么家长也没有必要强迫自己的孩子道歉。孩子的内心一定有令他非常不满的故事,您可以问一问孩子,事情为什么会发展到这种地步。孩子会倾诉他的委屈,如果这时您再强调,无论如何有冲突都很正常,但是要努力以非暴力的方式解决(如商量等),那么您的孩子就能从冲突中得到发展。

相信您一定知道应该怎么做了。

问题103:孩子说普通话时口吃,怎么办?

【问题情境】

"我家孩子说普通话时有点口吃:有时候说话说到一半就停在那里,有时候说话比较结巴,但有时候说短句又说得比较顺。在老家上幼儿园说方言时,他不口吃;到南宁上幼儿园说普通话后,他就会有口吃的现象。"

【问题分析】

家长提出这个问题的原因有如下两点。

1. 家长为孩子说普通话时口吃感到焦虑。
2. 家长不了解孩子口吃的原因,也不知道该如何做。

【正确回应】

面对家长的问题，幼儿教师可以这样回应：

谢谢您对我们的信任，当孩子有问题时能与我们沟通和交流。

根据您反映的情况，您的孩子并不是口吃症患者。他现在的口吃是因环境改变所致——语言环境改变了，生活环境改变了，导致他过于紧张。对此，我们给您的建议如下：

1. 不要太在意孩子的"口吃"。因为成人越在意，孩子就会越紧张，越容易口吃。

2. 平时多和孩子说普通话，让他快速学会说普通话，学会用普通话表达自己的思想感情。如果他能流利地使用普通话，那么他在人前说话就不会紧张了，也就不会口吃了。

3. 当孩子有口吃的表现时，不要批评，更不要嘲笑孩子。因为批评无助于口吃问题的解决，反而会增加孩子的不安感，进而提高口吃发生的频率。

4. 当孩子说错普通话时，家长也不用急于纠正。因为孩子有语言自我修复能力。与说普通话的人交流得多了，孩子自然就会说普通话了。

5. 不要重复孩子说错的普通话。如果被人重复，他们就会因紧张而频繁地口吃。

您的孩子的口吃是环境所致，改变环境，才能消除孩子的口吃现象。另外，我们老师平时也会特别注意您的孩子，多向他表达关爱，多给他交往方面的引导，多和他温和、缓慢地说话。相信等他适应环境后，他的口吃现象就会消失。

让我们一起努力，相信孩子一定会好起来。

问题104：孩子爱偷别人的东西，怎么办？

【问题情境】

杜伟总是喜欢偷拿别人的东西。家长告诉过杜伟：未经别人允许，不能随便拿别人的东西，随便拿别人的东西是不对的。杜伟虽然多次在口头上同意了不再拿别人的东西，可实际上还是一犯再犯，就是改不掉这个坏习惯。

【问题分析】

家长提出这个问题的原因有如下三点。

1. 家长为孩子的"偷盗行为"感到焦虑。
2. 孩子不止一次"偷盗"。
3. 家长期待能矫正孩子的不良行为。

【正确回应】

面对家长的问题，幼儿教师可以这样回应：

某某家长，谢谢您与我们沟通和交流孩子的心理行为问题。谢谢您对我们的信任。对于您提出的问题，我们的分析和教育建议如下。

1. 对孩子心理行为的分析。

(1) 孩子的内心缺乏安全感。

(2) 孩子想吸引别人对他的关注。

(3) 孩子不知道不是自己的东西不能拿。

(4) 孩子觉得那些东西好玩。

2. 教育建议。

（1）让孩子知道不是自己的东西不能拿。如果要拿，一定要经过主人的同意。

（2）不要给孩子贴上"小偷"的标签。孩子的"偷窃"并不是真正意义上的偷窃。如果乱用"小偷""贼"等外号来谩骂和称呼、挖苦和讽刺孩子，久而久之，他真的会"承认"并"接纳"自己就是"小偷"和"贼"。如此一来，"小偷"和"贼"将会成为孩子发展中的一个难以逾越的大障碍，他今后可能真的会变成一个小偷，甚至惯偷。粗暴地给孩子贴上"小偷"和"贼"的标签还可能会使孩子产生自卑心理，影响其心理的健康发展。

（3）充分关照孩子的心理需要。平时，要多陪孩子玩，多关爱孩子，多与孩子交流情感、需要、兴趣，并给予孩子充分的关照。如果孩子喜欢某种东西，并且家长的经济条件承担得起，那应尽量满足孩子的要求。另外，可适当培养孩子掌握一些小技能和特长，让孩子在班里有发挥作用的机会，有抛头露面的机会，满足他的被关注需要。

平时，我们老师在尊重、关爱孩子的基础上，也会让他明白"物权"的概念，让他懂得不是自己的东西不能拿。

相信在我们的努力下，孩子的"偷窃行为"一定会慢慢地消失。

问题105：孩子偷家里的钱，怎么办？

【问题情境】

小帆5岁多，他时常偷家里的钱去小卖部买东西，有时甚至直接将钱送给其他小朋友。家长问小帆为什么要偷钱，可是他什么都不说。家长苦口婆心地对他教育过多次，可是小帆还是改不了偷钱的习惯。

【问题分析】

家长提出这个问题的原因有如下两点。

1. 家长发现孩子偷钱,并为此感到焦虑。
2. 面对孩子的偷钱行为,家长不知道该怎么做对孩子的发展更好。

【正确回应】

面对家长的问题,幼儿教师可以这样回应:

谢谢您对我们的信任。对于您所反映的孩子的问题,我们给您如下建议。

1. 把家里的钱收好。
2. 跟孩子强调私自拿父母的钱是不对的。给孩子建议:如果有什么需要花钱的地方,可提出来与父母商量;如果要求合理,父母会满足他。
3. 平时适当地给孩子一些零花钱,让孩子有自主花钱的机会。
4. 不要说孩子是"偷钱",更不要说孩子是"小偷"。

问题106:孩子胆小、没主见,怎么办?

【问题情境】

小楠5岁多了,她的胆子比较小。老师提问时,她不敢举手;见到陌生的小朋友时,她也不敢主动和他们玩耍;当和小伙伴做游戏时,她也没有主见,总是听别人的安排;父母带她到餐馆用餐时,问她想吃什么,她说的最多的就是"随便"。

【正确回应】

面对家长的问题,幼儿教师可以这样回应:

谢谢您对我们的信任。针对您提出的问题,我们给您的建议如下。

1. 多带孩子到外面与小伙伴们玩。如果有可能的话,让孩子与小区里的某个小朋友结交成亲密朋友——结伴到外面游玩,一起分享好吃的东西,去对方家里玩,请对方到自己家里玩。

2. 让孩子学些技能并形成特长,这样孩子就可以在班级里显露一下自己的才能。

3. 不要因为孩子胆小而批评她,要多鼓励孩子。

4. 要多征求孩子的意见,要给孩子自主选择的机会,而不要以命令的方式让孩子执行某项任务。比如,当跟孩子提要求时,尽量少说"你应该……""你必须……",而是说"……你看看怎么样?""A,B,C,你想要哪个,为什么?""我们家要做……,你有什么要求?"。

5. 当孩子犯错误时,应该多看到她的积极方面,过于严厉的批评会让孩子不敢尝试新的事物,不敢表达自己的观点。

问题107:孩子不敢和别人打招呼,怎么办?

【问题情境】

宁华快4岁了,家长发现她在幼儿园里不敢主动和小朋友交流。小朋友跟她讲话,她也低着头,不敢回应。可是她在家里又很调皮,性格像男孩子一样。虽然在家里她懂得要讲文明、讲礼貌,可当真正遇到小朋友时,她还是不敢打招呼。

第四章　回应幼儿心理行为类问题的机智

【问题分析】

家长提出这个问题的原因有如下三点。

1. 家长发现孩子在幼儿园里与在家里完全不一样。
2. 家长不了解孩子为什么在幼儿园里没有在家里时那么大胆。
3. 家长期待能改变孩子的现状。

【正确回应】

面对家长的问题，幼儿教师可以这样回应：

某某家长，谢谢您能与我们沟通和交流孩子的发展问题。谢谢您对我们的信任。我们将帮您分析孩子的心理行为，然后给您提供一些教育方面的建议。

1. 对于孩子不敢与人打招呼的心理分析。

孩子不敢主动与其他小朋友打招呼，这与孩子的气质、性格有关。有些孩子比较内向，不喜欢与人打招呼，这是很正常的。在幼儿园里胆子小，在家里胆子大，这也符合孩子的心理发展规律——家是孩子熟悉的环境，她的心理有安全感，因此，她会表现得大胆；幼儿园的环境她还不熟悉，因此，她会略显胆怯。

随着时间的推移，等熟悉了幼儿园的环境和幼儿园里的小朋友后，她的本性就会自然地流露出来。在这方面，你们放心好了。孩子胆怯是一种自我保护的反应，是一种很自然的情绪行为反应。请不要批评孩子。

2. 针对您提出的孩子不敢打招呼的问题的教育建议。

（1）鼓励孩子，但不批评孩子，不强迫孩子。当碰到其他小朋友时，家长提前提醒一下孩子就可以，届时打不打招呼由孩子自己决定。不要因为孩子不与人打招呼就觉得没有面子，然后批评孩子没礼貌、不懂事。因为如此强烈的反应会让孩子更加有压力，最后甚至使孩子发展到不敢见人的局面。

（2）与人打招呼不一定非要说出来，对对方点头、微笑也是一种打招呼的方式。

(3) 家长可以做个良好的示范。等受到家长的感染后，孩子慢慢地就会主动与人打招呼。

孩子不敢打招呼的问题是发展中的问题。随着年龄的增长，经验的增加，孩子在这方面的问题会慢慢地得到改善。因此，请家长不要操之过急。

问题108：孩子不爱参加集体活动，怎么办？

【问题情境】

鹏鹏（3.5岁）平时和楼上楼下的小朋友玩得挺好，胆子也挺大。但是当参加幼儿园集体活动时，所有的小朋友都玩游戏，他就是不愿意玩，说不喜欢玩。大家都抢着玩，他却跑开了。家长觉得他是害怕、胆怯，于是鼓励他，但鼓励也没用，鼓励得多了，他还有点急、有点生气、有点想哭地说"不要"。

【问题分析】

家长提出这个问题的原因有如下三点。

1. 家长不明白孩子不喜欢参加幼儿园集体活动的真正原因。
2. 家长对于孩子行为的改造有点操之过急。
3. 家长不了解孩子改变一个心理行为习惯需要很长时间。

【正确回应】

面对家长的问题，幼儿教师可以这样回应：

谢谢您对我们的信任。针对您提出的孩子的问题，我们给您的建议如下：

1. 对孩子现在的情况不要过于焦急。急切地逼迫并不能马上让孩子变得积极和勇敢。

2. 改变一个孩子的心理行为习惯至少需要21天，给孩子一个慢慢适应的过程，不断地、缓缓地鼓励就好，不要急于求成。

3. 要相信，等孩子适应环境、熟悉幼儿园里的老师和小朋友后，他会慢慢地爱参加集体活动，爱和小朋友们一起做游戏。

4. 多问孩子有什么困难，需要妈妈帮他做些什么。单纯的鼓励并不能解决孩子的心理行为问题，家长一定要帮助孩子找到症结，并提出有效的措施，如此才能解决问题。

问题109：孩子不合群，怎么办？

【问题情境】

"我有一对双胞胎，他俩今年4岁，正在上小班。他们不和其他小朋友玩，也不和老师说话。老师教做动作或其他的事情，他们也不肯跟着做，表现得很不合群。但是他们在家里又特别调皮，话也多。我为此感到担忧，不知道该如何更好地教育他们。"

【问题分析】

家长提出这个问题的原因有如下三点。

1. 家长发现孩子不合群，有点焦虑。
2. 家长没有看到孩子不合群背后的原因。
3. 家长热切地期待能早点改变现状。

【正确回应】

面对家长的问题，幼儿教师可以这样回应：

某某家长，您好。谢谢您能与我们沟通和交流孩子的发展与教育问题。谢谢您对我们的信任。对于您提出的问题，我们给您提供如下分析和建议。

1. 对于孩子在幼儿园里不合群的心理行为分析。

（1）孩子对幼儿园里的人和事还不是很熟悉。

（2）孩子不合群是因为他们还没有掌握相关的动作和技能。

（3）孩子的集体生活经验少。

（4）孩子的气质可能属于黏液质，属于慢热型的人。

2. 教育建议。

（1）让孩子由不合群到合群有一个过程，不要逼孩子快速转变，这是做不到的。

（2）不要在孩子面前表现出焦虑，否则，孩子会更加不合群。

（3）对于孩子在幼儿园里学习的动作，家长可私下了解其具体内容，然后在家里训练孩子，让兄弟俩一起学。等熟练掌握后，他们就敢在小伙伴面前表现自己了。

（4）对于孩子不合群的心理和行为，不要批评，不要讽刺，更不要谩骂。因为这样做无助于孩子变得合群。

（5）让孩子在家里练习讲故事、跳舞，这样他们可以在幼儿园的班级里表演。

家长要在平时多鼓励、多创造条件，让孩子有更多与其他孩子交往的机会。与人交往的经验多了，交往能力强了，孩子的性格就会慢慢地变好。

我们认为，孩子的不合群问题是一个发展中的问题，随着年龄的增长，孩子会慢慢地好起来。以后在班里，我们老师也会给予他们适当的表现机会，让他们从中得到锻炼和发展。

相信您的孩子一定会慢慢地好起来。

问题110：孩子怕黑、怕"鬼"，怎么办？

【问题情境】

甜甜4岁零6个月，最近她在晚上睡觉时很怕黑。即使妈妈就在旁边，她也不敢自己拿床头柜上的水，尿急时也不敢上厕所。她说，黑很可怕，黑色的地方有"鬼"和"怪兽"，她心里很害怕。"鬼"这个字是她从大她一个月的表姐那里听来的，她的表姐喜欢扮演"鬼"来抓她。

【问题分析】

家长提出这个问题的原因有如下三点。

1. 家长对孩子怕黑感到焦虑和无助。
2. 家长期待孩子的心理恢复正常，不再怕黑。
3. 家长并不了解孩子怕黑的真正原因是什么。

【正确回应】

面对家长的问题，幼儿教师可以这样回应：

某某家长，谢谢您与我们沟通和交流孩子的恐惧心理和行为。谢谢您对我们的信任。对于您提出的问题，我们给您提供如下分析和建议。

1. 孩子怕黑的心理分析。

(1) 这个年龄的孩子很容易将想象当作现实。他们会将想象中的"鬼""怪兽"当作真实的存在。如果她想象"鬼""怪兽"就在身边，那么她真的会相信身边有"鬼""怪兽"。

（2）恐惧会传染。她的表姐以"鬼""怪兽"吓她，这个年龄段的孩子真的很容易被吓着。

（3）如果孩子看了恐怖的影视片，那么这也会引发她的想象，她会十分担心身边出现各种各样的鬼怪。

2. 教育建议。

（1）尽可能不要让孩子接触具有恐怖色彩的文艺作品。如果孩子在无意中看到或听到文艺作品中的恐怖情节和人物，家长可以给她解释：那是电视里的情节，都是别人编的，不是真的，在现实的世界里没有鬼怪；妈妈从未见过鬼怪，爸爸也没见过，爷爷奶奶也没见过……所有的人都没有见过。

（2）让孩子掌控黑暗。当孩子需要时，她可以随时开灯或打开手电筒。

（3）不要因孩子怕"鬼"而批评她是胆小鬼，也不要说孩子傻，更不要说孩子是"神经病"。

（4）告诉孩子：妈妈在小时候也怕过"鬼"，但从来没有见过"鬼"；后来即使听到别人说"鬼"，妈妈也不再害怕了，因为世界上本来就没有"鬼"。

（5）让孩子扮演鬼怪来吓唬妈妈。在目睹了妈妈见到鬼怪的勇敢表现后，她也会慢慢地不害怕所谓的鬼怪。

怕"鬼""怪兽"是一个发展中的心理问题——随着年龄的增长，经验的增加，如果旁人不再刻意用"鬼""怪兽"来吓唬孩子，慢慢地，她就不会再怕"鬼""怪兽"。

【温馨提示】

为了减少甚至避免家长类似的疑惑，我们可以采取以下措施。

1. 注意对家长进行心理学常识的普及，比如让家长知道孩子恐惧心理形成的机制。

2. 告诉家长不能用鬼怪来吓唬孩子。因为这个年龄段的孩子会将故事中的人物、情节当作现实的存在。

问题111：孩子睡醒就哭，怎么办？

【问题情境】

芸芸在家里一直都是这样——无论是午睡，还是晚上睡觉，睡醒了就哭！直到大人过来安慰她、哄她，帮她穿好衣服，她的哭声才会停止。有时候大人不能及时哄她，她就会哭个没完。

【问题分析】

家长提出这个问题的原因有如下两点。

1. 家长被孩子的"起床哭"弄烦了。
2. 家长不明白孩子为什么会这样。

【正确回应】

面对家长的问题，幼儿教师可以这样回应：

感谢您对我们的信任。针对您所提出的孩子的心理行为问题，我们的建议如下。

1. 要明确地知道，孩子的哭多是表示她需要关注，并没有什么恶意。
2. 要告诉孩子，有什么需要帮助的地方，请用语言来表达，否则妈妈也不知道她想要什么。比如，让孩子在起床后大声地说："妈妈，我起床了，我要……"
3. 平时要多关注孩子。如果孩子以哭来引发关注，那么家长可以忽视她。

坚持两个星期,孩子在起床后就不会哭了。

问题112：孩子一遇到问题就哭,怎么办?

【问题情境】

晓燕在生活和学习中遇到问题时总是哭。如：别的小朋友坐在了她的位置上；别人碰了她或不小心碰掉了她的玩具；她想玩别人先拿到的玩具,但人家不给……她都会哭,反正就是动不动就哭,哄也不行,骂也不行。

【问题分析】

家长提出这个问题的原因有如下两点。

1. 家长希望自己的孩子别那么容易哭。
2. 家长希望孩子会处理与同伴交流时的一些问题,而不是采取哭来应对。

【正确回应】

面对家长的问题,幼儿教师可以这样回应：

某某家长,谢谢您能与我们沟通和交流孩子的发展问题。谢谢您对我们的信任。

针对您的孩子的问题,我们给您的教育建议如下。

1. 哭只是孩子的一种交往方式,孩子不善于通过其他方式来表达自己的意愿和情绪,因此,教会孩子用非哭泣的手段(如语言等手段)来表达自己的意愿和情绪十分重要。家长可以教会孩子用语言表达自己的意愿,比如让幼儿学说:"老师,我想……""老师,我不想……""老师,我希望得到……帮助。""某某小朋友,我希望你……"

2. 告诉孩子:"宝宝,你哭并不能让别人知道你要做什么,你想要什么,因此也就无法关照你、帮助你。"

3. 让孩子玩"你碰碰我,我碰碰你"的游戏,让她知道被别人碰一下没有什么关系。

4. 让孩子踢踢足球、打打篮球,经常碰别人,也经常被别人碰到,如此一来,孩子就不会那么"小气"了。

5. "哭"可能是孩子获取成人关注的一种手段。平时多给孩子一些关注,不要等到她哭了才关注。

让我们一起努力,让孩子变得"大气"起来。

问题113: 孩子犯错后会大哭,怎么办?

【问题情境】

小惠3岁多,平时她在家里只要犯一点错误就会大哭。比如:上厕所时裤子湿了一点点,她不会好好说,而是放声大哭;不小心弄坏个碗,弄坏个瓷汤匙,她也大哭;把书弄了个洞,她也大哭……反正,就是一犯错,一发生可能招致批评的事,她都会大哭。

【问题分析】

家长提出这个问题的原因有如下两点。

1. 家长不知道孩子为什么在犯了小错误后会大哭。

2. 家长想解决这个问题,但却无从下手。

【正确回应】

面对家长的问题，幼儿教师可以这样回应：

某某家长，谢谢您将孩子的发展问题与我们沟通和交流。谢谢您对我们的信任。

其实，孩子犯小错就大哭，其根本动机是想转移家长的注意力，然后让家长不再批评她。孩子肯定是平时犯错误被批评得过多，家长管教过严，因此她才寻找办法逃避。另外，她在现实生活中发现，做错事后大哭可以逃避批评和处罚。因此每次犯错误后，她都会放声大哭。

我们给您的建议是：孩子犯错误后，重点不是批评孩子，而是让她从所犯的错误中得到成长的经验和教训，并且和她一起研究下次不犯同样错误的方法。

犯错误也是孩子进步的一种方式，家长要从多种角度看待孩子的错误。

问题114：孩子得不到满足，就会哭到呕吐，怎么办？

【问题情境】

小毅4岁多，当想要什么东西或想做什么事，但得不到满足时，他就会哭，并且时常有呕吐的表现——看起来有点吓人。许多时候，家长真的是被吓到了。虽然原本不想满足他的要求，但最后也只好心软地同意。

【问题分析】

家长提出这个问题的原因有如下三点。

1. 家长被孩子吓到了。

2. 家长不了解孩子行为背后的小伎俩。
3. 家长没有办法有效地应对。

【正确回应】

面对家长的问题，幼儿教师可以这样回应：

某某家长，您好。谢谢您将孩子的发展情况与我们交流。谢谢您对我们的信任。

面对这样的孩子，我敢肯定，在大多数情况下，他通过大哭基本都能得到自己想要的结果。如果他大哭大闹，仍得不到想要的结果——你们不理他、不满足他，那么他就会吐，吐得很可怕的样子。这样你们受不了了，就会关心他、照顾他，这就正中他的下怀，并且以后他就学会了如果用哭闹达不到目的，那就用哭到吐的手段来控制家长，进而达到自己的目的。

哭和吐都是孩子控制家长的一种手段。明白了这一点，你们就应该在其犯错误和提出无理要求时，不管他如何哭、如何吐，都不理他。连续几次当哭和吐都达不到目的后，以哭、吐作为手段的行为就会消失。

要看透孩子的这一小心思，坚持就是胜利。

当孩子哭闹时，家长不用急着和他讲道理。等其平静后再讲道理，教育的效果会更好。

问题115：孩子经常吸吮手指，怎么办？

【问题情境】

乐乐4岁多，他经常吃手指，在幼儿园里吃，在家里也吃。家长曾经在他的手指上涂过辣椒油、清凉油、芥末等，也用胶布包扎过他的手指，甚至批评和打骂过他。这些方法在初期会发挥一点作用，但是最终都没能改变他吃手指的坏习惯。

【问题分析】

家长提出这个问题的原因有如下三点。

1. 家长对孩子这么大了还吸吮手指感到不解。
2. 家长期待能让孩子改掉吸吮手指的习惯。
3. 家长知道吸吮手指对孩子的发展不好。

【正确回应】

面对家长的问题，幼儿教师可以这样回应：

谢谢您对我们的信任，谢谢您与我们沟通孩子的状况。对于您的孩子吸吮手指的心理行为问题，我们做如下分析与建议。

1. 吸吮手指的两种心理含义。

在孩子的婴幼儿期，吸吮手指是一种很常见的行为。不过，孩子在6个月前和6个月后吸吮手指的心理含义是不同的。

6个月前的吸吮手指完全是为了满足吸吮的需要，因而人工喂养和饥饿的孩子会表现得特别明显。吸吮反射是一种先天性的无条件反射，当触及3个月前的小孩的嘴唇（甚至面部的其他部位）时，都会引起他的吸吮反射，所以婴儿（尤其是3个月之前的婴儿）为满足吸吮的要求，常常会把手指当作刺激物，表现出的现象是他特别喜欢吸吮手指。母乳喂养的婴儿能尽情地吸奶，有较多的时间满足吸吮的本能，所以母乳喂养的婴儿吸吮手指的现象较少。而人工喂养的婴儿在吮吸完奶瓶中的奶后，父母一般不会让他吸吮空奶瓶，相对来说他的吸吮机会较少，因而人工喂养的婴儿吸吮手指的现象就较为多见。到3~4个月时，随着吸吮反射的逐步消失，孩子的吸吮要求也会开始逐渐减弱；到6~7个月时，吸吮手指的现象一般会自然消失。

如果婴儿在6个月后继续吸吮手指或开始出现吸吮手指的现象，则不再是满足吸吮的本能需要，而是一种自慰需要的表现。一般6个月以后的孩子常常会在内心紧张或感到孤独、无聊时出现吸吮手指的现象。这时候的吸吮手指具有自我安慰的含义，它对缓解内心的情绪具有一定的积极意义——这正如当成人感到内心有压力或紧张而嚼口香糖、吸烟或喝酒以减缓相应的情绪一样。

作为父母，应该关注的是孩子6个月后的、具有自我安慰意义的吸吮手指行为，因为它的出现说明孩子正处于心理的紧张状态。

2．教育建议。

（1）不要强行纠正孩子的吸吮手指行为。许多家长从各种途径了解到孩子经常吸吮手指会有很多害处：孩子经常吸吮手指会影响其牙齿的生长，过多地吸吮手指会造成牙齿咬合不正，伤及下巴肌肉及腭骨，也易造成细菌感染；同时，孩子吸吮手指常会遭到小朋友的耻笑，会引发他的害羞、焦虑等情绪；再者，经常吸吮手指，总是把手放在口中，可能会影响孩子手指肌肉的发育和精细动作的发展，从而对其以后的工作、学习及生活有一定的影响。

正是基于这些认识，当孩子在6个月后（特别是三四岁后），仍然经常有吸吮手指的行为表现时，家长就会十分紧张和忧虑。家长可能会在一些"过来人"的指导下，对孩子采取一些可能很快产生效果的、治标不治本的方法，如：有的父母会在孩子的手指上涂苦味、辣味的东西来防范；有的父母会给孩子戴上手套或在其手指贴胶布；有的父母会很紧张地一直盯着孩子，一看到孩子把手指放进嘴里，就把它拿开；还有的父母为了防止孩子在睡觉时吸吮手指，会把孩子的胳膊缚在床边——如用线绳将孩子的手控制住，既可让他活动，又不让他够到嘴……如果能严格地坚持使用上述方法，那么一段时间后，大多数孩子都有可能会放弃吸吮手指的行为。

但是，相关研究发现，通过使用上述治标的方法，虽然孩子吸吮手指的行为消失了，但他们中的许多人又形成了其他的问题行为。比如：有的孩子会吮吃衣角、被角、咬嘴唇、拔头发、爱发脾气，出现强迫性行为；甚至有的孩子会出现残忍行为和攻击行为，并且这些问题行为发生的频率比原来吸吮手指的频率还高。

孩子为什么会出现这种现象呢？原来，孩子习惯性地吸吮手指是其内心紧张或压抑的一种外部行为表现。孩子之所以吸吮手指，是因为他们要把内心的紧张情绪释放出来，吸吮手指为他们的内心冲突和适应困难提供了情绪上的出路。如果对孩子由于心理紧张、压抑或有压力而产生的吸吮行为，我们只采取"堵"的方式——以惩罚的手段强行迫使孩子改正这一行为，那么不但不会减轻孩子内心的紧张程度，反而会加重孩子的心理紧张度，进而使孩子的吸吮行为或类似的其他心理行为问题发生的频率更高。

从另一种意义来说，即使这些方法真的能把孩子由于心理紧张而出现的种种心理行为问题"堵住"，孩子也会因失去宣泄（减轻或缓解心理紧张）的机会或途径，而使紧张能量在心中逐渐积累，他们可能会产生更加可怕、更加内隐的心理问题，这将会给孩子的心理健康发展带来更大的危害。

所以，我们不主张单纯地用强行的办法来迫使孩子放弃吸吮手指的行为。

（2）要了解并努力消除造成孩子内心紧张或压抑的因素。引起两三岁以后的孩子产生习惯性吸吮手指行为的根本原因是其内心紧张或有压力。那么，可能造成孩子长期心理紧张或有压力的因素有哪些呢？据研究，造成孩子长期心理紧张或有压力的因素主要有：家庭缺乏愉快的气氛——父母不和，经常有意无意地在孩子面前大吵大闹；生活单调乏味——孩子缺少感兴趣的玩具，缺少玩伴；环境突然变化——刚上幼儿园、搬家、突然转换主要抚养人或家中的某位亲人突然离世等；父母对孩子过于严厉和苛刻或期望过高；父母工作忙，很少有时间与孩子玩耍、沟通和交流等。

因此，当孩子吸吮手指时，我们不妨先想想以下几个问题：孩子是否缺少感兴趣的玩具？最近有没有令他不安的事情？他在幼儿园里是否碰到了麻烦？他是不是与好朋友分开了？家里是否发生了大的变化？大人陪他的时间是否比以前少了？大人之间是否有冲突？大人是不是对孩子的期望太高？……一一查证，然后努力消除这些"紧张源"，让孩子轻松愉快地成长。

(3) 不要吓唬孩子。不要对孩子说"你再吃手指，妈妈就不要你了"。由于思维能力的影响，孩子真的会相信某一天自己会被妈妈抛弃，因而忧心忡忡……

(4) 给孩子创造一个温馨、愉快的生活环境。父母应以积极的情绪及表情影响和带动孩子，使孩子拥有一颗愉快的心和一副愉快的表情，父母不要把工作、生活中本该仅属于父母的烦恼传染给孩子。

(5) 让孩子"公开"吮手指。下面这个案例可能会提供一些帮助。

> 一个十来岁的孩子有吸吮手指的毛病。因为孩子的父母不愿看到自己的孩子这么大还在吸吮手指，所以孩子会躲起来偷偷地吸吮。
>
> 我建议父母与孩子达成协议：将每天放学后的20分钟定为吸吮手指时间，孩子可以自由地在任何地方吮手指头，但其他时间就不允许了。在最初几天，放学一回家，这个孩子就在客厅里迫不及待地吮她的手指头，当着家人的面，她使出吃奶的劲儿，弄得啧啧有声。有一天她吮着吮着，看看父母，忽然脸一红，"扑哧"一声笑了，她的父母也笑了。之后，她对吮手指这件事就没兴趣了。

真的是这样，家长越是禁止，孩子越是兴趣浓厚。家长不在乎了，孩子可能就没有兴趣了。

(6) 多抽点时间真诚地陪伴孩子。多些陪伴，多些关爱，多些沟通，多些玩耍，孩子的生活充实了，孩子感受到家长的爱了，他的吸吮行为自然就会减少，甚至消失。

只要我们努力,随着孩子心理的日益轻松,相信孩子吸吮手指的行为习惯一定会逐渐消失。

问题116:孩子爱舔嘴唇,怎么办?

【问题情境】

小恒3.5岁,他老爱用舌头舔自己的嘴唇,有时候还会弄出一种奇怪的声音,影响别人的学习和工作,甚至有点不太雅观。家长跟他强调过多次,可是他的这一行为一直没有多大改变。

【问题分析】

家长提出这个问题的原因有如下两点。

1. 家长不知道孩子老爱用舌头舔嘴唇的原因。
2. 家长期待能解决孩子的这一行为问题,但却没有找到有效的办法。

【正确回应】

面对家长的问题,幼儿教师可以这样回应:

某某家长,谢谢您与我们沟通孩子的发展与教育问题。谢谢您对我们的信任。对于您所提出的问题,我们做如下分析和建议。

1. 问题原因分析。

孩子经常舔嘴唇有多种原因:

(1)可能孩子需要多喝水;

(2)幼儿心理缺乏安全感;

(3) 可能孩子觉得无聊，舔嘴唇可以打发时间；

(4) 可能是孩子小时候无意中形成的一种习惯；

(5) 可能是孩子以舔嘴唇这一行为来引发他人对他的关注。

2. 教育建议。

对于您提出的孩子的问题，我们的建议是和孩子聊聊，问问孩子是不是感觉口渴。如果孩子感觉口渴，那就让孩子多喝水；如果孩子没有感觉到口渴，而是习惯性地用舌头舔嘴唇，那么我们就可以断定，孩子缺乏安全感或感觉生活单调乏味。针对后者，我们建议：多通过语言和行为向孩子表达家长的爱，丰富幼儿的活动，让其每天都过得安全、充实、丰富多彩，这样孩子频繁用舌头舔嘴唇的行为就会消失。

问题117：孩子总是黏着妈妈，怎么办？

【问题情境】

康康3岁多，正在读幼儿园小班。他在家里总是盯着妈妈，一看见妈妈换衣服便问："妈妈，你去哪里？"无论何时妈妈要外出，他都要跟着，如果不让他跟着，他就会哭闹一阵子。

【问题分析】

家长提出这个问题的原因有如下三点。

1. 孩子喜欢黏着妈妈，影响到了妈妈的正常工作和生活。
2. 家长不明白孩子黏妈妈的原因。
3. 家长想解决孩子过于黏妈妈的问题行为，但没有找到有效的办法。

【正确回应】

面对家长的问题，幼儿教师可以这样回应：

某某家长，谢谢您与我们沟通和交流孩子的发展与教育情况。谢谢您对我们的信任。对于您提出的问题，我们做如下分析和建议。

1. 孩子黏人的心理分析。

孩子黏人，是一种正常的现象，是其心理安全需要的一种体现。有的孩子即使被父母揍了一顿，还是会紧紧地抱着父母的腿不放，这就是孩子心理安全需要的一种典型表现。

适度的黏人，不仅可以促使孩子找到满足感，还可以帮助孩子享受愉悦感。适度的黏人，有助于建立孩子对一个人的信赖度和自我信任感，他将来能够成功地与伴侣、后代和睦相处。但是过度地黏某一个人，那就说明孩子的心理安全需要没有得到很好的满足，这需要引起家长的重视。

2. 教育黏人孩子的建议。

针对您提出的孩子的心理行为问题，我们给出的教育建议是：

（1）不取笑，不批评，不漠视孩子。当孩子过度黏妈妈时，不要批评孩子，更不要惩罚孩子，也不要取笑孩子为"某某的跟屁虫"，因为此时孩子正处在不安之中，他更需要关心、同情、爱护……

（2）不要吓唬孩子。当孩子黏着打算外出的妈妈时，请不要对孩子说："你再这样，我就真的不要你了。"由于思维能力的影响，威胁只会让孩子更加忧心忡忡，内心紧张，却不能减少和消除孩子的黏人行为，甚至会进一步激发孩子的黏人倾向和行为。

（3）尽量避免妈妈一个人带孩子。如果孩子长期只和妈妈待在一起，那么可能会让孩子形成对妈妈一个人的依恋，并表现出离不开妈妈的现象。如果让爸爸等人更多地参与育儿，那就可以避免孩子对妈妈的过度依恋。如果能让孩子觉得与每位家庭成员在一起都有安全感、有乐趣，那么孩子就不会刻意地、特别地"黏"某一个家庭成员，其"黏人程度"也就被稀释了。

(4) 父母要多陪伴，多关爱，多和孩子交流和玩耍。

①营造家庭的快乐氛围。当与孩子打交道时，微笑应该成为父母的一种习惯。

②每天至少拥抱孩子2次，每次至少拥抱8秒钟。

③每天至少抽出1小时的时间与孩子玩一些有趣的游戏。

④每天至少抽出半小时的时间与孩子到室外散散步、聊聊天或玩耍。

⑤如需外出，要提前跟孩子说明。如需出差，可以给孩子带点礼物回来。出差在外时，每天都应给孩子打电话。

随着亲子关系的逐渐亲密，孩子在心理上有了安全感，其刻意"黏人"的动机就会自然而然地消失。

问题118：孩子玩游戏时输不起，怎么办？

【问题情境】

王子5岁多，好胜心很强，他在玩一些胜负游戏时老是输不起。许多时候为了避免输，他就会破坏规则。有时他输了就会哭闹，甚至摔东西。家长为孩子的这种脆弱心理感到担心。

【问题分析】

家长提出这个问题的原因有如下三点。

1. 家长意识到心理承受力对孩子成长的意义。
2. 家长希望孩子能有较强的心理承受力。

3. 家长在这方面缺乏有效的教育方法。

【正确回应】

面对家长的问题，幼儿教师可以这样回应：

某某家长，谢谢您与我们沟通和交流孩子的教育问题。谢谢您对我们的信任。

您能意识到孩子怕输是一个问题，说明您颇具教育专业素养。对于您提出的问题，我们的建议如下。

1. 经常让孩子出去和小伙伴们玩些有赢输的游戏。玩得多了，经受过多次失败和挫折后，孩子就会慢慢地知道，输也没有什么，也就输得起了。

2. 家长也可以在家里和孩子玩些有赢输的游戏。

（1）逐渐提高孩子输的比例。在刚开始时，让孩子多赢些，输得少一些；随着孩子心理承受力的提高，慢慢地增加孩子输的概率。经过较长时间的磨炼，孩子的心理承受力就会提高。切不可一开始就让孩子输得太多、太惨，否则，一开始孩子的自信心就会被彻底摧毁，再也没有信心与家长玩相关的游戏，甚至连做其他事情的自信心也没有了。

（2）对孩子进行随机教育。当爸爸妈妈输给孩子时，可以和孩子说明：爸爸妈妈也有输的时候，爸爸妈妈输的时候表现如何呀？其实，输也没有什么。每个人玩游戏都想赢，这很正常，但是在胜负游戏中，有人赢，肯定就有人输，无论是赢了，还是输了，都很正常。玩得多了，孩子对输就慢慢地适应了，就不会那么在意了。

当父母输时，要跟孩子特别强调一下："你看爸爸妈妈也会输，但爸爸妈妈输了也不难过，我们会思考自己为什么会输——哦……原来是……"如此向孩子重复强化就好。家长可以多和孩子玩些胜负游戏，既能增进亲子感情，又能提高孩子的心理承受力。

(3) 在与孩子玩胜负游戏时，如果孩子输了，请不要幸灾乐祸，不要挖苦孩子，不要说取笑孩子的话，可以与孩子探讨输的原因，从而为提高比赛水平积累积极的经验。

(4) 如果孩子输了就哭，那么家长可以对他说："我知道你很想赢，我也知道你输了不好受。不过，比赛总会有赢输，胜败乃兵家常事。"

在幼儿园里，我们老师也会经常让孩子们参加一些有赢输的竞赛性游戏，我们也会根据您的孩子的具体表现对他进行相应的教育，相信您的孩子参加类似的活动多了，其抗挫能力也会自然而然地提高。

问题119：孩子只想得第一，怎么办？

【问题情境】

欢欢4岁多了，做什么事都想得第一，得不到第一就生闷气，有时甚至大哭大闹。家长跟她讲道理，她根本听不进去。家长很担心这种倾向会影响她今后建立正常的人际关系，甚至影响她的心理健康状况和心理生活质量。

【问题分析】

家长提出这个问题的原因有如下两点。
1. 家长为孩子好强、好胜的心理感到担心。
2. 家长希望矫正孩子过强的好胜心，促进孩子心理的健康发展。

【正确回应】

面对家长的问题，幼儿教师可以这样回应：
某某家长，谢谢您能与我们沟通和交流孩子的教育问题。谢谢您对我们的

信任。

孩子样样事情都想争第一，是其好胜心的表现，也是其与人交往的机会和经验少、经历太少的缘故。

我们所提出的教育建议是：多给孩子与人交往的机会，特别是与小伙伴交往的机会。随着积极经验的积累，她就会知道，有些方面自己表现得不错，有许多方面别人表现得更好，她就会慢慢地接受一个并非所有方面都得第一的自我，同时会慢慢地接受别人得第一。请不要批评孩子，让她多经历就好。

当然，孩子好胜是没有错的，家长也可以鼓励她不断争取更好的名次，但一定要教会孩子心平气和地接受自己在某些方面不是第一的客观现实。

问题120：孩子看到喜欢的鱼被煮后，不爱吃鱼了，怎么办？

【问题情境】

"我是大一班孩子的家长，昨天我的女儿看到自己喜欢的鲤鱼被煮了，她就不爱吃鱼了，她说鱼太可怜了。我们跟她说，鱼就是给人吃的，鱼并不懂人的情感和思想，它就仅仅是一种动物而已。可是，对于我们说的话，女儿怎么都听不进去。"

【问题分析】

家长提出这个问题的原因有如下两点。

1. 家长对女儿的同情心感到不可理喻。
2. 家长期待自己的女儿能继续吃鱼。

【正确回应】

面对家长的问题，幼儿教师可以这样回应：

某某家长，谢谢您与我们沟通和交流孩子的发展与教育问题。谢谢您对我们的信任。

对于孩子的同情心，不要批评，不要讽刺，因为同情心是善良之心的起点。孩子不吃鱼，还可以吃其他的肉，保证营养均衡且合理就可以。我想问，为什么非要让孩子吃鱼呢？

过一段时间后，父母可以将鱼（不是孩子最喜欢的那种鱼）做得香喷喷的，并且在孩子面前快乐地享受鱼类美食。不用多说什么，相信过一段时间孩子就会忍不住要吃鱼——当然，不要买孩子喜爱的鲤鱼回来吃——因为那是对孩子的不尊重，也是对孩子"信仰"的一种挑衅，如此做对孩子的心理健康极其不利，其后果十分可怕、难测。

问题121：我儿子的性格有点偏向女孩的性格，怎么办？

【问题情境】

"我儿子的性格有点偏向女孩的性格：他平时会偷偷地穿我的裙子，还喜欢偷偷地抹口红；他喜欢布娃娃，不喜欢刀、枪、车、炮类玩具，而且说话特别温柔；他喜欢和女孩一起玩，不喜欢和男孩一起玩。对此，我感到十分忧心。"

【问题分析】

家长提出这个问题的原因有如下三点。

1. 家长不明白孩子为什么会这样。

2. 家长采取过措施，却没有明显的效果。

3. 家长对孩子的异性倾向感到焦虑。

【正确回应】

面对家长的问题，幼儿教师可以这样回应：

某某家长，谢谢您能与我们沟通孩子的发展与教育问题。谢谢您对我们的信任。

孩子的年龄还小，家长不用为此过于紧张，我们可以一起努力应对。

1. 适当地鼓励孩子的同性别行为。鼓励孩子表现出的社会所期待的男性心理特征和行为，如男人应该意志坚强、性情豪爽、坚定自信、勇于献身、有泪不轻弹等。不要让孩子学柔美的舞蹈，要让孩子学拳击、跆拳道、篮球、足球等。

2. 强化教育物质的性别角色。给男孩穿男装，不要轻易给孩子化妆；给孩子送一些具有男性特质的玩具（如送给儿子玩具汽车、机器人和兵器等），而不要送布娃娃、毛绒玩具等女性化比较明显的玩具；少给您的儿子讲"小红帽"和"白雪公主"之类的故事。

3. 为孩子树立男性榜样。如果父亲缺乏男子汉气概，那么父亲也要做出改变。要让孩子多与男人玩，多与有男子汉气概的小伙伴玩。父母还可以从当代的中外演员、球星中物色男性的典型形象，鼓励孩子模仿、学习。

4. 不批评孩子。不要因孩子偏女性化而批评、讽刺和挖苦孩子。

5. 不要在孩子面前表现出对这一问题的过度关注。过度关注反而会强化孩子的偏女性化行为。在必要时，可带孩子到专业的机构进行训练。

最后，如果问题比较严重，家长可带孩子到省级甲等医院进行性别生理和心理的检测。

第四章 回应幼儿心理行为类问题的机智

【温馨提示】

男孩出现的性别偏差问题，多数是由环境所引起的。因此，家长要反思，幼儿教师也要反思与改进，努力强化男孩的男性特征，促进每个男孩的健康发展。

问题122：我的儿子有手淫现象，怎么办？

【问题情境】

"我的孩子现在5岁多，他有一个坏习惯，就是'压鸟鸟'。这一现象应该是从他4岁多时开始的。我们一直想要矫正他，但效果都不佳。我们问他在幼儿园里午睡睡得好不好，他说自己几乎没有睡着，天天都在'压鸟鸟'。我们问他为什么会这样，他说他无聊。"

【问题分析】

家长提出这个问题的原因有如下三点。
1. 家长发现自己的孩子手淫，担心这会影响他的身体健康。
2. 家长发现自己的孩子手淫，觉得很难为情，很不可思议。
3. 家长没有找到有效的办法让孩子放弃手淫。

【正确回应】

面对家长的问题，幼儿教师可以这样回应：

某某家长，谢谢您对我们的信任，谢谢您和我们谈这么隐私的问题。对于您提出的问题，我们做如下分析与建议。

1. 对孩子手淫行为的心理分析。

(1) 孩子喜欢玩自己的小鸡鸡，说明孩子并不愚笨，而且比较敏感，他能在无意中得到快感，然后重复这样的动作。

(2) 孩子玩小鸡鸡，说明孩子的生活单调乏味，说明孩子无聊，缺乏安全感。另外，这也说明玩小鸡鸡确实能给孩子带来快乐，能让孩子忘却烦扰。

(3) 一般孩子在几个月大的时候就会开始探索自己的身体——脚、手、耳朵、生殖器等。如果他们碰巧触到阴茎或阴蒂，而觉得比触摸手或脚趾好玩，那么他们抚弄该部位的时间便会维持得久一点（幼儿期的孩子可不觉得有什么不妥）。这种探索不仅正常，更是幼儿的成长和人格形成的重要一环。

(4) 不用担心孩子过度沉溺其中。请不要担心，如果现在允许孩子在房间里抚弄自己的身体，那么以后就很难矫正他的这种习惯。研究表明，一个健康、活泼、快乐的孩子，其实很少会"过度沉溺"其中。

哈诺·吕福博士说："自然的习性，很少会使人沉迷得不能自拔。"就算孩子真玩上了瘾，这也未必见得就是恶习。它所隐含的真正意义，可能是孩子正在同自身、家庭或幼儿园产生某种矛盾或冲突，需要家长帮他以更适当的方式去除那种心理压力和不安。大部分孩子会觉得，他们是在体会生命的美好。

2. 面对孩子的手淫，我们给家长如下建议。

(1) 万万不可表现出惊讶。哈诺·吕福博士认为，如果家长对孩子的手淫行为做出了有惊叫的反应，那么这会在孩子的心中留下不可磨灭的印迹，会误导孩子以为他们自然而愉悦地抚弄自己的身体是一种很坏的行为，甚至会让孩子觉得自己手淫之后就成了坏人。同样孩子会认为，任何有过类似经历或渴望那么做的孩子都是坏孩子——这将会成为孩子今后难以逾越的一种成长障碍。

(2) 正确认同孩子的感受。哈诺·吕福博士认为，如果孩子能够通过父母得到自我认同，那么他日后就能发展出正确的性反应。假如孩子从小就对身体某一部分的自然反应有厌恶的感觉，那么他长大后对外界事物也很难有愉悦的感应。但愿所有家长在初次看到孩子抚弄他们的生殖器时，都能说："哦，你已经体验到了那是种多么美好的感觉，真棒啊！"这种反应对孩子日后的性反应有正常、自然而积极的鼓励作用。

（3）手淫是孩子的极密级隐私。如果孩子是在自己的卧室里这么做，那么这是可接受的，但在公众场合则是不可接受的。请家长尊重孩子的隐私权，不要到处张扬孩子手淫的事情。不可以将手淫与孩子道德人品的好坏挂钩，手淫完全是一种属于隐私的自娱自乐的方式。请不要用异样的眼光看待孩子的手淫行为和手淫后的孩子，否则后果将十分严重。

（4）不要批评和指责孩子。面对玩小鸡鸡的小朋友，不要批评，更不要惩罚，也不要跟孩子说玩小鸡鸡是件很丢人的事情——其实玩小鸡鸡是孩子的私事，如果他在没有其他人的角落里玩，那就没有什么好指责的。对于孩子"压鸟鸟"的行为，不要过度关注，不要批评孩子，不强迫孩子改正，不得以此羞辱和责罚孩子。

（5）丰富孩子的生活，增加孩子生活的乐趣。要相信"压鸟鸟"的行为确实能给孩子带来快感，不能否认孩子的"快感"。因此，要想减少孩子手淫的频率，最有效的办法就是为孩子寻找能给他带来更大快乐的活动。

要丰富孩子的生活，让活动和材料占满孩子的双手，让他旺盛的精力有充分宣泄的机会。如果他在睡觉前感觉很累，那么他一上床就能很快入睡。坚持3个月后，如果孩子能够从其他途径得到更多的快乐，那么他就不会玩小鸡鸡了。

（6）为孩子创造一个有爱、有安全感的环境。在孩子面前，家长不要争吵，更不要打架。如果父母与祖辈有冲突，不要当着孩子的面大吵大闹，否则孩子很容易陷入不安之中。

父母不要将自己的工作压力和生活压力传染给孩子，让孩子承受他这个年龄不该承受的压力。家长每天都要通过行为和语言表达对孩子的爱，让孩子真切地感受到家人对他的爱。良好的心理环境可以减少孩子的手淫行为。

我们老师也会关注您的孩子的这个问题，我们会努力让他的幼儿园生活变得更加丰富多彩，让他的过剩精力得到有效释放，进而促进他的健康发展。

非常谢谢您对我们的信任。

问题123：我的女儿有自慰现象，怎么办？

【问题情境】

"我的女儿4岁多，有自慰行为已经两年了。以前在我们面前，她也会自慰，她觉得这是一个游戏。她喜欢玩边、角、凸起的东西，用生殖器用力地蹭，这肯定是自慰的表现。我也跟她说，这样不好，我们要保护它，不能让别人摸碰等，但是她现在独处的话，还是控制不住自己。"

【问题分析】

家长提出这个问题的原因有如下四点。

1. 家长认为孩子的自慰是需要被禁止的。
2. 家长采取了多种措施来提防孩子自慰行为的发生，但最后发现无法做到彻底管控。
3. 家长因孩子自慰而对孩子的未来感到担忧。
4. 家长认为孩子自慰是一种毛病。

【正确回应】

面对家长的问题，幼儿教师可以这样回应：

谢谢您对我们的信任，谢谢您和我们谈这么隐私的问题。对于您提出的问题，我们做如下分析和建议。

第四章 回应幼儿心理行为类问题的机智

1. 对孩子自慰行为的心理分析。

研究表明，不同程度的"自慰"在1—6岁的孩子中是很普遍的行为。出生六七周的孩子开始能用手触摸东西，常常会触摸衣服、被褥、自己的脸和脚等，偶然会碰到生殖器，并因此得到快感。对于以刺激性器官部位为游戏的现象，男孩比女孩出现得早。从出生到1岁期间，男孩自乐式性游戏的次数是女孩的两倍。有人注意到在同一住宅群中，有61%的1岁以内的孩子有此行为。由于摩擦生殖器有明显的快感，因此他们就有重复的趋势。据统计，有三分之一的孩子会将婴儿期自乐式性游戏延续至儿童期。有的儿童除用手玩弄生殖器外，也会使用其他物品（如用大腿摩擦床、被子、玩具等）。

对幼儿期的孩子来说，"自慰"是其探索性存在并从中获得快乐的一种很自然的方法。有关研究表明，只要自慰不过度，对身体无危害，那么它对缓解青少年的"性紧张度"或"性能量"的释放是有好处的。但是许多家长对孩子的自慰（有的并不一定是真正意义上的自慰，而仅仅是在无意中玩弄、抚摸生殖器而已）感觉到深深的不安。家长往往会严厉地训斥、惩罚孩子，以期能制止他们的"自慰"行为。这种做法在表面上会产生一定的效果——孩子"自慰"的次数明显地减少，然而更大的危险便可能就此潜伏——孩子对自己的行为感到十分忧虑、紧张和愧疚。这本来是一种对孩子来说无特殊意义的动作，但从此这使他们背上了沉重的精神包袱。更糟糕的是，孩子有时会因此而刻意地压抑自己，形成"性压抑"心理，甚至造成一些性机能障碍（如男性的阳痿、女性的性冷淡、性高潮缺乏等）。有分析表明，这些性心理障碍都与幼年、童年时的"性压抑"有关。有时家长强行抑制孩子的"自慰"，只能产生反作用，反而会加剧孩子"自慰"的欲望。

有关研究还表明，"自慰"本身并没有什么"危险"，而危险的是家长对孩子这一行为的大惊小怪或过分关注，因为这样会使孩子觉得自己是在犯罪，也只有此时这一行为才会对其产生真正的伤害。

如果孩子形成了"自慰是有害的,是龌龊、下流的行为"的观念,那么他们的心理健康将会受到影响。因为在这种观念的支配下,有些孩子在自慰后会极度懊悔,有相当沉重的精神压力。于是他们在自慰后,常常会追悔、自责,反复处于自慰的快感和内心矛盾的冲突中,并且在与这种"坏习惯"做斗争的过程中屡遭失败,这就使孩子怀疑自己的个人价值,怀疑自己的意志力,降低自尊心,并迫使他们把学习和交往的失败看作自己的"缺陷"所产生的后果。

2. 面对孩子的自慰,我们给家长如下建议。

给您讲一个我的朋友应对孩子自慰的故事,希望能给您一点启示。

在孩子四五岁的时候,幼儿园老师告诉我,孩子睡觉前总是在床上翻来覆去地睡不着,磨蹭好一阵。她会交叉两腿,全身绷紧挺直,一阵抽动之后,才会显出满足的神情,然后逐渐睡觉。当时我听了之后,真有点无地自容的羞愧感。孩子还那么小,怎么会有这样的坏毛病呢?我感到事态有些严重,于是决定不让孩子全托,每天接她回家。我观察了她两天,果真如老师所说。之前她是自己睡一个房间,平时我都会帮她收拾好,然后关灯让她自己睡觉。自从发现了这一问题后,我每天晚上都要陪着女儿躺在床上,给她讲故事,等她沉浸在故事中,不知不觉地睡着,我才离开。现在她已经习惯于在故事中睡去,那种自慰的习惯也被扭转了。她现在已经6岁多了,再也没有出现之前的那种事了。

从外因来说,孩子的"自慰"往往与其生活内容和形式过于单调、乏味,生活中缺乏必要的爱与关注有关。因此,当发现孩子有"自慰"行为时,正确的处理方式不是斥责、惩罚,而应是理解,并在理解的基础上设法转移孩子的注意力,丰富孩子的生活内容,给孩子足够的爱与关注。

孩子自慰是一件很自然的事情，消退它也要自然而然，水到渠成，而不要追求快速地扑灭它，甚至不要一味地追求扑灭它。

问题124：孩子喜欢生闷气，怎么办？

【问题情境】

坤坤特别有个性，老是喜欢生闷气。他在幼儿园里是这样，在家里也是这样。当与小伙伴有冲突时，他会生闷气；当与成人有冲突时，他会生闷气；当与小伙伴比赛，自己输了时，他会生闷气；当别人得到老师的表扬，而自己没有得到时，他也会生闷气。

【问题分析】

家长提出这个问题的原因有如下三点。

1. 孩子爱生闷气，家长不明原因。
2. 家长想引导孩子，却不知道该怎么引导。
3. 家长十分渴望尽快改善孩子的当前情况。

【正确回应】

面对家长的问题，幼儿教师可以这样回应：

某某家长，谢谢您能与我们沟通和交流孩子的发展与教育问题。谢谢您对我们的信任。

下面是我们针对您反映的孩子的心理行为问题提出的建议。

1. 让孩子学会通过语言（"我……"）来表达自己的情绪和感受。
2. 平时与孩子多些温暖的互动，给予孩子鼓励、微笑、支持、问候和拥抱，关注其感受。

3. 平时多抽时间陪伴孩子，与孩子说说话，交流思想感情，陪孩子玩，陪孩子外出走走。全心全意地陪伴孩子，不玩手机，不打电话，不想工作，不想与孩子当前活动无关的事情。毕竟工作并不是人生的全部。

4. 适当地忽视孩子的"生闷气"行为。孩子"生闷气"有可能是想引起成人的关注，成人的过分关注反而会强化其"生闷气"的倾向和行为。

问题125：孩子一生气就打自己，怎么办？

【问题情境】

"我的孩子4岁多了，他一生气就会打自己的头、咬自己的手。我们也不知道他是从何时开始这样的。现在，他的这一过激行为越来越严重了。我们经常告诉他，有什么要求就跟爸爸妈妈说，爸爸妈妈都很爱他，但教育效果并不明显。"

【问题分析】

家长提出这个问题的原因有如下两点。

1. 家长看到孩子自己打自己，自己伤自己，觉得有点担心。

2. 家长希望能改变孩子的自残行为。

【正确回应】

面对家长的问题，幼儿教师可以这样回应：

某某家长，谢谢您与我们沟通和交流孩子的发展与教育问题。谢谢您对我们的信任。

如果孩子的自残问题比较严重，请带他到省级重点医院检查一下，看看孩子的大脑有没有问题。如果有问题，就听医生的安排，对孩子进行专门的训练。孩子年龄尚小，训练效果是比较好的。如果医院检查证明孩子的大脑没有问题，那么忽视他的自残行为就好——如果孩子以自残来达到目的，那么坚持21天不理他，他就会放弃自残行为。成人对孩子自残行为的过度关注，其实就是在强化他的行为。因此，成人不应该对孩子的自残行为给予过度的关注。

有些孩子的自残行为是通过模仿而来的。孩子模仿的对象可能包括家长、同伴、文学艺术作品中的人物等。因此，家长要反思、审视孩子所处的环境，看看是不是存在诱导孩子自残的因素。

另外，家长还要告诉孩子，有什么需要就用语言来表达。如果要求合理，那么大人会考虑满足他的要求；如果要求不合理，那么无论如何，大人都不会理他！大人只需要说到做到，坚持21天，孩子的这些不良行为就会慢慢地消失。

问题126：孩子的语言有点暴力，怎么办？

【问题情境】

旭旭3.5岁，他的语言有点暴力。每天他一不高兴就说："我不爱你了！""我讨厌你，我要打你！""我要把你打坏，打出血！"他甚至会说些骂人的话。家长教育过无数次，但效果甚微。

【问题分析】

家长提出这个问题的原因有如下三点。

1. 孩子喜欢具有暴力味道的话语，家长不明白其原因。
2. 家长期待孩子说话温和、文明，却没有找到有效的办法。

3. 对于孩子的语言表现，家长感到尴尬、不安。

【正确回应】

面对家长的问题，幼儿教师可以这样回应：

某某家长，谢谢您能与我们沟通和交流孩子的发展与教育问题。谢谢您对我们的信任。对于您提出的问题，我们给出如下分析和建议。

1. 孩子说暴力语言的原因分析。

孩子喜欢说暴力语言有几种可能的原因：

(1) 孩子觉得好玩；

(2) 父母经常在孩子面前说类似的话；

(3) 孩子的心中有压力，有负面情绪需要发泄。

2. 教育建议。

下面是我们针对您反映的孩子的心理行为问题提出的建议。

(1) 为孩子做文明的榜样。孩子并不是天生就会说带有暴力倾向的、不文明的话。许多话都是通过模仿家长而习得的，因此家长要为孩子树立说文明语言的榜样，不讲不文明的话，不讲带有暴力倾向的话。

(2) 鼓励孩子多参加一些具有宣泄意义的文艺和体育活动，让孩子的不良情绪在体育活动和文艺活动中得到合理的宣泄，如此一来，孩子就不会通过暴力语言来宣泄自己的负面情绪了。

(3) 教会孩子用正确的语言表达自己的不良情绪。比如："你弄得我不舒服……""你不能……""我不喜欢你这样……""我希望你……""我心里不舒服，你不要……""我不喜欢你……，我希望你……"

第四章　回应幼儿心理行为类问题的机智

问题127：孩子喜欢摸妈妈的胸，怎么办？

【问题情境】

"我的儿子3岁多，平时他有事没事总喜欢摸我的乳房。以前他还小，我并没有觉得有什么不妥，可是现在他还是不分场合地摸我的乳房，我觉得有点尴尬（特别是有其他人在场的时候）。我真的不知道该如何跟孩子表达我的内心意愿。"

【问题分析】

家长提出这个问题的原因是：孩子在小的时候摸妈妈的胸，妈妈认为这是很正常的。现在孩子长大了，妈妈不乐意孩子摸胸，但不知道如何教育对孩子有益而无害。

【正确回应】

面对家长的问题，幼儿教师可以这样回应：

谢谢您对我们的信任。谢谢您能将这一涉及隐私的家庭问题告诉我们。

针对您的孩子表现出来的心理行为问题，我们的建议如下。

1. 理性认识孩子的行为。孩子的摸胸行为不是流氓行为。他没有色心，只有好奇心和游戏心。这还有可能是孩子无聊，内心缺乏安全感的外显行为。

2. 不要批评孩子，更不要骂孩子"下流""不要脸"，否则可能会给孩子留下阴影，让他认为性和性器官是罪恶的、耻辱的。

3. 要坚决地告诉孩子应该保护自己的身体，尊重别人的身体。泳衣遮住的部位不能让别人碰，也不可碰别人被泳衣遮住的部位，妈妈的胸也不能随便摸。

4. 陪孩子一起看关于身体的书籍（如绘本《乳房的故事》《认识身体》等），让孩子通过绘本来探索身体，从而满足其好奇心。

问题128：孩子爱乱丢乱放东西，怎么办？

【问题情境】

"我的孩子已经4岁多了，她喜欢到处乱丢乱放自己的东西——玩到哪里，就把东西丢在哪里，极少能做到物归原处，每次都是我们帮她收拾。虽然我们经常提醒和教育她，但就是没有效果。"

【问题分析】

家长提出这个问题的原因有如下三点。

1. 孩子不会物归原处，家长很无奈，试了许多方法都无效。
2. 家长并不了解问题的根源就在于自己。
3. 家长期待能改善孩子当前的状况，让孩子的生活变得有序。

【正确回应】

面对家长的问题，幼儿教师可以这样回应：

某某家长，谢谢您与我们沟通和交流孩子的发展与教育问题。谢谢您对我们的信任。

针对您提出的孩子的心理行为问题，我们给您的建议如下。

1. 马上、彻底停止你们"最后帮她收拾"的行为。孩子不会物归原处的根源就在于——她乱丢乱放东西后有人帮她收拾，她并没有发现不收拾、不将玩完的物品归位有何不好。因此，她也就没有物归原处的内在动力。

第四章 回应幼儿心理行为类问题的机智

2. 让自然后果教育孩子。如果孩子不收拾，那么家长也不要帮其收拾，即使她找不到东西，家长也不要帮她找，要让其承担自然后果。比如：如果她找不到袜子，那就让她光脚穿鞋上幼儿园；如果她找不到玩具，那就让她没得玩等。久而久之，孩子就会从中吸取教训，获得成长。

自然后果法是18世纪法国著名教育家卢梭提出的，他认为我们可以"通过孩子体验其过失的不良后果，来纠正他们的过失"。成人可以用孩子行为产生的自然后果来教育孩子，使孩子从自己的行为结果中受到应有的教育，这就是著名的自然后果教育法。我们可以在教育孩子的许多方面运用卢梭的这一教育原理。下面为您提供我在教育孩子方面使用自然后果法的案例，希望能给您带来一些启示，希望能帮助您有效地解决孩子随意丢东西的毛病。

我是个爱整洁的人，可我的女儿却不爱整洁。她会到处乱扔自己的玩具；看过的 VCD[1]、DVD[2] 或图书，她也很少放回原处。为了整洁，我总是帮女儿收拾，并且每次收拾时总是不停地数落她，可就是没有效果。后来，我的爱人说："你干脆就不要帮她收拾了，让'自然后果'来教育她吧。"由于乱扔乱放，当想玩某种玩具或很想看某个内容的 VCD、DVD 以及图书时，女儿就会找不到或很难找到，此时我们就会及时地对她进行教育，告诉她"物归原处"的意义。经过几次"自然后果"的教育，女儿现在已会将玩具分类放进不同的盒子，看完 DVD 后，她也会主动将光盘放回原处……当然有时女儿还会有乱放东西的现象，但"自然后果"会让她更加懂得物归原处的好处。在这方面我们家长达成了统一意见，我对女儿的帮助总是在"自然后果"发挥作

---

[1] 是 Video Compact Disc 的缩写；中文名称为视频压缩盘片，又称影音光盘。
[2] 是 Digital Video Disc 的缩写；中文名称为高密度数字视频光盘，又称数字通用光盘。它是比 VCD 更新一代的产品。

用后才进行，而不是像以前那样过于"匆忙"地帮助女儿，让她没有受到应有的教育就获得自己想要的东西，进而不断地鼓励她犯同样的错误。

我们的实际体会是，让自然后果来教育孩子，比我们空洞地向孩子说教效果更好，教育的效率也更高。

问题129：我的女儿想天天穿裙子，怎么办？

【问题情境】

晶晶4岁多了，总是爱挑衣服穿，她觉得好看的衣服，就要天天穿。有时候，她觉得裙子好看，就要天天穿裙子，甚至天气有点冷了，她还是要穿裙子。家长怎么跟她讲道理都没有用。

【问题分析】

家长提出这个问题的原因有如下三点。

1. 家长认为孩子挑衣服穿是个问题。
2. 家长希望孩子不只是穿裙子，也要穿其他衣服。
3. 家长没有找到有效的方法来纠正孩子的错误。

【正确回应】

面对家长的问题，幼儿教师可以这样回应：

某某家长，谢谢您与我们沟通孩子的情况。谢谢您对我们的信任。

孩子出现爱美之心，说明孩子长大了。

在买衣服时，可以多听听孩子的意见，买孩子喜欢的衣服，而不是给孩子买家长喜欢的、家长认为好的衣服。要让孩子自己选穿什么衣服，不用强迫孩子非要穿什么样的衣服，多给孩子自主权，这对孩子自主性的发展有帮助。买回来的衣服就是要给孩子穿的。孩子都不在乎天天穿同样的衣服，家长就更不应该在乎。

至于天气凉了，她还要穿裙子，家长可向她提建议，但不要强迫孩子。如果孩子仍然坚持在大冷天穿裙子，那就让冷的后果——受凉甚至感冒——教育一下孩子。感冒也不都是坏事，感冒可以提高孩子的免疫力，让她学会根据冷暖来决定穿什么样的衣服更合适。不要总是代替孩子做决定，否则，孩子将无法成长。

在教育孩子方面，我们是引导者，而不是控制者。如果孩子不听话，那就让自然后果去教育孩子；如果没有产生不良的自然后果，那就说明我们的引导可能是错误的。

我们时常以发生概率为万分之一的事件来限制孩子的自主性，这对其一生的发展都是不利的。

问题130：孩子怕鸡、鸡毛和其他毛制品，怎么办？

【问题情境】

"我的孩子5岁多了，她从小由外公外婆带大。在她3岁时，我们才把她接回身边，然后我们发现她和她的表姐一样（小时候由外公外婆照顾）怕鸡、鸡毛和其他毛制品，有时她甚至害怕那些看起来有点毛茸茸的玩具。"

【问题分析】

家长提出这个问题的原因有如下三点。

1. 家长不明白女儿为什么会怕鸡、鸡毛和其他毛制品。
2. 家长没有找到有效的办法让孩子从害怕中走出。
3. 家长期待女儿不再害怕这些并不可怕的东西。

【正确回应】

面对家长的问题,幼儿教师可以这样回应:

某某家长,您好!谢谢您能将孩子的心理行为问题与我们沟通和交流。

从您反映的情况来看,您的女儿与她的表姐都有同样的特异恐惧症,因为她们俩具有相同的生活经历——在外公外婆家生活的早期经历。我们可以肯定,要么是您女儿的表姐将这一特异恐惧心理传染给了您的女儿,要么是外公外婆家的某种同样的事物或事件吓着了您的女儿和她的表姐。这里我们就不深究其中的原因了,我们向您提出如下教育建议。

1. 不要取笑、惩罚孩子。不要因为孩子害怕鸡、鸡毛、其他毛制品等而嘲笑或惩罚她。对孩子而言,害怕是内在情绪感情的一种自然流露,并不是什么见不得人的坏事。如果您总是骂她是"胆小鬼""窝囊废",那么她不但不会因此变得大胆,久而久之她反而会更加坚信自己真的就是个胆小鬼。假如当看到孩子表现出害怕时,父母以幼稚、夸大或轻蔑的语气与孩子交流,那么这会更加增强孩子害怕的感觉——因为这样不仅不会降低孩子对鸡、鸡毛的恐惧,还会使孩子担心因表现出对鸡、鸡毛的恐惧而被人耻笑,进而产生"双重恐惧"。如果父母在见到孩子害怕鸡、鸡毛时,能够平静地对孩子说"很多像你这么大的孩子都害怕它,这是正常的",那么孩子就不会因为害怕鸡、鸡毛而感到羞耻,并能逐步减少恐惧,直至消除恐惧心理。

2. 为孩子树立良好的榜样。面对孩子所恐惧的鸡、鸡毛等，家长可以创造机会，让孩子现场观察或视频观察其他孩子如何与鸡玩耍、与鸡亲近。父母还可以当着孩子的面接触鸡和鸡毛，让孩子看到鸡和鸡毛并不害怕。

3. 不要过分关注。对于孩子害怕鸡、鸡毛和其他毛制品等，不要过分关注。有时候孩子之所以会表现出一些特异的恐惧，是因为他们想获得家长的爱或关注。因此，如果家长对孩子害怕鸡、鸡毛、其他毛制品等给予过分的关注，反而会强化孩子的恐惧心理和行为。

4. 让孩子喂养一些小鸡。小鸡毛茸茸的，很可爱，而且没有攻击性。在经历了将毛茸茸的小鸡喂养成长有羽毛的鸡的过程后，孩子就不会再害怕鸡和鸡毛了。

相信经过一定的时间，您的女儿一定会慢慢地改变。

问题131：孩子性格急躁，遇事不能等待，怎么办？

【问题情境】

"我家大宝很急躁。比如，他让我打开电视机，我还在择菜，就让他等一会儿，结果他很生气，过来乱扔我的菜，让我快点打开电视机，一边说还一边哭，一秒都等不了。可能他也受到了我的影响，在有了二宝后，我的脾气比较急躁，我也在努力地改变自己。"

【问题分析】

家长提出这个问题的原因有如下两点。

1. 家长知道孩子脾气急躁，而且觉得孩子这样不太好。
2. 家长采取过多种方法想矫正孩子的急躁脾气，但收效甚微。

【正确回应】

面对家长的问题,幼儿教师可以这样回应:

某某家长,谢谢您对我们的信任,当您有教育问题时能与我们沟通和交流。面对脾气急躁的孩子,我们给予如下教育建议。

1. 给予孩子适当的关注。您家大宝脾气急躁,很大的原因是在老二出生后,你们将全部的精力都放到老二的身上,老大有一种被冷落的感觉,他又没有办法让你们重新关注他。他在心理上遭受了挫折,脾气就变得急躁了。

2. 让孩子参加适当的活动。研究表明,让孩子参加下象棋或围棋、慢跑、游泳、长距离步行、书法练习等持久且缓慢的项目,可增强孩子自我控制的能力,提高其忍耐性。

3. 为孩子提供营养合理的膳食。孩子性格不安定、易怒、易急躁,这可能与孩子缺钙、磷及维生素B有关。家长可以考虑多让孩子吃些含钙、磷及维生素B的食物,如大豆、菠菜、牛奶、花生、鸡、鱼、虾、蟹等。

4. 对孩子进行延迟满足的训练。有的家长这样做:当孩子想买一样东西时,家长有时会有意识地往后推一周才满足他的要求,由此通过日常生活培养孩子克制自己的能力。还有的家长这样做:在带孩子逛街时,孩子提出想买冰激凌,母亲对于这个合理的要求,并没有给予轻易的满足,而是建议孩子走到下一个街口再买。因为对于一个幼小的孩子来说,能克制自己想吃冰激凌的欲望,走完这一段路,就是一种很好的自制力的锻炼。孩子良好的自制力不可能一下子养成,因此,家长千万不要操之过急。在培养孩子自制力的过程中,家长要根据孩子的不同水平提出要求,务必循序渐进。同时,在等待的过程中,家长还要教会孩子一些等待的方法,如通过游戏或其他有趣的活动打发等待过程中的难熬时光。另外,家长要对孩子微小的进步及时地给予表扬和肯定。

5. 做好孩子的表率。想要培养孩子的自控力,家长必须先善于控制自己,要为孩子做出表率。比如,家长在孩子面前,不要放任自己发脾气,不要只顾玩,不顾工作和家庭,否则由于家长的言传和身教之间的矛盾,很难培养出孩子的自控力。

问题132:孩子是个左撇子,怎么办?

【问题情境】

家长发现自己的孩子是左撇子,他在拿筷子时喜欢用左手,在做其他事情时也喜欢用左手。家长觉得左撇子在生活上会有许多不便,但是又听说不能强行矫正左撇子,否则会有意想不到的后果。家长有点矛盾和纠结。

【问题分析】

家长提出这个问题的原因有如下两点。

1. 家长期待孩子能像其他大多数人一样使用右手做事。
2. 家长不知道有何科学有效的方法矫正左撇子,既能达到矫正的效果,又不影响孩子的正常发展。

【正确回应】

面对家长的问题,幼儿教师可以这样回应:

某某家长,谢谢您在教育孩子方面有问题时愿意与我们沟通和交流。

有些孩子在日常生活中习惯用左手,俗称"左撇子"。这些左撇子生活在右撇子占绝大多数的环境中,日用品、各种公共设施等都是为方便右撇子使用而设计和生产的,左撇子在使用这些产品时确实不方便。因此,许多父母常采取强行措施矫正孩子的左撇子。而实际上,完全没有这个必要,这种做法也是错误的。

　　大脑在通过中枢神经系统传递信息的过程中，到达左侧的速度要比到达右侧的速度快；大脑的左半球主管语言、逻辑、书写及右侧肢体运动，右半球主管节奏、音乐、色彩、空间及左侧肢体运动。所以相对而言，左撇子的节奏感强、空间平衡能力好。人们在日常频繁使用语言的过程中，能够刺激大脑的左半球，使左半球相对发达于右半球；而左撇子通过其左侧肢体的活动，能够使大脑的右半球得到锻炼，并使其成为优势半球，进而使左右半球达到同样发达的程度。这对促进孩子的大脑发育非常有利。

　　相反，如果家长一定要以强迫的方式矫正左撇子，那么会使孩子已建立的优势半球从右侧改为左侧，造成原有的语言中枢混乱，孩子有可能会出现口吃现象，有的孩子还会出现唱歌走调、发音不准、处理问题时犹豫不决等情况。所以我们主张不要强行矫正左撇子。

　　对于左利手的孩子，家长可适当引导。要有足够的时间，让孩子慢慢地适应用右手做事——因为左利手在现实生活中确实会有一定的困难。

　　最终的结果可能是，您的孩子既是左利手，也是右利手。在训练孩子使用右手的过程中，不要批评和指责孩子。我们这里强调的是训练孩子使用右手，而不是禁止孩子使用左手！

问题133：孩子爱说谎，怎么办？

【问题情境】

　　可可快到4岁了，近期家长发现他时常说谎。有时为了得到某些想要的东西，他会说谎；有时做错了事，他会说谎；有时他会将一些无中生有的事情很"真实"地告诉父母。即使父母有点怀疑地问他："那是真的吗？"他仍然果断地说:"那是真的!"父母再追问他:"你确定那一定是真的吗?"他还是十分自信地说:"那是真的!"

【问题分析】

家长提出这个问题的原因有如下三点。

1. 家长发现孩子说谎,家长担心孩子说谎会影响其诚实品质的形成。
2. 家长不知道孩子说谎的真实原因是什么。
3. 家长期待在孩子年纪尚小时就有效地矫正孩子的说谎问题。

【正确回应】

面对家长的问题,幼儿教师可以这样回应:

某某家长,您好!谢谢您对我们的信任。

一般来说,孩子的说谎行为来源于以下五个方面。

1. 无意识地模仿成人;
2. 成人的有意教唆;
3. 为了逃避批评、打骂;
4. 为了讨成人喜欢;
5. 将向往的事当作已发生的事。

作为家长,我们可以采取策略与方法来应对孩子的说谎心理和行为。

1. 帮助幼儿区分现实与想象。在幼儿初期,孩子常常会把想象中的事物与现实中的事物混淆,不能清楚地把它们区分开,因而会把童话故事当成真的,也会把自己臆想的事情、渴望的内容当成真的,并以肯定的形式加以叙述。例如,一个4岁的女孩,非常喜欢邻居家孩子的长毛绒娃娃。妈妈答应在她生日时送她一个同样的娃娃。后来她就告诉幼儿园里的小朋友:"妈妈给我买了一个漂亮的长毛绒娃娃。"这并非小女孩有意说谎,而是体现了幼儿想象的特点——分不清什么是真的，什么是想象的。到了幼儿晚期，孩子能够明确地区分想象和现实，知道什么是真的，什么是自己的愿望，并能意识到童话故事中的人物、情节是虚构的。

当孩子将愿望当作事实来诉说时，家长可明确地问孩子："你很希望上台唱歌，是不是？""你想让老师带你们去公园，对吗？"……然后再告诉孩子："这些都是你的愿望，一般我们在说自己的愿望时，要加上'我想……''我希望……'，否则别人会信以为真，这样反而不能帮助你实现愿望。"

2. 分析症结，对症下药。找到孩子撒谎的原因，明确究竟是什么因素促使其撒谎，从而对症下药。当孩子说真话时，即使他犯了错误，家长也要表扬和肯定他，肯定他的做人之道，并引导他不断完善自己。家长不要用打骂、惩罚和斥责等消极方式对待孩子，避免孩子用谎言来应付成人和保护自己。家长要与孩子成为朋友，与其建立互相信任的关系。如果是家长的原因造成孩子说谎，那么家长应检讨自己，并对孩子做出合理的解释。

3. 注意诚实榜样的作用。幼儿期的孩子好模仿。由于他们的分辨力有限，所以无论行为好坏，他们都喜欢模仿。因此教育者要做好表率，让幼儿生活在一个诚实的环境中。

家长要做到不说假话，并且说到做到，言行一致，表里如一。家长还可以通过故事、电影及文学作品等为孩子树立榜样。家长切不可不负责任地对孩子轻易许愿（如"你要是乖，我就给你买……"），而后来又不兑现，久而久之，孩子也会跟着学说谎话。

在生活中，当对待一些人和事时，家长不可避免地需要说一些谎言，但要尽量避开孩子，给其一个积极正面的诚信榜样，否则会误导其说谎。比如，当客人来电话或拜访时，妈妈因故不愿应酬，便让孩子说其不在家，于是就有了那句可笑而诚实的谎言："我妈妈说她不在家。"当父亲不愿意见的客人到访时，母亲便对来访的客人说谎："他不在家。"当妈妈不想去上班时，便打电话跟领导请假，谎称自己生病，结果领导同意让她休息几天。孩子会将这种事情一一看在眼里，而且这很容易让孩子"观察学习"并体会到说谎的好处，此时"模仿"也就在所难免。再比如，有的家长在教育孩子时会说："你今天好好吃饭，妈妈就带你去游乐场。""你把这幅画画完，我给你买好吃的。"……而这些承诺家长未必会兑现，结果孩子就在教育者潜移默化的影响下学会了说谎。

4. 不要用"谎言"来教育孩子。为了让孩子不撒谎，有的家长经常骗他们："说谎的话会长长鼻子，会很丑。""说谎的话，会被狼吃掉。"……其实，家长是否想过，家长本身说的就是谎话，所以一旦孩子说了一次谎话而没长长鼻子，也没被狼吃掉，那么他以后还会信家长说的这些话吗？这岂不是弄巧成拙？

今天就有一个中班的小朋友，哭闹着不愿意来幼儿园。原因是妈妈答应他，等他打完预防针后带他去公园玩。李老师哄了他半天，他才不闹了。不过，这个孩子已经认定妈妈是大骗子，他说以后再也不相信妈妈的话了。晚上孩子离园的时候，李老师和孩子的妈妈交换了一下意见，建议她以后尽量实现自己对孩子的承诺，不然孩子一旦不信任家长，家长就会失去在孩子心目中的分量，教育将显得苍白无力。

5. 孩子犯错误后，请不要给孩子太多的压力。重要的是让孩子从错误中获得成长，而不是受到所谓的"应有的处罚"。孩子犯错误不敢承认，最重要的原因就是害怕被家长惩罚。

6. 让孩子知道父母对他的爱是永恒不变的。让孩子知道，父母不会因为他犯错误，不会因为他表现不好，而不爱他。这样孩子就不会为了获得父母的爱而说谎。

7. 与孩子一起找出对策。孩子说谎后，家长要和孩子一起探讨，当下一次遇到类似的情况时，可以用哪些更好的办法来代替说谎。

相信经过一段时间后，您的孩子的说谎行为会逐渐减少。

第五章

回应幼儿家庭教育类问题的机智

在家长经常提出的问题中,有很多幼儿家庭教育方面的问题。这些问题多数与幼儿园教育没有直接的关系,只是家庭内部的教育事务,但是幼儿教师仍然应该认真地回应。因为幼儿教师有责任和义务在教育方面对家长进行引领,这也是展现幼儿教师专业能力和专业品性的机会,有利于在家长中树立幼儿园的良好口碑,进而为建构良好的家园关系奠定基础。

一、回应幼儿家庭教育类问题的原则

为了有效地指导家长们科学地育儿，在回应家长所提出的家庭教育类问题时，应该注意以下四个原则。

（一）以专业引领为一种职责

《幼儿园教育指导纲要（试行）》指出："家庭是幼儿园重要的合作伙伴。应本着尊重、平等、合作的原则，争取家长的理解、支持和主动参与，并积极支持、帮助家长提高教育能力。"因此，帮助家长树立现代的家庭教育理念，提高其家庭教育能力是幼儿园应有的一种职责。

为了更好地引领家长，幼儿教师必须首先掌握现代的幼儿家庭教育理念与方法，此谓"教人先教己"。在专业知识学习方面，幼儿教师可以通过线上或线下的活动进行学习，也可以参加各种培训，阅读专业著作或与同事交流，以获取相关的专业知识。幼儿教师必须不断学习，不断提高自己，如此才能胜任引领家长的工作。

（二）线上交流与线下交流相结合

线上交流的方式涉及 QQ、微信、微信公众号等。线上交流的优势在于及时、便捷、快速、可视频、可图片、可文字、经济实惠。

线下交流的方式涉及专题讲座、家园联系栏、家园联系手册、面对面交流、家访、专题讲座、专题研讨会等。线下交流（特别是当面交流），更能展示幼儿教师的热情和亲切，更加有利于精准互动。

这两种交流方式各有优势，整体而言，线上交流更加经济实惠。

（三）针对性原则

面对家长提出的家庭教育类问题，幼儿教师的回应要有针对性，内容和语言都要有针对性。家长们是非幼儿教育专业人士，在与家长沟通家庭教育知识时，要将家庭教育专业原理表述得通俗易懂，方法也要具有具体的操作性。

对于共性问题，教师可以在群里谈、会上谈；对于个性化问题，教师应该私下谈、个别谈。这是对家长的一种尊重。

（四）理技结合

理——道理、原理。技——技术、具体做法。

理——让家长的教育富有理性，让其善于思考与反思，提高其家庭教育的自觉性、自主性、自律性，减少教育的盲目性。

技——让家长知道怎么做。在回应家长提出的家庭教育类问题时，一定要为其提供具有操作性的方法。教育理论也是为具体的教育实践服务的。

在回应家长的问题时，既要讲清相关道理，又要告诉家长具体该如何做；反之，在告诉家长具体的做法时，也要将其背后的原理告诉他们。这样可以大大地减少家长在教育孩子时的盲目性。

二、回应幼儿家庭教育类问题的机智举例

下面将家长时常提到的一些比较典型的关于家庭教育方面的问题及其回应思路提供给大家，希望大家能够从中得到启示。

（一）问题详解

问题134：婆媳教育观念不同，怎么办？

【问题情境】

"我有两个孩子，女儿4岁，儿子3岁。我刚辞职在家，跟婆婆一起带他俩。我和婆婆在带孩子方面存在不统一的意见。我主张凡是孩子能做的事情，都让孩子自己做，大人不应该帮忙，但是我的婆婆总喜欢插手。比如，孩子在幼儿园里都是自己独立吃饭，可是回到家里，奶奶老是喜欢喂孩子吃饭；又比如，孩子都能自己穿脱衣服了，可是奶奶仍然坚持帮助孩子穿脱衣服……"

【问题分析】

家长提出这个问题的原因有如下三点。

1. 媳妇为婆媳间的教育分歧感到苦恼。
2. 媳妇为婆媳间的教育分歧对孩子产生的负面影响而焦虑。
3. 媳妇期待解决在教育孩子上的婆媳分歧。

【正确回应】

面对家长的问题，幼儿教师可以这样回应：

某某家长，谢谢您能将家庭教育中的矛盾告诉我们，我们能深切地体会到您的苦衷。谢谢您对我们的信任。

我们给您的建议如下。

1. 让家里的成人了解教育的一致性，它不仅影响教育的效率，还影响孩子心理的健康发展。

2. 注意教育的协调艺术。如果两代人有教育上的冲突，请记住，要让丈夫去协调，不是您直接去协调。因为他们是"一家人"，不会有太大的意见冲突，更不会有直接冲突，也不会心生怨恨。如果您直接协调，很可能会加剧婆媳之间的矛盾。

3. 理性对待两代人在教育上的分歧。如果您的教育主张是对的，请让您的丈夫做好婆婆的工作，协调一下婆婆的教育态度和行为，进而达成具有一致性的教育，更好地促进孩子的发展；如果婆婆的教育主张是对的，请您放下一切顾虑，虚心向婆婆学习，并感谢、感恩她。

4. 绝对不能在孩子面前暴露你们的教育矛盾。由于阅历不同，价值观念不同，两代人在教育孩子上有分歧很正常。不过，无论如何，请不要因教育上的分歧而在孩子面前争吵。如果有分歧，请私下沟通，不要当着孩子的面，否则这会对教育、对孩子的发展产生负面影响。

另外，请记住：对婆婆永存感恩之心，是她在帮你们带孩子，而不是你们在帮她带孙子——这一点必须明确。

祝你们全家一条心，更好地促进孩子的发展。

【温馨提示】

为了减少甚至避免家长类似的疑惑，幼儿教师平时要注意在家庭教育方面的指导，并且注意对两代人的教育理念、策略和方法的培训，让他们的教育观念、态度和步调更加一致，方法更加科学有效，进而促进家庭的和谐，促进孩子的健康发展。

问题135：孩子一见到妈妈就闹脾气，怎么办？

【问题情境】

当妈妈不在家时，孩子很乖，很听话，而且极少哭闹；当孩子跟爸爸外出时，他极少提出买东西的要求，即使在提出购买东西的要求后，爸爸说不可以买，他也不会哭闹。可是，在妈妈身边时，孩子的表现就完全不同。比如，妈妈不在家时，孩子可以安安静静地玩玩具，可是妈妈回来后，孩子就不再安心地玩玩具，而是对妈妈提出各种要求，妈妈不同意，他就跟妈妈闹脾气。

【问题分析】

家长提出这个问题的原因有如下两点。

1. 家长发现孩子闹脾气与妈妈有关，但不知道其中的原因。
2. 家长想改变当前的状况，无论何时，无论谁在场，孩子都是个听话的孩子。

【正确回应】

面对家长的问题，幼儿教师可以这样回应：

某某家长，谢谢您能将孩子的情况告诉我们。谢谢您对我们的信任。

在其他人面前闹脾气，孩子可能得不到任何好处，甚至会挨骂和挨打。因此，他自然就会很听话，而且不敢闹脾气，不敢不听话。

孩子喜欢在妈妈回来后，在妈妈面前闹脾气，在妈妈面前任性，原因在于：在妈妈面前闹脾气，他会得到自己想要的东西——妈妈对孩子的教育没有原则，只要他一哭闹，几乎都能得到满足。因此，孩子就喜欢在妈妈面前闹脾气。

在不同的家长面前，孩子的表现不一样，这完全是因为家长对待孩子的态度和行为有所不同。要想改变孩子的行为现状，就要从改变妈妈对孩子的教育态度和行为开始。因为孩子的问题是果，妈妈的教育态度和行为是因；因不改，果也就不会改。

问题136：老大对弟弟妹妹的遭遇不仅不同情，反而幸灾乐祸，怎么办？

【问题情境】

"我是三个孩子的妈妈。我家老大是男孩（6岁），他很叛逆，不听话，而且看见自己的弟弟妹妹遭到不幸（如摔跤），他总是表现出幸灾乐祸的样子，这让我很生气。我不知道老大为什么会变成这个样子，我也不知道该如何教育他。"

【问题分析】

家长提出这个问题的原因有如下三点。
1. 家长感觉老大不好教。
2. 家长感觉老大对弟弟妹妹不太友好。
3. 家长感觉老大的心态有问题。

【正确回应】

面对家长的问题，幼儿教师可以这样回应：

某某家长，谢谢您能将您的教育烦恼告诉我们。谢谢您对我们的信任。

在我看来，老大之所以这样，很可能是因为在弟弟妹妹出生后，家长将过多的精力放在弟弟妹妹身上，而忽视了老大的感受和对老大的关爱。

对于老大，家长应改变以前的观念和态度，多给他些关注和关爱，多与他交流，多陪伴他，多鼓励他，让他感受到爸爸妈妈很爱他。如此，他应该会慢慢地好起来，心态也会逐渐走向正常。老大过于调皮和不听话，是他受到过度冷落后采取的一种引发父母关注和关爱的手段。

平时，要多表扬老大，只要有好苗头就表扬他，多看到他的优点和长处，多给予肯定，绝对不能显露出对孩子的厌恶态度。家长一定要明白，你们不喜欢的是他的行为，而不是他这个人，一定要将人和事分开。家长要让孩子感受到，你们只是不喜欢他的错误行为，但你们很爱他。如果你们对孩子的爱是无条件的，那么他就不会刻意引发你们的关注和关爱。

另外，平时要多让老大和你们一起照顾弟弟和妹妹，让他感觉到自己是哥哥，而且自己很能干，并以此不断地激励他。弟弟妹妹得到哥哥的照顾后要感恩，如此一来，哥哥就会感觉良好，他的一切就会慢慢地、如您所愿地发生变化。

多表扬、多肯定、多鼓励老大，多给老大表现的机会。相信老大会好起来的。

【温馨提示】

为了减少甚至避免家长类似的疑惑，幼儿教师应该加大对双孩子、多孩子父母的培训，让他们知道在老二、老三出生后应该如何正确对待老大，以保证老大心理的健康成长。

问题137：儿子觉得我偏爱妹妹，怎么办？

【问题情境】

"我是两个孩子的妈妈——我家老大是儿子，今年4岁多；老二是女儿，今年1岁。我的儿子总爱生气,因为他觉得我只爱妹妹,却不爱他。我真的不知道该如何平衡我对这两个孩子的爱。"

【问题分析】

家长提出这个问题的原因有如下三点。

1. 家长感觉在两个孩子之间平衡地爱真的不容易。
2. 家长发现老大的性格出问题了。
3. 家长无法解决老大的心理行为问题。

【正确回应】

面对家长的问题,幼儿教师可以这样回应:

某某家长,谢谢您能将老二出生后您的苦恼告诉我们。谢谢您对我们的信任。

这是许多双孩、多孩家庭所面临的问题——老二、老三出生了,老大心理失衡了。事实上,老大的心理失衡并不是必然的,这是由不当的教育环境所造成的。如果我问您:老二出生后,家长的关注重点在哪里?相信您一定会说:关注重点在老二身上,因为老二年龄小、能力弱,需要更多的照顾。

我个人认为,家长的想法和做法都错了。我的观点是,在老二出生后,我们的关注重点应该在老大的身上。因为老二年龄小,还不懂世事,而老大已经懂事了,他对父母的爱很敏感——家长的一点点偏心,老大都能看得出来,并且这会影响他的心态,影响其心理的健康发展。

老二出生后,家长在满足老二基本需要的基础上,要将重点工作放在老大的身上——让他感受到爸爸妈妈像以往一样爱他。家长要通过自己的语言和行为让老大真实地感受到爱的温暖,和他说说话,和他做游戏,买小礼物给他……这些努力对老大的心态和心理的正常发展十分重要。

另外，家长还要将一部分精力放在"老大角色"的培养上，要让老大一起照顾小妹妹——对老大的这种行为要给予引导、肯定和鼓励，甚至应该给予一定的奖励，让老大为自己作为哥哥而自豪。

老二出生后，家长应该让老大感觉到，他仍然是全家关注的重点——鼓励他多表现良好的行为，鼓励他快速地成长，成为一名人见人爱的、名副其实的家中"老大"。绝对不要让老大产生这种感觉——你们只爱老二。因为如此冷落老大，对他心理的健康成长非常不利，甚至会导致老大心理失衡，进而心理变态——怨父母，恨老二。

问题138：我的两个孩子总爱争抢玩具，怎么办？

【问题情境】

"我有两个男孩，一个4岁多，一个2岁多。他们两兄弟经常为抢玩具互不相让，有时候还会为此打起来。前些时间，别人送了哥哥3架小飞机，弟弟也想要，而且要玩3架，但哥哥不愿意。后来我好说歹说，哥哥把飞机给了弟弟，但是不到5秒，哥哥就不愿意了，很委屈地哭了。我又慢慢地把飞机拿回来给哥哥，但是弟弟又哭了，然后我又拿给弟弟，就这样来回折腾。最后我忍不住了，把他们一起重重地打了一顿，他们这才消停下来。"

【问题分析】

家长提出这个问题的原因有如下三点。

1. 家长严重缺乏教养两个孩子的教育经验和能力准备。
2. 家长对两个孩子时常发生的冲突手足无措。
3. 家长有较高的教育意识，他想通过处理孩子间的冲突更好地促进孩子的发展。

【正确回应】

面对家长的问题，幼儿教师可以这样回应：

某某家长，谢谢您能把家里的这么细小的教育故事告诉我们，谢谢您对我们的信任。

您打孩子，并不能让他们从兄弟俩的冲突中得到任何成长，相反，这会让孩子感觉到"打"是解决问题的一种方式。

当两个孩子在玩具上发生争抢时，家长要引导孩子一起玩。如，就拿这三架飞机的争抢来说，除了独占外，更好的方式是一起玩——你飞过来给我，我飞过去给你……还可以换成许多花样玩，让两个孩子都得到快乐。这不更好吗？为什么要让一个人占有全部的飞机呢？让孩子们利用这些玩具来创造快乐才是最重要的，占有而没有快乐是没有意思的，爸爸也可参与到飞飞机的活动中，一家人其乐融融。

平时，您可以多买些需要两人或两人以上一起玩的玩具，让两个孩子一起玩玩具，从而让他们感受到哥俩好的快乐！

【温馨提示】

为了减少甚至避免家长类似的疑惑，幼儿教师要告诉家长孩子间的冲突是加速孩子发展的契机，家长没有必要为此而生气，要让孩子们学会自己解决冲突，通过分享、轮流、共享、共赢和同理心等策略解决冲突，这样孩子的社会性就会得到很好的发展。

家长要打开思路，将孩子的冲突当作促进孩子发展的契机！

问题139：孩子只接受表扬，不接受批评，怎么办？

【问题情境】

"我的儿子4岁多，从小由爷爷奶奶带大。爷爷奶奶对孙子很宠爱，从不批评他。由于孩子要上幼儿园，他现在回到了我们的身边。平时，我们除了表扬他之外，当他做错事时，我们也会批评他。可是，只要我们一批评他，他就大哭大闹，甚至说我们不爱他。"

【问题分析】

家长提出这个问题的原因有如下三点。

1. 家长发现孩子对表扬的偏好，并认为这样不利于孩子的健康发展。
2. 家长希望自己的孩子既能接受表扬，又能接受批评。
3. 家长知道孩子的问题，但无法矫正孩子。

【正确回应】

面对家长的问题，幼儿教师可以这样回应：

某某家长，谢谢您能将孩子的情况反映给我们。谢谢您对我们的信任。您对孩子成长的忧虑表明您具有较强的教育意识。

我们经常会听到别人说："好孩子是夸出来的。"这句话是不全面的。一个孩子如果只接受"夸"，不接受"贬"，那么他的成长会出问题，他的心理承受力就无从形成。一经挫折或学习和工作的失败，或者被批评、被贬损，他可能就会受不了，甚至可能会走向自杀。

因此，适当的批评有利于提高孩子的心理承受力，有利于锻炼孩子的意志，有利于孩子心理的健康发展。孩子不能接受批评，说明孩子有自尊心，有羞耻心，这正是孩子进步的内在动力。家长要注意批评孩子时的态度，批评不是骂孩子，不是针对孩子的错误，而是要让孩子从错误中得到成长。

在批评孩子时，家长要让孩子感受到，成人不喜欢他那样做，但不是不喜欢他这个人。因此，家长在批评时要让孩子感受到爱。在批评中表达爱的技术有：

1. 蹲下来，与孩子平视；
2. 在下蹲的同时用一只手搂着孩子的肩膀；
3. 看到孩子有愧疚之心后，再和他一起分析他错在哪里，他应该怎样做。

习惯于被表扬的孩子在刚刚开始时可能不容易接受批评，甚至会出现强烈的负面情绪，这都是正常的。心理学研究表明，成人将表扬和批评控制在7:3的比例，比较有利于孩子心理的健康发展。要记住，表扬和批评都是孩子健康成长的必需品，两者都很重要。

【温馨提示】

为了减少甚至避免家长类似的疑惑，幼儿教师可以向家长推荐一些相关的专业图书，或者通过培训和各种平台向家长普及表扬和批评等现代幼儿教育技术的使用，让家长能更科学地对孩子进行教育。

问题140：孩子做错事，该如何批评和处罚他？

【问题情境】

"我知道除了表扬和奖励，批评和处罚也是一种必不可少的教育手段。不过，我感觉要想很好地使用批评和处罚并不容易。有时候，对于我的批评和处罚，孩子很服气；有时候，在被批评和处罚后，孩子非但没有改正错误，反而变本加厉地重复同样的错误。对此，我感到很困惑和无奈。"

【问题分析】

家长提出这个问题的原因有如下两点。

1．家长觉得孩子做错事就应该被批评。
2．家长不知道如何批评才更有利于孩子的发展。

【正确回应】

面对家长的问题，幼儿教师可以这样回应：

某某家长，谢谢您对我们的信任！

当孩子犯错误的时候，我们可以根据以下要点来批评和惩罚孩子。

1．批评前先听听孩子的想法。家长可以对孩子说："你能告诉我，你为什么这么做吗？"如果孩子说得有道理，就不再批评他；如果没有道理，则说："我理解你的心情和想法，但……"

2．让孩子学会换位思考。如果自己的孩子打了别的小朋友，那么家长可以这样问："你那样做，被打的小朋友怎么想？他的感受是什么？""你该怎样做，他的感受会好一些？"

3．不要在公共场合批评孩子。最好单独对孩子进行批评，不要在亲戚或其他小朋友面前批评孩子，以免损害孩子的尊严。

4．要就事论事，不要就事论人。在批评时，可以说："这件事你做得不对，正确的做法是……"不要因为孩子做错了一件事而对他说："这样的事你都做不好，以后你还能做什么？！""你又……，你总是……""……，我看你将来只能……"就事论人会摧毁孩子的自信心，会误导他对自己形成负面的自我认识。

5．利用三明治原则教育孩子，即先说孩子好的表现，再说孩子不好的表现，最后说对孩子的期待。这样可让孩子看到光明的前途——"……，就是……，如果能……就更好了。"

6．要注意在批评时表达爱。孩子犯错误后，家长可蹲下，看着孩子9秒钟，待其觉得内疚后，一只手搂着他的肩膀，然后说："你……是不对的，你应该……"语言能够表达家长对其不当行为的不满，动作能够表达"虽然我对你的行为极为不满，但我还是爱你的"。

7．可以批评孩子，但不要打孩子。因为打并不能让孩子知道他错在哪里，以及正确的做法是什么。

8．在批评孩子时，要给予孩子方向。不要仅仅告诉孩子"你不能……"，而应该告诉孩子"你应该……"，让孩子知道今后努力的方向。

9．教育者的态度和行为要一致。在批评孩子时，教育者的态度和行为要保持高度一致。即使批评的一方有错，其他家长也不要急于在孩子面前纠正，更不要当着孩子的面为此而吵架。因为这样会导致教育力普遍下降。如果批评的内容或方式有错，可私下与批评者沟通和交流。

10．批评要一以贯之。即孩子做错了事，就应该被批评。如果孩子犯同样的错误，今天被批评，明天却不被批评，甚至被表扬，那么孩子将无法树立正确的是非观念。

11．在孩子吃饭、睡觉或生病时，不要批评孩子。因为那样做会影响孩子的食欲、睡意和身体健康。

12．不要用威胁性语言批评孩子。比如，不要对孩子说："你再……，妈妈就不要你了！"因为威胁并不能让孩子改正错误，只能增加孩子心理安全感的缺失。

13．批评的目的不是惩罚孩子。批评和惩罚的目的在于让孩子知道今后的方向并获得成长。

14．犯错误也是一种成长。重要的是让孩子从所犯的错误中获得成长的经验和方向。

15. 批评不是因为我们真的生气，而是因为孩子需要引领。
16. 批评不要带有情绪色彩，要理性分析，客观公正。
17. 批评不是我们的责任，孩子的成长才是我们的责任。
18. 批评不是谩骂，而是让孩子明白道理，知道未来努力的方向。
19. 可以用建议代替抱怨。

不要说："怎么又不关冰箱门？说过多少次了，你真是太没记性了！"

应该说："孩子，你知道吗？冰箱里的果冻很怕热，所以开冰箱门后一定要记得把冰箱门关上！"

不要说："怎么又把牛奶弄洒了，你做事怎么这么不小心！"

应该说："孩子，过来和妈妈一起收拾干净，下次拿牛奶时要小心哦！"

20. 在孩子初犯错误和犯非道德性错误时，不应该处罚孩子。

期待您的批评和惩罚能更好地促进孩子的健康发展。

【温馨提示】

在教育观念和教育举措上引领家长是幼儿教师的专业职责。教师要通过各种平台向家长宣传相关的知识和技能，进而提高家长的教育水平，更好地促进孩子的发展。

问题141：该不该坚持要孩子分床睡？

【问题情境】

"我的儿子6岁，他一直和奶奶睡，我现在想让他分床睡。昨天刚试了一个晚上，但他睡不着，一醒就哭闹，一个晚上都睡不好。看到孩子可怜的样子，我有点心软了，想暂时先不让他分床睡。"

【问题分析】

家长提出这个问题的原因有如下三点。
1. 孩子长大了，到独立睡的年龄了，家长希望孩子独立睡。
2. 试睡了一个晚上，孩子不适应，家长又心软了。
3. 家长在犹豫是否让孩子独立睡。

【正确回应】

面对家长的问题，幼儿教师可以这样回应：

某某家长，谢谢您能将孩子的问题与我们沟通，谢谢您对我们的信任。

孩子在分床睡的第一天感到不适应很正常。但孩子独立睡是其成长的必然要求。因此，家长必须坚持。

不过，要多鼓励孩子，不要批评，更不要骂孩子。要告诉他，孩子们长大了都要学会独立睡。当孩子表现好时，要给予表扬和奖励；当孩子表现不好时，不要骂他，平静地对待就好。家长没有必要感到过度焦虑，孩子的问题是发展性问题，要给孩子时间去适应。

家长可以把孩子的房间布置得温馨一点，也可以和孩子一起布置。灯要让孩子能够自己控制。家长还可以摆放一些孩子喜欢的玩具，从而让孩子从分房睡中得到快乐。在教育的过程中，家长要循序渐进。在刚开始分房睡时，奶奶可以陪陪他，然后逐渐减少陪的时间，慢慢地他就会独立睡了。

【温馨提示】

为了减少甚至避免家长类似的疑惑，建议幼儿教师多对家长进行家庭教育观念和教育技术的培训，提高他们的家庭教育能力。

问题142：孩子不喜欢我出差，怎么办？

【问题情境】

"近期我出差比较多。我的孩子对我说，她不喜欢我出差。每次当我要出门，和孩子说告别的话时，她都是满脸的不高兴，我出差的心情也大受影响。我很爱孩子，但又无法避免出差，我感到很为难。"

【问题分析】

家长提出这个问题的原因有如下两点。

1. 家长在工作与孩子之间纠结：出差是为了工作，可是出差孩子不高兴。
2. 家长没有办法在工作与孩子之间找到一个平衡点。

【正确回应】

面对家长的问题，幼儿教师可以这样回应：

感谢您对我们的信任。下面是一些在孩子与工作之间取得平衡的建议。

1. 平时在家时要多陪孩子——和孩子一起交流和玩耍、给孩子讲故事、分享孩子的快乐。
2. 出差时，通过电话、视频表达对孩子的关爱。
3. 出差回来时，给孩子带些她喜欢的小礼物，让她感到高兴，让她感受到妈妈虽然在外地，但妈妈还是想着她，爱着她。
4. 出差回来后，对孩子在家长出差期间的良好表现给予表扬，甚至给予奖励。

相信，当孩子从您的出差中体会到许多快乐后，她就不会那么在意您出差。

【温馨提示】

为了减少甚至避免家长类似的疑惑，幼儿教师可以加大家庭教育知识的普及，向家长们宣传亲自教养孩子的意义和具体方法，让家长们担负起自己的责任，更好地促进孩子的健康成长。

问题143：公公婆婆想把孩子带回老家，怎么办？

【问题情境】

"我是一名幼儿教师，育有一儿一女。作为母亲，我一直坚持要将孩子带在自己的身边。我在桂林，公公和婆婆在河北农村。他们想让我把儿子留给他们带，并且说他们最大的心愿就是带孙子。我让他们来桂林，他们又不愿意来。为此我感到很纠结，不知该如何说服他们。"

【问题分析】

家长提出这个问题的原因有如下三点。

1. 该家长关注孩子的健康成长。

2. 该家长希望能自己带孩子或者老人过来一起带孩子，但老人不愿意过来一起住。如果该家长坚持自己带孩子，那么老人的心愿就无法满足。

3. 该家长既想为孩子的健康成长提供一个好的环境，又想做个体贴老人的好媳妇，为此她很纠结。

【正确回应】

面对家长的问题，幼儿教师可以这样回应：

某某家长，谢谢您能将家庭"冲突"告诉我们。谢谢您对我们的信任。

我们的主张是，自己的孩子自己带。这是一种负责任的行为。爷爷奶奶带孙子，父母不在孩子的身边，很容易出现许多问题（比如孩子任性、亲子感情不深等），这会对孩子以后的教育造成阻碍。

在这方面夫妻要达成共识，然后由丈夫去做爷爷奶奶的工作，并且丈夫不能说是妻子不同意将孙子留下给爷爷奶奶带，否则，后果将不堪设想。

说服爷爷奶奶的理由有：

1. 爷爷奶奶年纪大了，不想老人家那么辛苦；

2. 城市里的学习条件好一些，孩子在城市里能够见多识广，这更有利于孩子的发展；

3. 孩子在父母身边，更有利于父母了解孩子的发展情况；

4. 会时不时地带孩子去看爷爷奶奶；

5. 会经常通过视频让爷爷奶奶看到孩子在城里的健康成长。

祝你们家庭和睦，孩子健康成长。

【温馨提示】

为了减少甚至避免家长类似的疑惑，幼儿教师可以提前向家长强调孩子健康成长的重要性，以及家庭和睦的重要性。

问题144：再婚后，孩子不喊继父"爸爸"，怎么办？

【问题情境】

"我在几年前离婚了，一个人带着女儿生活。现在我再婚了，可是5岁多的女儿不愿意叫我现在的丈夫'爸爸'。我的丈夫对我很好，对我的女儿也很好。

我纠结于是否要强迫女儿叫'爸爸',但又担心这对女儿有消极影响。"

【问题分析】

家长提出这个问题的原因有如下两点。

1. 家长觉得孩子应该叫她现在的丈夫"爸爸"。
2. 家长想兼顾丈夫和孩子的情感和感受。

【正确回应】

面对家长的问题,幼儿教师可以这样回应:

某某家长,谢谢您把这么隐私的事情告诉我们。谢谢您对我们的信任。

孩子对您现在的丈夫有"感情障碍",请谅解、理解和接纳孩子的这种体验和纠结,甚至痛苦和挣扎——不要批评孩子,不要强迫孩子,不要对孩子不满。

再婚不仅是一件涉及你们两个成人的事,也是一件涉及孩子情感和意愿的事,它对孩子(特别是对年龄较小的孩子)的冲击很大。这方面如果处理得不好,孩子的心理会出问题。请让孩子慢慢地接受您现在的丈夫,她暂时不叫"爸爸"没有关系,只要一家人幸福地生活在一起就好。

你们平时要多给孩子些爱,特别是要让您的丈夫在日常生活中通过语言、行为和礼物等表达对孩子的爱,让孩子慢慢地接受他。不要因为孩子不喊"爸爸"而恨她、怨她——如果因孩子不喊"爸爸"就怨恨孩子,我认为这不是孩子的错,是成人的错。

期待你们充分关照孩子的情感体验,让她顺利地度过这一困难时期。

问题145：我想再婚，但对方的孩子不接受我，怎么办？

【问题情境】

"我是单亲妈妈，我和孩子班上的一位单亲爸爸打算今年结婚，但是对方的孩子不同意他的爸爸给他找一位新妈妈。我很想和孩子建立良好的关系，但是我能明显地感受到他的排斥。"

【问题分析】

家长提出这个问题的原因有如下两点。
1. 家长意识到重新组织家庭对孩子的影响。
2. 家长期待消除重组家庭对孩子的消极影响。

【正确回应】

面对家长的问题，幼儿教师可以这样回应：

某某家长，谢谢您能将这么隐私的事情告诉我们。谢谢您对我们的信任。

我们给您的建议是：您可以和该家长先以朋友的身份，而不是以恋人的身份相处。您可以以孩子爸爸的好友身份，经常组织两家人一起相处，而不要那么快就以"妈妈"的身份和孩子在一起。相信，等时间长了，感情好了，一切都会顺理成章、水到渠成——不用刻意强调"妈妈"的身份，等孩子发现您的"好"后，他自然而然地就会接受您。

祝顺利！祝幸福！

第五章 回应幼儿家庭教育类问题的机智

问题146：孩子不想去外婆家，怎么办？

【问题情境】

小颖去外婆家后总是想着回家，外婆就对她说："你要是老想着回家，这次回去后，以后就不要来外婆家了！"她深深地记得外婆的这些"狠话"，所以现在每次妈妈叫她去外婆家时，她都不愿意去。

【问题分析】

家长提出这个问题的原因有如下两点。

1. 家长知道女儿不想去外婆家的原因，但没有有效的解决办法。
2. 家长希望女儿能经常和她一起去外婆家。

【正确回应】

面对家长的问题，幼儿教师可以这样回应：

某某家长，谢谢您能将孩子的情况告诉我们。谢谢您对我们的信任。

要想解决这个问题，可以从两个方面着手。

1. 多在孩子面前说外婆及外婆家的好话，强调外婆那样说只是开玩笑，不是真的不欢迎她，更不是不喜欢她。

2. 外婆也要做出努力。外婆应该公开地跟孩子说，那次说的话是逗她的，不是当真的。同时，外婆要在行动上表现出对外孙女的爱和欢迎，比如，表达出语言关怀、做出亲密的动作、给孩子做好吃的食物、和孩子一起玩游戏……

您的孩子比较敏感，她出现这样的情绪很正常，请不要责怪孩子，不要批评孩子。等多去几次外婆家，感受到外婆对自己的喜欢后，孩子心中的疙瘩就

会化解，她也就会喜欢去外婆家。

问题147：孩子问"为什么别的小朋友可以喝超市里的饮料？"，我该如何回答？

【问题情境】

"我和孩子在超市里买东西，我跟他说超市里的东西没结账的话是不能吃的。孩子听明白了我说的话，他很乖，也很懂事地照做了。可是当走到饮料柜旁时，我们看到一位家长在超市里打开饮料瓶让孩子喝，此时我的孩子问我：'为什么别的小朋友可以喝超市里的饮料？'"

【问题分析】

家长提出这个问题的原因有如下两点。

1. 家长有强烈的教育意识和规矩意识。
2. 家长不知道如何回答孩子的问题。

【正确回应】

面对家长的问题，幼儿教师可以这样回应：

某某家长，谢谢您能与我们沟通您的教育困惑。谢谢您对我们的信任。

您可以告诉孩子：那位家长没有结账而让孩子喝超市里的饮料是非常不对的。因为饮料是超市的，不是他们的。如果售货员发现有人没有结账而偷喝超市里的饮料，可以打"110"电话报警，他们可能会被警察带走。如果你想喝超市里的饮料，妈妈可以给你买，等结账后你就可以喝了。

从本质上说，此事是一个懂不懂得规矩、遵不遵守规矩的问题。如果不在孩子年纪尚小时对他进行规则教育，那将会让孩子受害终生。

问题148：孩子提问，父母回答不上来，怎么办？

【问题情境】

小哲每天总是不断地问各种问题，有时候家长不知道该如何回答。比如，他会问："我的眼睛那么小，为什么能看见这么大的大楼？""妈妈，你说人死了，他知不知道自己死了？""我怎么知道我活在现在，而不是过去？""我的哪部分才是我？是我的手，还是我的脚呢？"……

【问题分析】

家长提出这个问题的原因有如下两点。
1. 家长时不时地被孩子问倒，觉得不知道应该怎么办。
2. 家长想了解如何应对会更有利于孩子的发展。

【正确回应】

面对家长的问题，幼儿教师可以这样回应：

某某家长，谢谢您能与我们沟通和交流您的教育困惑。谢谢您对我们的信任。

幼儿期的孩子是好问的。如果孩子的好奇心和好问行为能够得到肯定和鼓励，那么他就会对周围的世界保持好奇。这对孩子一生的发展都十分有益。

我给您讲一个故事：

有一天我坐动车去桂林讲课，在我的座位后面，坐着一位奶奶和她4岁左右的孙子。

上车10多分钟了，车还没有开，孙子就问奶奶："奶奶，为什么动车还没有开？"奶奶说："不知道。列车员才知道。"又过了几分钟，动车终于启动了，孙子又问奶奶："奶奶，为什么动车开了？"奶奶瞪了孙子一眼，然后回答说："不知道。"孙子不再说话。

过了20分钟左右，火车进入隧道了，车厢里一片漆黑，孙子又问道："奶奶，为什么黑黑的了？"奶奶不好气地回答："不知道。"过了七八分钟，动车出隧道了，孙子又急不可耐地问："奶奶，为什么不黑黑的了？"奶奶有点生气地回应道："鬼才知道！"并且又瞪了孙子一眼，孙子安静地坐着，一句话都不说了。

大约过了1小时，车外下起了大雨，孙子情不自禁地问："奶奶，天为什么下雨了？还有闪电。"奶奶此时看见乘警走过来，就故作神秘地、轻声地跟孙子说："天下雨了，不要讲话了，要不然那个警察叔叔就过来把你抓走了。"自此外面的雨越下越大，过了1个多小时，孙子都不再说话，更没有问问题。

孩子的提问是因为好奇。如果在提问时得不到积极的回应，那么孩子的好奇心就会慢慢地消失，提问的行为也会消失。

面对孩子的提问，当您不知道答案、不能直接回答时，首先要竖起拇指表扬孩子："宝宝，你真厉害，竟然问了一个妈妈也不知道的问题！"然后说："我可以在网上查一查。"如果网上也查不到，那么您可以让孩子明天带着这个问题去问老师，然后晚上回来告诉妈妈。

这样既不会打击孩子的好奇心，又能增加孩子的见识，融洽孩子与老师的关系。当然，要提醒孩子，等老师解决完问题后，要对老师说声"谢谢"。

问题149：孩子喜欢和家长说反话，怎么办？

【问题情境】

"我的孩子4岁多了，喜欢与我们说反话。你说这东西好，他说这东西一点都不好；你说这东西好吃，他说这东西一点都不好吃；你说这衣服漂亮，他说这衣服难看死了；你说人家宏云小朋友好能干，他说自己才能干，宏云一点都不能干……有时候我被他弄得有点生气。"

【问题分析】

家长提出这个问题的原因有如下三点。
1. 家长觉得孩子的表现有点烦人。
2. 家长不知道孩子说反话的原因。
3. 家长期待改善这种情况。

【正确回应】

面对家长的问题，幼儿教师可以这样回应：

某某家长，谢谢您能将孩子的发展问题与我们及时沟通。谢谢您对我们的信任。

孩子喜欢与家长斗嘴、说反话，这只是一种想和家长玩的表达。家长越是对他的反话给予回应，孩子就越觉得好玩，越要说反话。如果家长不回应了，那么孩子说反话的欲望就会消失。

平时，要多陪孩子，多和孩子交流，多与孩子玩些开心的游戏，让他觉得你们在关心他、关爱他。孩子和家长相处的时间久了，一起玩耍的机会多了，他就

不会再说反话了。当孩子出现说反话的情况时,请不要批评孩子。

问题150:孩子不爱读书,怎么办?

【问题情境】

"我的孩子都4岁多了,还是不喜欢看书。当我们陪她看书时,她会找借口跑开,并且她的自控能力差。家长们都会希望自己的孩子从小有一个爱读书的好习惯,可是我的女儿没有这个习惯,这令我很烦恼。"

【问题分析】

家长提出这个问题的原因有如下两点。

1. 家长希望孩子爱看书,并且认为自己的孩子长大了,应该看书学习了。
2. 家长不了解幼儿期孩子的心理特点。

【正确回应】

面对家长的问题,幼儿教师可以这样回应:

谢谢您能在碰到孩子的教育难题时与我们沟通。

幼儿期的孩子不喜欢看书是很正常的。这个年龄段的孩子最喜欢的就是玩。父母要多陪孩子玩,多带孩子到外面陪小伙伴玩,这样孩子就能正常发展。看书不是这个年龄段的孩子学习的有效方式。

游戏是幼儿的基本活动,别强迫孩子看书,更不要强迫孩子静静地待在一个地方看书,他们真的做不到。请别为难孩子了!

问题151：如何让孩子成为有教养的人？

【问题情境】

"我觉得一个人的教养能够影响其一生的发展，有时候教养比才能更重要。家庭教育的重点就在于让孩子具有做人的基本修养。但是我不知道该如何提升孩子的教养，让他成为一个有教养的人。"

【问题分析】

家长提出这个问题的原因有如下两点。

1. 家长希望自己的孩子能成为一个教养良好的人。
2. 家长对修养教育的内容和方法不太了解，期待得到教师的引导。

【正确回应】

面对家长的问题，幼儿教师可以这样回应：

某某家长，您好！谢谢您能与我们沟通和交流孩子的教育问题。我们十分认可您的教育理念——家庭教育的重点在于让孩子成为一个有教养的人。对于幼儿修养教育，我们给您如下建议。

1. 明确幼儿修养教育的内容。

要想培养出一个有教养的孩子，家长可以告知其如下注意事项。

(1) 早晚要向长辈问好。出去玩和回家都要告诉父母。

(2) 对长辈说话要恭敬，不惹长辈生气。

(3) 大人问话时，要认真听，并有礼貌地回答。

(4) 家中来客时，要热情接待，有礼貌地称呼。家长同客人谈话时，不打扰,不插嘴。

(5) 不随便向客人要东西,别人给的东西必须得到家长的同意才能收下,并要致谢。

(6) 在别人家做客时,不乱翻人家的桌子、抽屉、书籍和玩具,不随便吃人家的东西。如果主人让吃,少量用些。

(7) 求别人帮助时,要用商量的口吻说"请",事后要向人家道谢。

(8) 对服务员的态度要好,上菜时会对服务员说"谢谢"。

(9) 对残疾人要心怀善意和体谅。不可盯着残疾人看或大声地问令人尴尬的问题。

(10) 说话时要看着别人的眼睛,对视时请保持微笑。

(11) 在公共场合内不要制造噪音。在餐厅、电影院等公共场所,要注意自己的声音或动作,以免影响别人。

(12) 有好吃的食物,先请长辈吃。吃饭时不抢食、不挑食,咀嚼时不出声。

(13) 吃饭时,让长者先动筷。即便自己很饿,也应让奶奶爷爷、外公外婆先动筷子。

(14) 吃饭时不要含着饭说话,也不要用筷子指别人。

(15) 吃饭时要端碗,不要在盘子里挑拣,不要拿筷子敲碗。

(16) 吃完饭退席时要说:"我吃完了,你们慢用。"

(17) 别人给你倒水时,不要干看着,要用手扶扶,以示礼貌。

(18) 给人递水、递饭时一定要用双手。

(19) 打喷嚏时,要用手绢或手捂住嘴鼻,面朝下或朝外,而不要朝向别人。

(20) 不随地扔垃圾。如果没有垃圾箱,就把垃圾拎回家,然后扔到垃圾桶里。

2. 明确幼儿修养教育的方法。

(1) 解释法。家长在教给孩子文明礼貌时,不但要告诉他们语言应当怎样,姿势应当怎样，还要向他们讲些深入浅出的道理，即为什么要这样做，这样做有什么好处等。

（2）练习法。家长要教会孩子正确使用礼貌用语，掌握有礼貌的行为。家长不仅要耐心解释，还要引导孩子在行动上反复练习。因为习惯的养成有赖于反复的实践，所以家长对孩子要不懈地坚持要求，并经常采取表扬、批评的方法，激励孩子较快地养成懂礼貌、讲文明的习惯。

（3）暗示法。在教育孩子使用文明礼貌用语的过程中，刚开始在长者面前，孩子常常会因怕羞而不肯表现。碰到这种情况，有的父母往往逼着孩子对长者有礼貌，或当着客人的面责骂孩子。其实，这样做是有害无益的，因为孩子也是有自尊心的。父母强制或责骂后，即使孩子不得已去做，心里也是不高兴的，以后他就更不喜欢礼遇长辈了。所以遇到这种情况，有经验的家长一般会采取暗示法，在孩子的耳朵旁边，轻轻地叫他致礼，使其很高兴地礼遇长者，并因此而得到称赞。

（4）榜样法。要使孩子讲文明、懂礼貌，家长应为其树立一个良好的榜样。比如：有时不慎碰了孩子，家长要马上对其说"对不起"；得到孩子的帮忙，要对其说声"谢谢"。这种环境熏陶对孩子教养的形成是有益处的。

相信通过您的努力和坚持，您的孩子一定会成为一个有教养的人。

问题152：我该如何控制孩子看电视？

【问题情境】

小鑫是电视迷：动画片他要看，广告他也看，妈妈看的言情片他要看，爸爸看足球比赛，他也跟着欣赏。有时候，他一面看，一面跟着电视里的人物、音乐舞动，仿佛很享受。家长很难将他从电视机前拉开。

【问题分析】

家长提出这个问题的原因有如下两点。

1. 家长不想让孩子看太多电视,担心这会影响孩子的健康成长。
2. 家长没有找到有效的方法让孩子从电视机前走开。

【正确回应】

面对家长的问题,幼儿教师可以这样回应:

某某家长,您好!谢谢您与我们沟通和交流孩子看电视的问题。我们的建议如下。

1. 要严格控制孩子看电视的时间。幼儿期的孩子一周看电视不要超过4小时。睡觉前的1小时,不要让孩子看电视,以免他过于兴奋,难以入睡。

2. 要严格控制孩子看电视的范围。不能把遥控器交给孩子让他自己选择节目。不要让孩子看过于喧嚣、暴力、刺激的节目。如果孩子常常看某一个节目,父母要明确这个节目对孩子是否有益。

3. 和孩子一起观看并对电视节目进行讨论。引导孩子辨别电视节目的虚构性与真实性,有选择地接受节目所传达的内容;帮助孩子正确区分真、善、美和假、恶、丑,养成正确的是非观念。

4. 丰富孩子的娱乐活动。家长可以带孩子多开展一些室内活动和户外活动,给孩子讲故事、和孩子一起搭积木,以及让孩子和其他小朋友一起玩耍等,让孩子的生活充实起来,使孩子不必用电视来填补时间的空白。

5. 不以是否让孩子看电视作为奖惩的条件。

6. 预防商业广告对孩子的诱惑,培养其健康的饮食习惯和正确的消费观念。

总之,家长应有效地控制孩子看电视的情况,以使孩子在看电视的过程中学到东西，同时避免电视对孩子的消极影响。

问题153：孩子时常调皮不听话，可否打他？

【问题情境】

"我的儿子已经4岁多了，他很调皮。我们跟他讲道理，他经常不怎么听。总要等到大人很生气地大声吼叫时，他才稍稍听话。有时候火气上来了，我真的想狠狠地打他一顿，让他变得乖乖的。"

【问题分析】

家长提出这个问题的原因有如下三点。

1. 家长感觉孩子比较难教，语言说教的作用不大。
2. 家长想用"打"来解决孩子难教的问题。
3. 家长隐约意识到非理性的"打"可能对孩子的发展有消极影响。

【正确回应】

面对家长的问题，幼儿教师可以这样回应：

某某家长，您好！谢谢您能与我们沟通和交流孩子的教育问题。

教育孩子最好用讲道理的手段来进行，不要轻易使用"打"这一教育手段。在您打孩子之前，请您认真地权衡它的利弊。

1. 明确"打"对孩子的发展可能造成的后果。

（1）说谎。有的家长一发现孩子做错事就打孩子。孩子为了避免皮肉之苦，常常会选择欺瞒家长，以减少"灾难"。为了逃避挨打，孩子一做错事就说谎，这样就构成了恶性循环。

(2) 懦弱。如果孩子经常挨家长的拳打脚踢，那么时间久了，孩子一见到家长，就会感到害怕、不敢接近。因此，不管父母要他做什么，也不管父母的话对错与否，他都只得乖乖服从。在这种不良的绝对服从的环境下成长的孩子，常常容易自卑、懦弱。这种孩子往往会对家长唯命是从，精神压抑，学习被动。

(3) 孤独。经常挨打的孩子，会感到孤独无援。父母当众打孩子，会使孩子的自尊心受到伤害，甚至怀疑自己的能力，会自感"低人一等"，显得比较压抑、沉默。于是这种孩子往往不愿意与家长和教师交流，不愿意和小朋友一起玩，在性格上显得孤独。

(4) 固执。有的家长动不动就打孩子，损害孩子的自尊心，使他们产生对立情绪和逆反心理。于是，有的孩子用故意捣乱来表示反抗，也有的孩子越挨打越不认错，甚至用离家出走、逃学逃课与家长对抗，变得越来越固执。

(5) 粗暴。由于孩子的模仿性很强，在家里父母打他，到外面他就会打别的小朋友（尤其是比他弱小的小朋友）。由此，父母打孩子可能会对孩子的社会交往产生消极的影响。

(6) 怪僻。有的孩子在被打之后，会感到不知所措，惶惶不安，久而久之，变得越来越怪僻。有的家长在打过孩子之后，会觉得心痛后悔，抚摩孩子挨打的痛处，抱着孩子痛哭，甚至加倍给孩子以物质上的补偿。面对这种情况，在开始时孩子会感到莫名其妙，但是时间久了，孩子会习以为常。慢慢地，孩子也会变得喜怒无常。

2. 注意对"打"的后果进行管控。由于"打"是让孩子感到厌恶的刺激物，因此，在使用过程中常常会引发一些副作用，甚至导致比原先问题更糟的局面出现，所以家长要注意对不良后果的管控。如果您不得不使用打来教育孩子，请您注意如下三点。

(1) 在打孩子时要管控好自己的情绪，不要让惩罚成为自己宣泄不良情绪的出口。

(2) 在打孩子后，要注意在平时与孩子建立更亲密的关系，避免惩罚给孩子留下心灵的伤痕。

(3) 在打的过程中，要体现对孩子的尊重。我们不满意的是孩子的不良行为，而不是孩子本人。

恳请您在打孩子前一定要三思。

（二）问题略答

以下问题比较简单，教师可以以简短的方式回应。

问题154：为了教育好孩子，父母一严一慈可以吗？

【正确回应】

关键是看你们严的界限在哪里，慈的界限在哪里。过于严厉不利于孩子的发展，无原则的温情也不利于孩子的发展。我们主张父母在教育孩子时应该宽严有度。如果非要一严一慈的话，我的建议是：严母慈父。因为父亲在孩子的心目中已经足够强大，而母亲则需要以"严"来显示自己的强大。

问题155：玩具可以代替家长的陪伴吗？

【正确回应】

当然不可以。你们生了孩子就要对孩子负责。在孩子生命的前六七年，父母的陪伴会影响孩子的一生，玩具并不能代替父母的职能。玩具没有生命，没有意识，没有思维，没有语言，没有情感，没有亲情互动，它们对孩子发展的影响是非常有限的，特别是在孩子的情感需要方面，玩具无法代替家长的作用。

问题156：我正在准备离婚，这会影响到孩子吗？

【正确回应】

这当然会对孩子产生消极影响。离婚是夫妻间的事，希望你们能和平分手。如果不能和平分手，请不要在孩子面前争吵，更不要在孩子面前打架。我给你们的专业建议是，不管你们最终能否离婚，不管孩子最终判给谁，你们都要努力做到：让孩子感受到父母依然爱着他——是双方对孩子的爱。

问题157：用钱激励孩子做家务，妥当吗？

【正确回应】

我认为这样做不妥。因为如此奖励，只是让孩子对钱有兴趣，并不能让孩子对做家务等活动有兴趣。起初，孩子会对这些"有赏"的家务劳动很积极，但过了几天后，孩子就会对这些劳动失去兴趣，甚至会常常和父母在"工钱"上讨价还价。如果父母出价"不合理"，孩子还可能会直接"罢工"。

问题158：我家老二没有老大那么聪明和灵活，怎么办？

【正确回应】

不管是老大，还是老二；不管孩子是否聪明——只要注意对孩子进行成人教育，让孩子具有善良、诚实、有责任心等做人的基本品性，我们的教育就是成功的。孩子的聪明程度在很大程度上会受到天赋的影响，但做人的态度和行为完全取决于后天教育。只要孩子努力就好，并且许多天赋在孩子小的时候是很难准确判断的。

问题159：妻子经常用我来吓唬孩子，怎么办？

【正确回应】

其实，这种做法是有问题的。当孩子因为恐惧爸爸而不敢做或不得不做某事时，他的心里是很不高兴的。这会影响父子间的感情，同时会削弱妈妈的教育影响力。所以，以父亲的名义吓唬孩子，其实就是离间父子关系，而且不能从根本上解决教育问题。做母亲的应当以劝告或鼓励的方法对待孩子，使他高兴地做某事。

问题160： 孩子怕打雷，怎么办？

【正确回应】

在雷雨天，家长可抱着孩子到阳台上，用手指着闪电对孩子说："你听！闪电过后就是雷声。""你看，那闪电像一条彩带，多么好看！""你看这朵云像一座山，那朵云像一匹马，这是马的头，那是马的尾巴。"如此一来，孩子会发现雷电的美丽，而且会认识到雷电并不会伤害人。当然，等孩子稍大些，家长还可以跟他说一些避雷的常识。

问题161： 我想给孩子养些小动物，老师有何高见？

【正确回应】

养小动物可以培养孩子的爱心、责任心和交往能力。动物是生命体，能够与孩子发生真实的互动，更能激起孩子开展身心活动的兴趣。另外，通过养小动物，孩子能够了解相关动物的生活习性，这会促进孩子认知能力的发展。

但是，给孩子买的动物需要清洁无病、性情驯良且有动物防疫证，以免动物兽性发作给孩子带来伤害。孩子可以养的动物有小狗、小猫、小兔和仓鼠等。

第五章 回应幼儿家庭教育类问题的机智

问题162：孩子喜欢在家具、墙上乱涂乱画，怎么办？

【正确回应】

幼儿期的孩子就是喜欢乱涂乱画。面对孩子的这一年龄特点，我们该做的不是让孩子停止这一行为，而是为他们提供纸和笔，让他们尽情地画。因为画画是孩子表达想象力、表达思想感情的一种有效方式，它对孩子手部的小肌肉及其力量的发展也有好处，同时可以让孩子认识线条、颜色等。

问题163：孩子在小区里玩，喊他回家，他不听，怎么办？

【正确回应】

孩子喜欢玩，当他玩耍时，不要指望他听您的话——迅速地停止玩，听家长的命令。我们可以采取预警制让孩子有个慢慢冷却的时间，比如，当孩子在玩耍，而我们要孩子离开时，可以这样说："我们要……了，再给你5分钟的时间，你快点玩……？"然后在剩3分钟、1分钟的时候分别提醒他一次，这样孩子就不会那么强烈地抗拒我们的要求了。

问题164：我爱老大多一些，老公爱老二多一些，可以吗？

【正确回应】

这样爱孩子不妥。每位家长对孩子的爱都应该公平，否则将不利于孩子的

健康成长。你们这样爱孩子，容易导致两个孩子在不同的家长面前表现得完全不一样，容易导致孩子人格分裂，怨恨另一方家长，兄弟俩也可能会因父母不同的爱而相互嫉妒、相互怨恨。

问题165：孩子有轻度的自闭症，怎么办？

【正确回应】

您的孩子不喜欢说话，不喜欢与人交往，不一定就是具有自闭症。自闭症的诊断是一项极其专业的工作，因此，我们极力建议您将孩子送到专业机构进行检测和判断。如果孩子真的有自闭症，那么越早对其进行干预，效果越好。请家长不要错过发现和发展孩子的关键期，要不然以后很难教育好孩子。

问题166：孩子老是坐不住，他是不是有多动症？

【正确回应】

多动症是脑功能的微型混乱，是生理问题导致的行为问题。家长一定要带孩子到专业的医院检查和诊疗，不能仅凭孩子好动，就说他是多动症。另外，幼儿的大脑功能没有发育完全，因此，绝大多数孩子都是多动的。多动是他们的年龄特点，也是一种发展性问题。随着年龄的增长，这一问题会得到改善，甚至消失。

问题167：孩子不听话，怎么办？

【正确回应】

孩子不听话，说明孩子长大了，有自己的主见了。

当家长做与孩子有关的事情时，要多听听孩子的意见。尊重孩子的合理意见，体谅孩子的不合理意见。

另外，如果对于家长的许多合理意见，孩子都不听，那就是家长的教育方式出问题了，家长应改变自己的教育方式。比如，凡事只讲一遍——对孩子的要求保持明确性和一致性，并且要求孩子做到。只要持续坚持，孩子就会变得听话。

问题168：孩子去幼儿园后，晚上睡觉时会惊醒，怎么办？

【正确回应】

孩子会在夜间惊醒，往往是因为孩子的生活规律改变了，孩子的心理压力较大。家长平时不要给孩子过多的压力，应多陪孩子说话和玩耍，不批评孩子。过一段时间，等孩子适应了幼儿园的生活后，情况就会变好。当然我们老师也会更加关爱孩子，温和地对待孩子。

万千教育 学前教育类书目

书号	书名	著、译者	定价(元)
幼儿园教师专业成长指导			
2547	认识婴幼儿的游戏图式	张 晖 等 译	48.00
2113	做会沟通的幼儿教师	胡剑红 等 主编	38.00
2236	幼儿园文案撰写规范与技巧	刘 敏 等 著	52.00
2311	幼儿园探究性环境创设（四色）	康 丹 等 译	48.00
2056	小脑袋，大问题（四色）	孟 晨 译	48.00
2309	破解幼儿园教师的90个工作难题	杜长娥 徐 钧 主编	52.00
2112	幼儿园优质教研活动设计方案	朱 清 等 著	38.00
1781	给青年幼儿教师的建议	吴邵萍 著	40.00
8470	答新手幼儿教师120问	刘洪霞 主编	28.00
1798	幼儿园新手教师指导手册	王 芳 等 著	48.00
1783	从新手到骨干——幼儿教师专业成长故事	尹坚勤 编著	42.00
1780	幼儿教师追求幸福的方法	余胜兰 著	42.00
9111	做个幸福快乐的幼儿教师 ——为你的专业成长支招	莫源秋 著	28.00

9047	幼儿教师临场应变技巧60例	冯伟群 著	25.00
8930	幼儿教师易犯的150个错误	伍香平 编著	32.00
0070	幼儿教师必知的礼仪规范	向多佳 编著	38.00
9611	幼儿园教师必知的60条教育政策与法规	洪秀敏 编著	34.00
幼儿园教师专业成长指导系列合计			681.00
幼儿园教师教学技能与活动指导			
2727	从头到脚玩绘本（全彩）	董旭花 张海豫 主编	78.00
2253	理解儿童心理从绘画开始（全彩）	陈侃 著	38.00
0760	幼儿园备课·说课·听课·评课	俞春晓 等 著	42.00
9499	幼儿教师必须修炼的10项教学技能	俞春晓 著	25.00
9454	幼儿园教学诊断技巧与对策58例	王春燕 等 著	38.00
9612	幼儿园综合主题活动——设计技巧与优秀案例	赵旭莹 等 主编	42.00
1235	幼儿园绘本美术活动创意设计（全彩）	郭莉萍 赵福云 主编	68.00
9323	幼儿园美术活动创意设计（全彩）	罗梅 赵福云 主编	56.00
0180	给幼儿教师和家长的81条美术教育建议（全彩）	李力加 著	62.00
9150	幼儿园节日活动精彩设计方案	刘洪霞 主编	35.00
9590	幼儿园语言活动创新设计	郭咏梅 著	32.00

......
欲了解更多图书信息，请登录：www.wqedu.com
联系地址：北京市西城区三里河路6号院2号楼213室　万千教育
咨询电话：010-65181109，65262933

*本目录定价如有错误或变动，以实际出书为准。